사주팔자는 살아있다

사주팔자는
살아있다

간지의 상징성과 운동성에
근거한 사주팔자 재해석

움직이는 운명, 살아있는 사주

양소용 지음

서문

　사람은 누구나 스스로에게 묻는다. "나는 누구인가?", "나는 어떤 사람들과 어떤 관계를 맺고 살아가고 있는가?", "내 삶에서 일어나는 이 사건은 왜 지금 벌어지는가?" 이런 물음은 단순한 궁금증이 아니라, 인간이 인간답게 살아가기 위해 던지는 본질적인 질문이다.
　사주팔자는 오랜 시간 동안 이 질문에 답하려는 도구이자 언어였으며, 동양적 사유가 만들어 낸 지혜의 체계이다. 사주팔자는 태어난 연월일시를 기준으로 천간과 지지라는 여덟 개의 기호, 즉 간지(干支)로 구성된다. 이 간지는 개인의 기질과 삶의 흐름, 그리고 타인과의 관계를 읽어내는 고유한 지도이다.
　그러나 사주팔자는 흔히 '길흉화복을 따지는 미신'이라는 오해를 받아왔다. 운세를 예측하는 도구로만 소비되면서, 정작 그 안에 담긴 해석학적 깊이와 상징적 사유는 잊혀졌다. 사주팔자는 죽은 도식이 아니라, 살아 있는 텍스트이다. 이것은 고정된 의미를 지닌 문장이 아니라, 시간 속에서 끊임없이 새롭게 읽히는 관계적 구조이다.
　사주팔자에서 중요한 것은 바로 '관계'이다. 각 간지는 고유한 성격과 의미를 지니지만, 혼자서는 해석되지 않는다. 간지는 반드시 다른 간지들과 상호작용하며, 충돌하고, 조화하고, 보완하는 관계 속에서 그 의미를 드러낸다. 사주팔자에서 말하는 '나'란, 고정된 단일한 정체성이 아니라, 다른 기호들과 맺는 관계에 따라 끊임없이 변화하는 존재이다. 사람의 삶이 관계 속에서 끊임없이 바뀌듯, 사주팔자의 의미도 고정되지 않고 시간과 상황에 따라 달라진다.

간지는 계절과 방향, 감정과 시간, 에너지의 흐름을 상징한다. 그 상징은 단지 정적인 성격 묘사에 그치지 않고, 특정한 시간과 상황 속에서 다른 간지들과 관계를 맺음으로써 하나의 사건을 만들어낸다. 사주팔자는 곧 이 사건들의 연속이자, 관계의 망이다. 그렇기 때문에 사주팔자는 다음 세 가지 중요한 질문에 답할 수 있는 도구가 된다.

첫째, 사주팔자는 '나는 누구인가'를 말할 수 있는 언어이다. 간지가 상징하는 기운과 배치, 운동성은 인간의 기질, 감정의 흐름, 내면의 리듬을 읽어낼 수 있게 한다.

둘째, 사주팔자는 '나는 어떤 관계를 맺고 있는가'를 설명할 수 있는 구조이다. 여덟 개의 간지가 서로를 도우며 생하고, 때로는 충돌하거나 제어하는 방식은 인간이 가족, 친구, 동료, 연인과 맺는 관계의 양상과 매우 닮아 있다.

셋째, 사주팔자는 '내가 지금 겪고 있는 사건은 무엇인가'를 설명할 수 있는 도식이다. 간지 간의 충돌, 합, 형, 해 등의 상호작용은 삶 속에서 벌어지는 일들을 시간의 언어로 해석할 수 있게 해준다.

이러한 해석은 일간 중심의 고정된 사주 해석 방식에서 벗어난다. 기존의 해석은 해석의 중심을 '일간' 하나에 고정시켜, 나머지 간지는 주변적 요소로 보는 경향이 있었다. 하지만 이것은 삶을 지나치게 단순화하고, 다양한 관계의 층위와 변화를 포착하지 못하는 한계를 지닌다.

이 책은 사주팔자를 구성하는 모든 간지를 동등한 해석의 주체로 보고, 각 간지의 상징성과 운동성을 통해 의미를 생성하는 새로운 접근을 제안한다.

철학자 하이데거는 인간을 "자신의 존재에 대해 물음을 던질 수 있는 존재", 즉 현존재(Dasein)라 불렀다. 사주팔자 해석은 그 현존재가 시간 속에서 자신의 존재를 묻고, 사건의 의미를 되짚고, 관계를 다시 바라보게 하는 사유의 방식이다. 그렇기에 사주팔자는 단순한 운명의 기호가 아니라, 존재를 읽는 철학적 언어이다.

사주팔자는 살아 있다. 그것은 정지된 도식이 아니라, 시간 속에서 해석되고, 관계 속에서 의미를 생성하며, 사건 속에서 삶을 말해주는 텍스트이다. 이 책은 사주팔자를 통해 나와 타인을 더 깊이 이해하고, 변화하는 세상 속에서 삶의 방향을 함께 찾아가는 여정이다.

  참고로 이 책은 영남대학교 한국학과 박사 학위 논문을 가독성 있게 편집한 것임을 밝혀둔다.

2025년 여름

■ 차 례

서문

I. 왜 사주를 간지로 읽어야 하는가?

  1. 이 책을 쓰게 된 이유 3
  2. 간지 해석의 새로운 가능성 12

II. 음양오행과 간지

  1. 음양오행 23
    1) 감응과 패턴 25
    2) 음양오행의 운동성 28

  2. 사주명리학 33
    1) 사주명리학의 특성 33
    2) 사주명리학의 형성 36
    3) 사주 해석 39

  3. 간지 45
    1) 간지의 언어적 상징성 45
    2) 천간과 지지의 상징성 51

III. 전통 사주 해석의 틀과 구조

1. 일간과 월지 중심 83
    1) 일간 중심의 해석 85
    2) 월지 중심의 해석 93
    3) 월지의 운동성 99

2. 운의 작용 105
    1) 명(命)과 운(運) 105
    2) 대운과 세운 107
    3) 운의 변화와 사건의 적용 112

3. 조후와 편중성 117
    1) 조후 117
    2) 오행과 육친의 편중성 123
    3) 무자(無字)의 해석 133

Ⅳ. 운동성으로 살펴본 간지

1. 천간의 운동성 139
   1) 천간의 12운성 이해 139
   2) 12운성의 작용 149

2. 지지의 운동성 156
   1) 지지의 환경과 지장간 156
   2) 지지 간의 관계 161

3. 운동성의 주체와 상호작용 167

Ⅴ. 간지의 운동성에 근거한 사주팔자 재해석

1. 육친 관계의 재해석 175
   1) 고정된 의미를 넘어서 176
   2) 육친의 불안정과 지지와의 관계 180
   3) 간지의 운동성으로 바라본 육친 관계 186

2. 간지의 편중성과 무자(無字) 재해석 192

1) 편중된 간지 192
　　2) 무자(無字) 198
　　3) 두 사람 사주의 간지 상호작용 205
　3. 간지로 보는 시간의 작용 211
　　1) 타고난 명과 흘러가는 운의 관계 211
　　2) 대운의 조건과 사건의 해석 215
　　3) 세운과 육친 변화 해석 219

Ⅵ. 사주 해석의 확장적 의미

　1. 자기 이해 225
　2. 타자 이해 238
　3. 공동체 이해 244
　4. 사주 해석의 새로운 패러다임 250

References 256
Endnotes 260

I. 왜 사주를 간지로 읽어야 하는가?

1

이 책을 쓰게 된 이유

    사주팔자는 동양의 전통적인 명리학에서 한 개인의 성격과 운명을 설명하는 중요한 도구로 자리 잡아 왔다. 사주팔자는 태어난 연월일시를 천간 지지의 여덟 글자로 나타낸 것으로, 각 글자가 가지는 음양오행의 논리를 통해 인간의 운명을 탐구하는 도구로 널리 사용되고 있다.

    전통적인 사주팔자 해석은 용신(用神)과 격국(格局) 중심의 고정된 해석 구조에 의존하면서 주로 개인의 길흉화복을 다루었다. 주로 가족 중심적인 관계 해석인 육친(六親) 해석이나 격국과 용신 해석을 사주팔자 해석의 중요한 근거로 보았다. 그럼으로써 간지(干支)의 상징성과 운동성을 충분히 반영하지 못하는 해석이 주를 이루었으며, 간지 본래의 역할은 축소되었다. 간지가 격국이나 용신으로 고정되면, 그 간지가 지닌 운동성과 변화는 더 이상 주목받지 못하게 된다.

    격국, 용신을 중심으로 길흉화복을 다루는 기존의 관점은 나름의 한계를 가지고 있다. 왜냐하면 사회구조와 개인의 욕구가 다양해졌기 때문이다. 현대 사회는 전통 사회에 비해 신분이 정해져 있지 않고,

상하좌우로의 사회적 이동이 충분히 가능하고, 그에 따라 개인의 요구 또한 다양해지고 복잡해졌다. 현재 우리 사회는 어떤 시대보다 사물과 사람이 더 빠르게 움직이고 있다. 지그문트 바우만은 이를 '액체 시대1)'라 명명한다. 고정된 고체였던 모든 것이 녹아들어 경계가 허물어지고 액체처럼 유동적으로 움직이는 현상을 비유한 말이다. 바우만에 따르면, 유체와 고체의 차이는 시간과 공간에서 나타난다. 유체는 고정된 모습을 가지지 않고 끊임없이 모양을 바꾸며, 특정 공간에 고정되지 않는다. 이러한 유동성은 이동이 용이하고, 다른 것들과 쉽게 연결된다는 특징을 지닌다.

현대 사회에서 이러한 유동성은 개인이 고착된 관계가 아닌 새로운 관계를 빠르게 맺어나가야 하는 상황을 만든다. 이는 개인의 불안감과 걱정을 증폭시키며, 이를 해소하기 위해 끊임없이 대안이나 피난처를 찾게 만든다. 이와 같은 시대적 변화는 사주명리학 해석에도 영향을 미쳐, 기존의 틀에서 벗어나 시대적 흐름을 반영하는 새로운 해석이 요구되고 있다.

전통적으로 사주명리학에서 인간의 삶을 탐구하는 보편적인 해석 틀로 사용된 격용론과 육친론은 현대 사회에서 점차 한계를 드러내고 있다. 예를 들어, 격용론은 사주의 중화(中和)를 해석의 기준으로 삼아 격을 논하고 용신을 찾는 데 활용된다. 그러나 이는 정형화된 사주에서는 적용 가능하지만, 파격 형태의 사주에서는 일반적인 격용의 논리로 접근하기 어려운 경우가 많다. 육친론 또한 과거에는 가족 중심적인 관계를 중심으로 해석되었으나, 현대 사회에서는 사회적 활동 속에서의 관계가 더 중요해지면서 해석의 확장이 필요하게 되

었다.2)

　따라서, 이제는 사주명리(四柱命理) 해석이 기존 오행의 상생상극 논리에서 벗어나, 언어 기호로서의 간지가 지닌 상징성과 운동성에 초점을 맞춘 새로운 간지 해석으로 나아가야 한다. 이는 현대 사주명리학이 단순히 길흉화복을 판단하는 데 그치지 않고, 자신과 타인을 이해하고 관계의 의미를 탐구하는 방식으로 변화해야 함을 의미한다. 현대의 사주명리는 오행의 상생상극, 길흉화복의 논리보다는 개인의 정체성과 타인과의 관계에 답할 수 있는 간지의 상징적 의미와 관계성을 토대로 한 해석이 필요함을 알려준다.

　사주명리학에서는 연월일시의 네 개의 기둥과 여덟 개의 기호인 사주팔자3)를 대상으로 본다. 사주팔자는 하나의 텍스트라 할 수 있다. 보통 텍스트(text)는 문학 이론에서 읽을 수 있는 모든 대상을 의미한다. 이 대상이 문학 작품이든, 도로 표지판이든, 도시 블록의 건물 배열이든, 의복 스타일이든 상관없다. 텍스트는 일종의 정보 메시지를 전달하는 일관된 기호 집합이다. 이 기호 집합은 물리적 형태나 표시되는 매체가 아니라 정보 메시지의 내용 측면에서 고려된다. 이런 의미에서 사주팔자는 한 개인의 정보를 담고 있는 텍스트라 할 수 있으며 텍스트는 해석의 다양성을 내포하고 있다.

　사주의 주요 요소인 간지라는 용어에서 간(干)은 천(天)의 기운을 10가지로 분류한 것이고, 지(支)는 땅(地)의 기운을 12가지로 분류한 것이다. 간지는 그 자체로 다양한 상징성과 운동성을 지니고 있다. 예를 들어, 간지는 계절, 시간, 방향 등을 상징하며, 각 간지는 고유한 특성을 가지고 있다. 또한 간지는 시간과 상황 속에서 끊임없이 변화하는 운동성을 가지고 있으며, 그 방향성과 에너지의 흐름을 통해 한 개인의 존재와 삶을 설명할 수 있다. 시간의 인자와 간지의 관계에서 발생하는 에너지의 충돌과 변화는 개인의 삶 속에서 일어나는 사건으로 드러나며, 이는 곧 그 사람의 존재와 관련된 중요한 단서를 제공한다.

사람들은 누구나 '나는 누구인가'라는 질문을 하게 되고, '사회 관계 속에서 어떻게 살아가야 하는가'라는 질문을 하게 된다. 이런 질문은 결국은 자신의 존재에 대한 물음이라 할 수 있다. 사주팔자 해석은 위의 질문에 대해 답할 수 있는 수단이 된다. 간지를 통한 사주팔자 해석은 단순한 운명 예측을 넘어, 인간 존재의 본질을 탐구하는 중요한 철학적 과정이기도 하다.

하이데거가 말한 현존재[4])로서의 인간이 자신의 존재에 대해 물음을 던지고, 그 답을 찾아가는 과정과 마찬가지로, 간지 해석은 인간의 삶을 시간 속에서 해석하고, 그 과정을 통해 인간 존재의 참모습을 드러내는 과정이다. 간지를 해석하는 것은 삶의 흐름 속에서 인간이 겪는 사건들을 통해 존재의 연속성을 설명하는 작업이며, 이를 통해 자기 이해와 타인 이해가 동시에 이루어진다. 사주팔자는 간지 간의 관계와 운동성을 통해 인간 존재의 본질을 설명할 수 있는 중요한 철학적 도구로, 이는 존재 물음을 풀어가는 과정[5])과 일치한다. 따라서 현대 사회 구성원이 갖고 있는 자아 정체성의 판단을 비롯하여 유동적 관계의 확산에 따른 삶에 대한 미래의 방향성을 제시하는 데 있어 해석학적 상징성을 갖는 것이라 할 수 있다.

사주팔자는 시간 속에서 개인의 삶의 궤적이 함축된 텍스트이다.

그 텍스트는 간지로 이루어져 있다. 이때의 간지는 현실 속에서 겪는 사건과 변화를 통해 존재를 드러내는 수단으로 작용한다. 이는 간지가 단지 고정된 기호로 존재하는 것이 아니라, 삶의 흐름 속에서 새롭게 상황을 만들어내는 중요한 도구임을 의미한다. 간지는 단일 기호로서 고유한 상징성을 가지고 있을 뿐만 아니라 사주팔자라는 텍스트 안에서 관계를 맺고 상호작용한다. 이는 간지의 의미가 독립적으로 파악될 수 없으며, 반드시 다른 간지들과의 관계 속에서 해석되어야만 그 의미가 명확해진다는 것이다. 따라서 개인의 운명과 성격을 해석하기 위해서는 간지는 상징적 언어로서, 그것이 어떤 맥락에서 어떻게 다른 간지들과 상호작용하느냐에 따라 개인의 존재와 삶을 설명할 수 있다. 즉, 사주팔자의 해석은 간지 자체의 상징적 의미와 운동성에 근거하여 다른 간지와의 상호작용을 해석함으로써 가능하며 실제 개인의 삶에서 일어나는 사건과 상황들의 여러 변화와 방향성을 해석할 수 있게 된다.

 기존의 일간 중심의 사주 해석 방식은 해석의 중심과 주변을 나누며, 특정한 가치 체계를 고정시키는 경향이 있었다. 이러한 접근은 때로 소외와 편견을 강화하고 다양한 해석 가능성을 억압하기도 한다. 이에 반해, 간지의 상징성과 운동성을 활용한 해석은 이분법적 사고에서 벗어나, 사주의 여덟 개 간지가 지닌 상징성과 운동성에 근거해 새로운 가능성을 발견하는 접근법이다. 즉, 간지의 상징성과 운동성에 근거한 해석은 여덟 개 각각의 간지가 지닌 고유한 상징성과 운동성을 통해 사주팔자 텍스트 안에서 다른 간지와 관계를 맺으며, 그 의미가 확장되는 새로운 해석의 길을 열어가는 과정이라고 할 수 있다.

이 책에서 제안하는 간지의 상징성과 운동성에 근거한 해석은 기존의 사주 해석과는 다른 접근 방식을 취한다. 특히, 기존의 해석 방식이 "사주 해석"6)이라는 이름 아래 일간 중심의 해석 체계를 유지해 온 데 반해, 본 연구는 "사주팔자 해석"이라는 용어를 사용함으로써 해석의 주체를 확장하고자 한다. 이는 단순히 용어의 전환이 아니라, 해석의 패러다임을 근본적으로 변화시키는 시도이다. 사주팔자 해석은 기존의 일간 중심 해석에서 벗어나, 사주팔자를 구성하는 모든 간지를 해석의 주체로 설정함으로써 다음과 같은 변화를 가져온다. 사주팔자를 구성하는 여덟 개의 간지가 각각 해석의 주체가 될 수 있다. 이를 통해 고정된 관점에서 벗어나, 다양한 관계와 맥락을 해석할 수 있다. 이러한 이유로 간지의 상징성과 운동성을 중심으로 한 해석은 각각의 간지가 해석의 주체가 될 수 있는 토대가 된다.

이는 각 간지가 지닌 상징적 의미와 운동적 특성을 기반으로 새로운 관계 해석을 가능하게 한다. 간지의 해석은 단순히 사주팔자 안에서 드러나는 요소뿐 아니라, 간지의 운동성과 변화를 바탕으로 운의 흐름을 읽어내는 데 중요한 근거를 제공한다. 이는 사주팔자 해석이 정적인 해석에 그치지 않고, 시간과 상황의 변화에 따른 동적인 해석으로 확장될 수 있음을 의미한다. 기존 해석에서 간지의 편중이나 무자(無字)의 해석은 길흉으로 단순히 판단되곤 했다. 그러나 사주팔자 해석에서는 편중됨과 무자가 하나의 독립적 특징으로 간주되며, 이를 통해 새로운 해석의 가능성을 열어간다.

따라서, 간지의 상징성과 운동성을 통한 사주팔자 해석은 기존의 일간 중심 해석 방식에서 벗어나 해석의 주체를 유연하게 변화시키고, 다양한 관계와 맥락을 포착하며, 현대인의 복잡한 삶을 다층적으로 반영할 수 있는 가능성을 열어간다. 이 책에서 강조하는 사주팔자 해석은 간지 각각의 의미와 관계를 확장하여, 개인과 공동체의 이해를 증진하고, 새로운 해석의 길을 제시하는 데 의의가 있다.

이 책의 목적은 간지 기호의 상징성과 운동성에 근거한 사주팔자 해석이 개인의 정체성과 사회적 관계를 설명하는 방법으로 기능할 수 있음을 밝히는 것이다. 즉, 기존의 사주명리학의 고전적 틀에 기반하되, 기존의 사주 해석이 가진 한계를 극복하고 음양, 오행, 간지를 해석하고 현대적 활용 가능성을 모색하고자 한다. 기존 해석의 한계는 다음과 같다.

첫째, 사주 해석의 주체를 한정하였다. 기존 연구들은 일간을 중심으로 사주를 해석하는 고정된 틀을 유지하였다. 일간은 해석의 주체로 간주되며, 이를 중심으로 타인과의 관계를 설정하는 방식이었다. 이는 해석의 중심을 고정시키고, 다른 요소들의 동적 상호작용과 다양한 해석 가능성을 간과하게 만들었다. 반면, 이 책에서는 간지의 상징성과 운동성을 활용함으로써, 모든 간지가 해석의 주체가 될 수 있는 가능성을 제시한다. 간지가 가진 동적인 속성을 통해 해석의 주체를 유연하게 변화시키고, 이를 바탕으로 새로운 관계와 맥락을 해석할 수 있다. 이는 단순히 자신을 중심으로 한 해석에서 벗어나, 타인의 입장에서 자신을 이해하는 과정을 포함한다.

둘째, 오행을 중심으로 해석하였다. 기존 연구는 오행의 상생상극 원리에 지나치게 의존하여 간지가 가진 독립적인 상징성과 운동성을 분석하는 데 부족함이 있었다. 이 책에서는 간지를 단순히 오행의 하위 개념으로 간주하지 않고, 각 천간과 지지가 지닌 고유한 상징성과 운동성을 분석한다. 이를 통해 오행 중심 해석의 한계를 넘어서고, 현대적 사주 해석의 폭을 확장하고자 한다.

셋째, 현대인의 복잡한 사회적·심리적 관계를 다층적으로 반영하지 못했다. 십간십이지를 현대적으로 재해석하려는 시도가 있었으나, 실제 사례에서는 여전히 일간 중심의 분석에 머물렀다.

이러한 분석에 근거하여 이 책에서는 간지의 상징성과 운동성을 통해 현대인의 다양한 맥락을 반영할 수 있는 새로운 해석 방법론을 제시하고자 한다.

첫째, 간지의 근본 원리를 재조명한다. 간지는 단순히 오행의 보조적 요소가 아닌 독립적인 상징성과 운동성을 지닌다. 본 연구는 간지의 근본적인 원리에 주목하여, 기존의 오행 중심 해석에서 벗어나 간지가 지닌 본질적이고 독창적인 의미를 도출하고자 한다.

둘째, 해석의 다층적 가능성을 탐구한다. 간지를 통해 천간과 지지 각각이 독립적이면서도 상호작용하는 관계를 다층적으로 해석하고자 한다. 이는 현대인의 복잡한 사회적 관계와 심리적 맥락을 보다 구체적으로 반영하는 데 기여할 것이다.

셋째, 간지 중심의 사주팔자 해석을 한다. 일간 중심의 해석은 해석의 중심과 주변을 나누고, 특정 가치 체계를 고정시키는 경향이 있다. 이러한 이분법적 사고에서 벗어나기 위해, 해석의 주체를 모든 간지로 확장하고 간지의 동적 상호작용을 중심으로 새로운 관계적 해석의 틀을 제안할 필요가 있다.

이 책에서는 간지의 상징성과 운동성을 중심으로 새로운 해석 방법론을 제시한다. 이를 통해 사주 해석의 주체를 유연하게 변화시키고, 해석 과정에서 새로운 관계와 맥락을 확장하며, 명리학의 현대적 활용 가능성을 크게 확대하고자 한다. 이로써 간지가 지닌 동적이고 관계적인 특성을 탐구하는 새로운 접근법을 제안하며, 사주명리학의 학문적·실용적 발전에 기여하고자 한다.

2 간지 해석의 새로운 가능성

이 책에서는 아래 질문에 대한 답을 찾고자 한다.

첫째, 사주팔자 해석은 내가 누구인지 설명할 수 있는가? 사주팔자는 생년월일과 시간을 바탕으로 나를 설명하는 도구이다. '나는 누구인가?'라는 문제는 곧 '나를 무엇을 통해 설명할 수 있는가?'라는 질문과 연결된다. 즉, 사주팔자를 통해 나를 어떻게 설명하고 이해할 수 있는지, 그 해석은 어떤 방식으로 이루어지는지에 대한 질문에 답을 찾고자 한다.

둘째, 사주팔자 해석은 개인의 복잡하고 다양한 관계를 충분히 설명할 수 있는가? 인간은 고정된 존재가 아니며, 다양하고 복잡한 사회적 관계를 맺고 산다. 그래서 많은 사건과 갈등도 일어난다. 나와 타인의 관계, 그리고 타인과 타인의 관계에 대해 사주팔자가 답할 수 있는가에 대한 질문에 답을 찾고자 한다.

셋째, 사주팔자 해석은 시간의 흐름에 따라 발생하는 사건과 그 추이를 설명할 수 있는가? 사람들은 당면한 사건이나 갈등, 상황에 대해 대응이나 예측에 대해 궁금증을 가지고 있다. 사주팔자 해석은 과연 시간의 흐름에 따라 일어나는 사건들과 운의 방향성, 그리고 그에 대한 간섭 요소들을 세밀하게 설명할 수 있는가에 대해 질문하고 답을 찾고자 한다.

이 질문에 답하기 위해 이 책에서는 첫째, 음양오행론의 이론과 성격을 재조명한다. 음양오행론은 동양의 존재 물음에 대한 답이라 할 수 있다. 그래서 음양의 성격과 특성을 패턴과 운동성으로 보고, 그 운동성을 좀 더 세분하게 살펴보았다. 그리고 사주명리학의 특성과 해석의 변화 과정을 함께 살펴보았다.

둘째, 간지 기호가 지닌 고유한 상징성과 운동성을 재조명한다. 각 간지가 특정한 상징적 의미를 지니고 있다는 점을 토대로, 이들 간지가 사주팔자 텍스트 내에서 관계를 맺고 상호작용하며 다양한 의미를 형성하는 방식을 분석한다. 간지가 단일한 의미를 지니는 고정된 기호가 아니라, 다양한 의미로 해석될 수 있는 다층적이고 유동적인 기호임을 밝히고, 이 기호적 의미가 사주팔자 안에서 다른 간지와의 관계 속에서 해석되는 방식에 대해 논의한다. 리쾨르의 해석학적 관점에서, 간지 기호를 통한 사주팔자 해석이 단순히 운명을 예측하는 것이 아니라 자기 이해와 타인 이해의 과정을 포함함을 논의한다. 간지가 사주팔자 안에서 일종의 상징적 언어[7]로 작용하며, 개인의 존재를 형성하고 삶을 묘사하는 데 중요한 역할을 한다는 점을 밝히며, 이를 통해 사주팔자가 철학적 도구로서의 의미를 지닌다는 점을 제안한다.

셋째, 간지의 상호관계적 해석을 구체적인 사례에 적용하고자 한다. 필자가 직접 만난 다양한 사람들의 사주팔자를 사례로 간지의 숨어 있는 관계성을 보여주고, 그것이 가지는 의미를 해석하고자 한다. 이러한 해석을 통해 개인은 자신에 대한 이해를 높이고 새로운 변화를 만들 수 있게 되며8) 간지 기호의 시간성과 관계적 해석을 확장시킬 수 있을 것이다. 간섭하고 조건 지우는 시간 속에서 변화하는 간지의 운동성을 중심으로 개인의 삶과 사건을 설명하는 데 초점을 맞춤으로써 간지가 지닌 고유의 시간성과 방향성이 시간의 흐름 속에서 다른 간지와 상호작용하며 개인의 삶에 미치는 영향을 설명할 것이다. 이는 시간의 흐름과 함께 발생하는 사건을 설명하는 데 있어 간지가 중요한 해석적 도구로 작용할 수 있음을 나타내며, 이를 통해 사주팔자가 개인의 삶의 궤적을 나타내는 중요한 텍스트로 기능할 수 있음을 논의한다.

넷째, 간지의 상호관계적 해석을 통한 자기 이해와 타인 이해를 모색9)하고자 한다. 본 연구는 간지 기호가 지닌 상징적 의미가 개인의 정체성과 사회적 관계에 어떻게 영향을 미치는지 분석한다.

본 연구는 상담을 통한 사례 연구로, 해석학적 접근을 적용해 구체적인 사주팔자를 사례로 들어 해석하고자 한다. 텍스트로서의 사주팔자 구조를 연구 대상으로 하여, 간지 기호를 오행이나 육친의 개념적 고정 틀로 보는 관점에서 벗어나 간지 간의 상호작용과 관계성을 중시하는 텍스트 분석 방식을 적용하고 간지가 지닌 다양한 상징적 의미와 그간 소외되었던 잠재적 의미를 발굴하여 재해석한다. 간지가 특정한 에너지 흐름과 상징을 가지는 개별적 기호라는 점에 중점을 두고, 시간성과 관계성 속에서 변화하는 간지의 운동성을 구체적 사례를 통해 면밀히 분석하고자 한다.

본 연구는 2023년 3월에서 2024년 5월까지 시행되었다. 본 연구에 참여한 사례자는 연구자가 직접 상담한 20명으로, 모두 연구자의 사무실을 방문하여 상담받은 사람들이다. 개인 신상 보호를 위해 이름은 밝히지 않으며, 성별과 나이, 상담 내용의 특성에 따라 직업이나 상담 당시의 개인적 사건과 상황 중 사주팔자 해석에 필요한 부분만을 공개한다.

상담 대상자의 연령은 10대에서 60대까지이다. 특히, 상담의 연령대가 점차 낮아지는 추세는 사주팔자 해석이 시대적 요구로 자리 잡고 있음을 보여준다. 과거에는 부모가 자녀의 평생 운세를 큰 틀에서 상담하던 경우가 많았으나 최근에는 기본적인 건강, 진로, 학교생활에서의 교우 관계, 학교 적응 문제, 우울증과 같은 심리적 불안 요소, 왕따 및 학교폭력 문제 등 다양한 주제로 상담이 이루어진다. 이런 경우 부모와 동행하여 상담받는 경우가 많으며, 고등학생 정도의 나이에서는 직접 방문해 자신의 인생 방향에 대해 사주팔자 상담을 통해 도움을 받고자 하는 사례도 흔히 나타난다.

이번 연구에서는 60~70대 연령대의 사례를 제외하였다. 이 연령대가 노년기에 겪는 우울증 문제, 배우자 및 가족 간의 관계, 주변인들과의 갈등 등의 문제가 포함되어 있어 별도의 논의가 필요하다고 판단했기 때문이다.

<표-1> 연구 사례

연번	성별	나이	직업	특성
1	남	19	학생	12운성의 작용, 입시생
2	여	42	직장인	12운성의 작용, 직업의 변동, 사업 유무 확인
3	여	57	주부	편중성이 가지는 현상과 사건, 길흉을 나누어 해석
4	여	41	직장인	합과 충의 해석, 직장 적응 문제, 우울증
5	여	35	과외강사	월의 글자를 통한 사회활동의 형태
6	여	32	의사	월의 글자를 통한 사회활동의 형태
7	여	57	상담	월의 상징성과 운동성을 통한 해석
8	남	54	자영업	월의 상징성과 운동성을 통한 해석
9	여	15	학생	오행과 육친의 편중성을 간지의 운동성과 상징성으로 해석
10	여	45	화가	오행과 육친의 편중성을 간지의 운동성과 상징성으로 해석
11	남	61	직장인	지장간의 글자를 사용할 수 있는 경우
12	여	35	직장인	지장간의 글자를 사용할 수 없는 경우
13	여	55	아내	궁합으로 보는 자식의 유무
14	남	55	남편	궁합으로 보는 자식의 유무
15	여	30	직장인	운의 흐름과 사주의 고유한 운동성 해석
16	남	63	직장인	운의 흐름과 사주의 고유한 운동성 해석
17	여	21	대학생	대운의 조건에 따른 변화해석
18	여	54	교사	세운의 조건에 따른 변화해석
19	남	13	학생	학교폭력
20	여	16	학생	학교폭력

연번 1. 2는 12운성에 관한 해석이다. 이는 천간의 기운을 12운성의 강약으로만 해석하는 것이 아니라, 일간을 제외한 다른 천간들의 기운이 어떠한 형태를 이루고 있는지 살펴보는 것을 포함한다. 또한, 천간의 기운이 사주팔자의 원국에 직접 나타나 있지 않더라도, 지지의 조건에 따라 천간의 기운을 해석하는 경우를 다루고자 한다.

3에서는 편중성이 나타내는 현상과 사건을 길흉의 관점에서 해석하고 길흉 판단에 따른 사주팔자 해석의 모호함과 한계를 논의하며, 이에 대한 대안을 제시하고자 한다. 편중성은 시대적 상황과 무관하게 개인의 삶에서 불안 요소로 작용하는 것이 사실이지만, 편중성 또한 일상의 활동에 적용해서 해석해야 하는 중요성을 설명하고자 한다.

4에서는 지지의 충과 합의 작용이 사주팔자 해석에 어떻게 적용되는지를 논의한다. 오행의 상생상극 논리보다 각 간지의 합과 충이 사주팔자 해석에 더 다양하고 세밀한 분석을 제공할 수 있음을 설명하고자 한다. 특히, 합과 충의 작용은 지지에서 발생하는 다양한 사건을 해석할 수 있는 중요한 요소로, 간지의 운동성이 오행의 상생상극 해석보다 우위에 있음을 강조하고자 한다.

5와 6은 월지에 같은 글자의 지지(地支)를 쓴다고 하더라도 육친의 형태가 다른 경우의 해석이며 월의 지지가 가지는 상징성과 운동성이 일상적으로 살아가는 모습의 작용으로 살펴볼 것이다.

7과 8은 같은 육친과 오행이라 하더라도 지지(地支)의 운동성에 따라서 작용이 다르며, 다른 지지와의 관계를 통해서 자신의 기운을 강화하거나 축소하면서 본래의 모습으로 작용하거나 변색 되는 경우를 설명하고자 한다.

9와 10은 편중된 간지의 재해석이다. 오행과 육친의 편중성을 간지의 운동성과 상징성으로 해석하고 에너지의 편중성을 통해 연령대에서 나타날 수 있는 특징과 삶의 형태를 해석하고자 한다.

11과 12는 사주팔자에 나타나지 않은 글자를 해석하는 것이다. 글자가 지장간의 글자로 존재하는 경우와 지장간에도 없는 경우를 비교하고 해석한다. 또한 지장간의 글자가 운의 작용에 의해서 에너지로 발현되고 실제 작용하는 경우와 그렇지 못한 경우를 해석하고자 한다.

13과 14는 하나의 사주팔자와 또 다른 사주팔자와의 관계 해석 즉, 궁합을 보거나 개인과 개인의 관계성을 해석하는 방법에 대해 알아보고자 한다. 간지가 가지는 에너지의 운동성이 타인의 간지 운동성과 어떤 연관성을 가지는지를 설명하고자 한다.

15와 16은 특정 오행이 격을 이루는 경우 이것이 그 사람의 타고난 능력이나 환경적 조건을 나타낼 수 있다는 전제를 가지고, 이러한 격국의 기운이 운의 흐름에 따라 현실에서 어떻게 발현되는지 살펴보고자 한다.

17와 18은 사주팔자 해석에서 명과 운의 상관관계, 그리고 운의 흐름이 사주팔자에 미치는 영향을 논의하고자 한다. 이를 통해서 대운의 조건에 따른 사주팔자의 변화를 해석하는 것과 세운의 조건에 따른 변화를 해석하고자 한다.

19와 20은 10대 학생들이 학교에서 겪는 문제와 가정에서 충분한 보살핌을 받지 못하는 과정에서 생기는 문제를 사주팔자의 간지의 운동성과 운의 흐름을 통해 해석하고자 한다. 이를 통해 공동체에서 발생하는 다양한 문제를 사주팔자 상담이라는 관점으로 접근하고자 한다.

이 책은 간지의 상징성과 운동성에 근거한 사주팔자 해석이 개인의 정체성과 존재를 설명하는 도구로 작용할 수 있음을 보여주고, 현대인이 처한 다양한 관계의 복잡성과 유동성을 설명할 수 있는 해석적 틀로 확장할 가능성을 탐구하는 데 그 의의가 있다. 간지 해석을 오행의 고정된 틀에서 벗어나 간지가 지닌 상징성과 운동성을 통한 유연한 해석 가능성을 제시하며, 간지의 해석을 통해 인간의 존재와 정체성을 설명할 수 있는 가능성을 탐구함으로써 사주팔자 해석의 철학적 가치를 재조명하는 것이다. 이는 사주팔자 해석이 단순히 미래 예측 도구가 아니라 개인의 삶과 정체성, 관계 속에서 발생하는 사건들을 이해하고 설명하는 철학적 도구로 발전할 수 있는 가능성을 제시하는 것이라 할 수 있다.

II

음양오행과 간지

1

음양오행

서양 철학은 고대 그리스 철학에서부터 플라톤과 아리스토텔레스 같은 사상가들을 통해 실체론적 세계관을 확립했다. 이들은 세상을 이루는 본질이 고정되어 있으며, 이 본질로부터 모든 자연 현상이 나온다고 보았다.

플라톤은 이데아가 모든 사물의 본질적인 형상이며, 물질 세계의 모든 것은 이 이데아를 불완전하게 모방하는 것이라고 보았다. 따라서 변하지 않는 이데아를 탐구하는 것이 참된 지식을 얻는 방법이었다. 아리스토텔레스는 플라톤과는 다르게 물질 세계가 실재하며, 모든 사물은 그 자체의 목적을 지닌다고 보았으며 사물의 변화 속에서도 불변하는 본질을 강조했고, 이를 통해 자연 법칙을 이해하려고 했다. 이들은 모두 고정된 실체를 탐구하며, 그로부터 자연 현상을 설명하려는 경향을 보였다.[10]

이러한 실체론적 전통은 이후 서양의 자연 과학에서도 이어졌다. 자연의 법칙은 고정된 실체에 기반하며, 그 법칙들은 영원히 변하지 않는 것으로 간주되었는데 뉴턴의 고전역학에서 이러한 사고방식은 잘 드러난다. 뉴턴은 자연을 일정한 수학적 법칙으로 설명했으며, 이 법칙들은 세상이 변하지 않는 기계적 체계처럼 움직인다고 보았다. 자연 현상은 일정한 법칙에 따라 예측 가능하게 발생하며 이는 고정된 실체론적 세계관에 뿌리를 둔 것이다.

이와 달리 동양 철학, 특히 중국 철학에서는 변하지 않는 실체를 강조하기보다는 세상이 끊임없이 변화한다는 점을 중시한다. 이러한 변화의 흐름 속에서 세상의 본질을 파악하려고 하며, 그 핵심 개념이 바로 기(氣)이다.

기(氣)는 동양 철학에서 세상과 자연을 움직이는 기본 원리이자 에너지로 이해된다. 기는 고정된 실체가 아니라 유동적이며 끊임없이 변하는 흐름으로서 세상의 모든 변화는 기의 움직임에 의해 설명될 수 있으며, 기는 물리적인 형체를 가진 것이 아니라 변화의 동력으로 작용하며 이를 통해 세상과 자연의 본질11)을 이해할 수 있다.

기의 흐름은 일정한 패턴을 따르며, 이 패턴이 곧 자연의 질서로 받아들여진다. 자연의 변화는 고정된 법칙에 의해 이루어지는 것이 아니라 주기적인 리듬과 흐름에 따라 일어나며, 이러한 패턴을 이해하는 것이 자연을 이해하는 중요한 방식이다. 예를 들어, 사계절의 변화나 낮과 밤의 순환 등은 모두 이러한 패턴의 일환으로 설명될 수 있다.

또한 이러한 변화와 패턴 중심의 세계관은 자연과 인간의 관계를 강조하는데 자연이 끊임없이 변화하니 인간은 그 변화에 따라 자신을 조화롭게 맞추어야 한다고 보았다. 인간의 삶의 형태와 변화의 양상을 자연의 주기적인 흐름과 변화에 근거하여 설명하고자 하는 것이다. 인간이 자연의 변화와 패턴에 맞추어 살아갈 때 그 삶은 자연과 조화를 이루는 것이 된다. 이러한 사고방식은 동양 철학이 인간과 자연을 하나로 보고 그 상호작용을 통해 세상을 이해하려는 중요한 특징을 보여주고 있다.

1) 감응과 패턴

동양 철학은 변화 자체를 중심으로 사고하며 세상은 끊임없이 움직이고 변하는 존재로 이해되었다. 이러한 이해를 통해 정적인 실체보다는 변화하는 세계를 주목하고, 그 변화의 양상을 통해 세상의 본질을 파악하려 했다. 이때 '기(氣)'는 변화하는 세계를 설명하는 주요 개념으로 사용된다. 기를 고정된 물질이나 실체가 아니라, 끊임없이 움직이고 흐르는 동적인 에너지로 보면서, 이를 통해 세상의 변화를 설명하려는 시도가 이루어졌다. 에너지로서의 기의 개념은 세상이 움직이는 방식, 즉 변화의 흐름을 상징하며, 이러한 변화와 흐름의 질서를 통해 존재의 의미를 찾고자 했다.

이러한 에너지의 흐름과 질서는 자연과 인간 삶의 질서를 형성하는 중요한 요소로 작용한다. 에너지의 흐름과 질서를 통해 세상을 파악할 때, 그것은 형체나 고정된 물질을 인식하는 것이 아니라, 끊임없이 변하고 움직이는 흐름을 포착하는 과정이다. 에너지의 질서는 변화의 패턴으로 나타나며, 이러한 패턴의 이해를 통해 자연과 인간의 본질을 탐구할 수 있다.

에너지 변화의 패턴은 감응(感應)이라는 동양 사유 체계에서 매우 중요한 개념이다. 감응은 사물 간의 상호작용과 그로 인한 반응을 설명하는 철학적 원리이다.12) 이것은 단순히 물리적 인과관계를 넘어서, 자연의 흐름과 우주적 패턴에 대한 공명과 반발을 포함하며, 이러한 감응이 자연의 조화와 질서를 유지하는 데 중요한 역할을 한다. 음양오행 사상에서 감응은 매우 중요한 위치를 차지하며, 명리학뿐만 아니라 한의학 등 다양한 분야에서도 감응이 핵심적으로 적용된다.

감응은 상호작용하는 두 개체나 요소 간의 인과관계로 정의되며 이 인과관계는 단순한 물리적 작용을 넘어서, 우주적 패턴에 따른 상호작용이 이루어지는 원리로 확장된다. 이러한 감응은 크게 두 가지 유형으로 나눌 수 있다. 우주적 패턴에 공감하는 감응은 자연의 주기적 변화나 사물 간의 자연스러운 조화로운 상호작용을 의미한다. 예를 들어, 가을이 오면 열매를 맺는 것처럼 자연의 흐름에 따라 개체들이 자연스럽게 조화를 이루는 상황이다. 이러한 감응은 자연의 순환과 조화를 상징하며, 이는 자연 현상이 특정 패턴에 따라 움직인다는 점을 보여준다. 이는 자연에 내재하는 질서에 대한 공명, 즉 자연과 인간, 사물 간의 공감적 반응을 나타낸다.

공감과 반감의 감응은 상호작용하는 두 대상이 조화를 이루거나 반대로 상충하는 작용을 하는 경우를 말한다.13) 여기서 오행의 상생(相生)과 상극(相剋)이 중요한 역할을 한다. 상생은 사물 간의 긍정적인 상호작용, 즉 서로를 돕고 성장시키는 관계를 의미하며, 상극은 서로를 억제하거나 제어하는 관계를 나타낸다. 예를 들어, 물(水)이

나무(木)를 도와 자라게 하는 것은 상생 관계이며, 불(火)이 금속(金)을 녹이는 것은 상극 관계이다.

이러한 감응을 통해 나타나는 에너지 변화의 패턴을 '이(理)'라고 하는데, 이(理)는 자연의 패턴과 질서를 설명하는 중요한 개념이다.14) 이(理)는 서양 철학의 자연 법칙과 유사한 개념이지만, 차이가 있다. 서양의 자연 법칙은 고정된 실체에서 도출된 불변의 규칙을 의미하지만, 동양의 이(理)는 자연의 변화 속에서 나타나는 규칙성을 의미한다. 이는 고정된 것이 아니라, 자연의 흐름과 리듬에 따라 유동적으로 작용한다. 자연의 리듬과 변화는 주기적이며, 이러한 리듬을 이해함으로써 인간은 자연과 조화를 이루는 삶을 살 수 있다는 것이다. 예를 들어, 농업에서 사계절의 순환에 맞추어 농사를 짓는 것은 자연의 리듬을 이해하고 그것에 맞추어 행동하는 것을 의미하며 이는 자연의 질서를 따르는 삶을 사는 것이며, 이러한 방식으로 인간은 자연과 감응하게 된다고 보는 것이다. 따라서 이러한 질서는 자연뿐만 아니라 인간 사회와 개인의 삶에도 적용되며, 인간이 자연의 질서를 따르고 조화를 이루는 삶을 살 때 그 이치를 실현할 수 있다는 사상과 연결된다.

이와 같이 기와 패턴은 자연과 세상을 이해하는 중요한 개념적 틀이다. 기의 흐름을 통해 자연의 변화를 파악하고, 그 변화 속에서 나타나는 패턴을 이해하는 사고방식은 끊임없이 변화하는 흐름 속에서 존재와 본질을 탐구하는 것이다.

2) 음양오행의 운동성

(1) 음양의 운동성

유별(類別)은 사물과 현상을 분류하는 방식을 뜻하며, 이는 단순한 분류가 아니라 사물 간의 상호작용을 기반으로 한 관계적 구분을 의미한다. 유별은 특정 상황에서 사물들이 어떻게 반응하고 상호작용하는지에 따라 그 분류가 이루어진다.

유별은 오행론과도 밀접하게 연결되어 있다. 오행론에서 상생과 상극의 원리로 사물들이 분류되고, 이들은 각각의 상황에 따라 다양한 방식으로 관계를 맺는다. 예를 들어, 간지(干支) 체계에서 10천간과 12지지가 조합되어 생년월일을 통해 사람의 성격과 운명이 해석되듯이,15) 유별은 사물과 인간, 자연의 관계를 맺고, 이를 통해 자연의 질서를 이해하고 설명하려는 방식이다. 유별은 감응의 관계를 형성하는 중요한 도구로 작용한다. 감응이란 각 개체가 서로 관계를 맺는 방식에서 비롯되며, 이 관계는 유별을 통해 이해하고 해석할 수 있다.

시간의 흐름은 그 자체로 변화의 패턴을 포함하고 있다. 이 패턴은 음양의 왕래를 통해 나타나며, 자연과 인간의 삶 모두에서 순환적인 변화가 일어난다. 변화는 단순히 한 방향으로만 나아가는 것이 아니라, 극단에 이르면 반대로 전환되는 성질을 가지고 있는데 이러한 성질은 자연의 변화는 되돌아오는 흐름을 가지고 있다는 원리16)

를 설명한 것이다. 즉, "음양의 항상(恒常)됨을 따르고 천지의 상리에 순응하며 부드러움을 유지하면서도 굴복하지 않고 강인함을 지키면서도 경직되지 말아야 한다. 양(陽)이 지극해지면 음(陰)이 되고, 음이 극에 달하면 양이 되며, 해는 졌다가 다시 떠오르고, 달은 찼다가 다시 기운다."라고 말하여 양의 기운이 극에 달하면 다시 음의 기운으로 전환되고, 음의 기운이 극에 달하면 다시 양의 기운으로 전환된다는 점을 밝혔다. 이러한 패턴을 통해 생명은 쉬지 않고 순환하게 되며, 인간 역시 이 보편적인 운동 패턴17) 속에서 살아간다.

음양의 운동성이란 음과 양의 에너지가 어떠한 성질을 가지고 있는지, 어떤 방향으로 변화하는지에 대해 설명해준다. 양의 운동성은 팽창하고 확장하는 성질을 가지고 있으며 에너지가 상승하고 외부로 발산되는 방향성을 나타낸다. 음의 운동성은 수축하고 축소하는 성질을 가지고 있으며 에너지가 하강하고 내부로 수렴되는 방향성을 의미한다. 음양의 이러한 운동성을 이해하는 것은 사주팔자 해석에서 각 계절과 시간 속에서 에너지가 어떻게 흐르는지를 파악하는 데 중요한 역할을 한다. 자연의 변화와 인간의 삶은 음양의 주기적 변화를 따르며, 이것은 사주 해석에서 변화의 방향성을 예측하는 데 필수적이다.

<표-2> 음양의 운동성

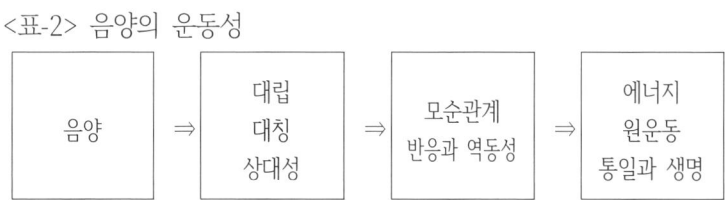

(2) 오행의 운동성

　음양의 운동성은 자연의 계절적 변화를 통해 오행의 운동성으로 설명할 수 있으며, 사주팔자 해석에서도 각 계절의 특성이 중요하다. 각 계절은 음양의 변화를 상징하며, 이러한 변화의 해석은 인간의 삶과 운명의 변화 과정을 이해하는 데 중요한 역할을 한다. 봄은 모든 만물이 소생하는 계절로, 에너지가 상승하고 외부로 드러나는 시기이며 봄의 목(木) 기운은 생명력과 성장을 상징한다. 이 시기에는 겨울 동안 숨겨졌던 것들이 다시 모습을 드러내며, 싹을 틔우고 외부적인 활동이 활발해진다. 봄의 에너지는 위로 올라가고 확장하는 기운을 담고 있으며, 이러한 기운은 양의 운동성을 나타낸다. 즉, 봄의 운동성은 위로 오르는 것이고 상징은 성장, 새로운 시작, 외부로 드러남이다.

　여름은 모든 만물이 길어지고, 확장되는 계절이다. 여름의 화(火) 기운은 에너지가 확장되고 최대로 펼쳐지는 시기이다. 여름에는 모든 것이 무성하게 자라나며, 에너지가 옆으로 펼쳐진다. 양의 기운이 자신을 최대한 펼쳐 보이는 것이며, 활동성이 가장 강한 시기이다. 즉, 여름의 운동성은 옆으로 펼쳐지는 양의 기운이며 상징은 번성, 확장, 활발한 활동이다. 봄과 여름의 운동성은 에너지의 발산이며 위로 오르거나 옆으로 펼쳐지는 모습으로 나타나고 봄의 상징은 시작과 성장과 외부로 드러남이고, 여름의 상징은 번성과 확장, 활발함이다.

　가을은 여름의 활동이 줄어들고, 외부적인 대사를 차단하는 시기이다. 금(金)의 기운이 작용하는 계절로, 에너지가 내부로 수렴되는 성질을 가지며 가을은 열매가 맺히고, 그 열매는 결국 밑으로 떨어지는 운동성을 가지고 있다. 음의 기운이 점차 강해지며, 외부로 발산된 에너지를 안으로 거두어들이는 과정이다. 즉, 가을의 운동성은 아래로 내려가고, 수렴하는 음의 기운이고 상징은 결실, 수확, 내향성이다.

겨울은 에너지를 숨기고, 모습을 감추는 시기이다. 이 시기는 수(水)의 기운이 강해지며, 생명이 최소화된 상태로 돌아가 저장되는 과정이다. 겨울은 모든 에너지를 내부로 축소하며, 씨앗은 내부로 응축되어 다음 생명을 준비하게 되는데 이는 음의 기운이 극에 달하는 시기이며, 에너지가 가장 내향적으로 수렴되는 과정이다. 즉, 가을의 운동성은 아래로 모여들고 축소되는 음의 기운이고 상징은 숨김, 저장, 내면적 성찰이다. 가을과 겨울은 에너지의 수렴이고, 가을의 운동성은 아래로 내려가고, 수렴하는 음의 기운이고 상징은 결실, 수확, 내향성이다. 겨울의 운동성은 아래로 모여들고 축소되는 음의 기운이고 상징은 숨김, 저장, 내면적 성찰이다.

토(土)는 중립적인 기운이다. 토는 하늘의 기운과 땅의 기운이 혼재된 상태로, 에너지가 더 이상 오르지도, 내려가지도 않는 상태를 나타낸다. 장하(長夏)의 시기로, 이는 더 이상 성장하지 않지만, 열매와 잎의 형체를 유지하는 시기이다. 에너지는 외부로 발산되지 않고, 정지된 상태에 머무르게 되며 양과 음의 중간에 있는 중립적인 에너지를 상징한다. 운동성은 오르지도, 내려가지도 않는 것이고 상징은 유지, 정지, 중립적 에너지이다.

<표-3> 오행의 운동성

			한 방향으로 뚫고 올라감. 자란다. 봄. 起. 직선. 죽순 모양		
陽운동 팽창	木운동 生	甲	위로 솟아남. 수직. 생장	寅	火로 방향성. 戌에서 멈춤
		乙	나선형 운동. 선회. 드러냄	卯	木운동 정점. 未에서 멈춤
			사방으로 흩어짐. 무성해짐. 여름. 承. 면. 옆으로 넓게 펼쳐짐. 나뭇잎		
	火운동 長	丙	펼침. 팽창과 발산	巳	金으로 방향성. 丑에서 멈춤
		丁	장성함. 완성됨. 발산과 멈춤	午	火운동 정점. 戌에서 멈춤
陰운동 수축	金운동 收		분열된 火를 거두어 수렴. 수렴한다. 가을. 轉. 둥근 것. 입체. 열매		
		庚	양기를 모음. 제한과 압력	申	水로 방향성. 辰에서 멈춤
		辛	고쳐서 새로워짐 변화와 새로움	酉	金운동 정점. 丑에서 멈춤
	水운동 藏		수렴한 것을 단단하게 응고. 숨기다(가두다). 겨울. 結. 점. 씨앗		
		壬	잉태함. 숨기와 가두기	亥	木으로 방향성. 未에서 멈춤
		癸	끝에서 다시 시작함	子	水운동 정점. 辰에서 멈춤
중재와 변화	土운동 化		불연속점, 시간의 마디, 원운동의 조건, 生長化收藏의 원운동		
		戊	무성해짐. 극단의 커짐	辰	水운동 숨기기와 火운동 열기. 酉와 합-金운동
				戌	火운동 숨기기와 水운동 열기. 卯와 합-火운동
		己	운동의 방향을 陰으로 바꿈	丑	金운동 숨기기와 木운동 열기. 子와 합-寅을 도움
				未	木운동 숨기기와 金운동 열기. 午와 합-申을 도움

2 사주명리학

1) 사주명리학의 특성

사주명리학의 핵심은 음양(陰陽)의 조화를 이해하고 그것을 근거로 인간의 운명을 판단하는 데 있다. 여기서 음(陰)과 양(陽)은 서로 상반되면서도 상호보완적인 두 가지 에너지로, 우주의 변화와 운동성을 설명하는 원리이다. 음양은 태극(太極)이라는 본질적 에너지를 기반으로 나타나며 모든 변화는 이 두 에너지가 상호작용하면서 일어난다.[18] 태극(太極)은 우주의 근원적 에너지를 상징하며, 생명과 운동의 본질을 나타낸다. 아울러 태극의 운동은 음양의 구분을 통해 이루어진다. 양(陽)은 외적인 에너지로, 확장, 활동성, 발전을 상징하고 음(陰)은 내적인 에너지로, 축소, 정적, 내향성을 상징한다. 음양의 상호작용은 인간의 삶의 변화와 운동성을 나타내며, 사주팔자 해석은 이러한 음양의 흐름을 분석하여 인간의 운명을 해석한다.

사주명리학의 간지(干支) 체계는 천간(天干)과 지지(地支)로 구성되며, 이는 자연의 변화와 주기적인 흐름을 반영한 상징적 기호이다. 천간과 지지는 각각 음양의 조화와 오행(五行)의 상호작용을 통해 자연과 인간의 관계를 설명한다. 천간과 지지의 상호작용은 오행의 상생상극을 통해 운명의 흐름을 설명하며, 간지의 상호작용을 분석함으로써 개인의 삶의 방향성을 보다 구체적으로 예측할 수 있다.

이러한 간지 체계는 자연의 변화와 계절적 흐름을 반영하며, 이는 인간의 삶의 변화와도 긴밀히 연결된다. 특히 계절적 패턴은 간지 해석에서 중요한 기운의 흐름을 설명하는 데 사용된다. 봄은 목(木)의 에너지가 강한 시기로, 새로운 시작과 성장을 상징한다. 여름은 화(火)의 에너지가 강한 시기로, 활동성과 변화를 나타낸다. 가을은 금(金)의 에너지가 강한 시기로, 수확과 결실을 상징한다. 겨울은 수(水)의 에너지가 강한 시기로, 내면적 성찰과 안정을 상징한다. 이러한 계절적 흐름은 인간 삶의 흐름과 변화의 속성을 해석하는 데 중요한 역할을 하며 사주 해석에서 각 계절의 기운은 개인의 삶의 주기를 이해하는 중요한 도구로 사용된다.

간지 해석에 근거한 사주 명리학은 농경사회에서 자연의 변화와 천문 관측을 통해 발전한 학문이다. 천문 관측은 자연의 계절적 변화와 주기적 흐름을 파악하는 중요한 도구로 사용되었으며, 이는 농업 사회에서 생산성과 효율성을 극대화하는 데 중요한 역할을 했다. 천문 관측을 통해 계절적 변화를 분석하고, 이를 기반으로 농업 활동을 계획하던 방식은 사주 해석에서 오행의 흐름과 운명의 주기를 분석하는 것과 같은 논리로 작용하게 되었다.

농경사회에서 천문을 관측하면서 변화를 예측하는 일들은 인간의 삶에서 일어나는 변화의 속성을 파악하여 미래를 예측하고 이를 바탕으로 삶의 방향을 설정하는 과정으로 확대되었다. 이는 간지(干支)

체계와 음양(陰陽), 오행(五行)의 상생상극(相生相剋)을 통해 인간의 운명적 흐름을 분석하는 도구로 사용된다. 사주팔자는 고정된 공식이 아닌 인간과 자연이 상호작용하는 에너지 흐름을 해석하는 학문으로, 변화의 패턴을 읽어 최적의 선택을 통해 삶의 효율성을 극대화하는 것을 목표로 한다. 이 과정은 과거 농경사회에서 자연의 변화와 천문학적 관찰을 통해 계절적 주기와 기후 변화를 예측하던 방식과 유사한 접근법을 취하고 있다.

따라서 사주 명리학에서 다루는 인간 삶의 변화는 자연의 이치에 따른 것이라고 할 수 있다. 인간 삶의 변화를 음양(陰陽)의 조화, 오행(五行)의 상생상극, 그리고 시간적 주기에 따른 변화를 통해서 분석하는 것이다. 즉, 사주명리학은 자연에서 일어나는 변화의 법칙을 인간의 운명과 연결 지어 해석하려는 학문이다. 사주명리학은 과학적 관찰과 철학적 사유를 바탕으로 하며, 인간의 삶을 설명하는 논리적 구조를 가지고 있다. 이것은 초자연적인 신비적 해석과는 달리, 자연의 법칙에 따른 변화의 흐름을 분석하고 예측하려는 시도라고 볼 수 있다. 변화의 구조는 단순한 사건의 나열이 아닌, 주기적 흐름과 운동성을 기반으로 한 패턴이다. 인간의 삶은 이러한 변화의 구조 안에서 이루어지며, 주기적 변화를 이해함으로써 더 나은 선택을 할 수 있다.19)

사주명리학에서 시간의 주기적인 변화는 사람의 변화를 결정짓는 주요한 원인이며, 이를 이해함으로써 인간은 단순히 운명에 휘둘리는 것이 아니라, 주체적으로 선택을 할 수 있는 능력을 갖출 수 있다. 변화는 시간과 공간 속에서 이루어지는 주기적 흐름과 운동성을 통해서 나타난다. 사주 해석은 이러한 변화의 구조와 원인을 이해하고, 그 속에서 인간이 삶을 주체적으로 이끌어갈 수 있는 방향을 제시할 수 있다. 사주 해석이 변화의 패턴을 분석하고, 시간적 원인을 통해 미래의 방향성을 제시하는 데 중점을 두는 이유이다.

2) 사주명리학의 형성

사주명리학의 형성은 중국의 역사적, 사회적 변천과 밀접하게 연관되어 있으며, 특히 봉건적 농업 체제와 사유재산의 등장과 함께 발전했다. 중국 진(秦)나라와 한(漢)나라 시대에는 봉건적 농업 체제가 자리를 잡았고, 이 시기에 음양오행(陰陽五行) 철학이 정치적 및 사회적 이데올로기의 중요한 근거로 자리매김했다.[20] 이러한 배경에서 사주명리학은 사람의 운명을 해석하는 방식으로 자리 잡았으며, 이는 당시 사회의 계급 구조와 안정된 질서를 반영한 것이었다. 동중서[21]는 그의 저서 『춘추번로』[22]를 통해 천인감응론을 체계화하였다.

> 하늘에 음양이 있듯이 사람에게도 음양이 있으니, 천지의 음기가 일어나면 사람의 음기도 그에 호응해서 일어나고, 사람의 음기가 일어나면 천지의 음기도 마땅히 그에 호응하여 일어나니, 하늘과 사람의 도는 하나이다. 이 도에 밝은 자는 비를 오게 하고 싶으면 음기를 움직여서 음기를 일으키고, 비를 그치게 하고 싶으면 양기

를 움직여서 양기를 생기게 한다. 그러므로 비를 부르는 것은 신묘한 일이 아닌데 신묘함에 비견하는 것은 그 이치가 미묘하기 때문이다. 다만 음양의 기운만이 그 종류에 따라 나오고 물러가는 것이 아니니, 비록 상서롭지 못한 것이거나 禍福이 좇아 나오는 경우도 이러한 이유에서 비롯되는 것이다. 자기가 부르기 이전에 일어나는 것이란 없으니, 모든 사물은 종류에 따라 응하여 나타나기 마련이다.23)

이 사상은 하늘과 인간 사이에 감응이 일어난다고 믿으며, 자연과 인간 사회 사이의 상관관계를 강조했다. 특히 동중서는 음양오행을 통해 음양을 선악의 대립으로 해석하였고, 양존음비와 귀양음천이라는 이분법적 구조를 만들어냈다.

이분법적인 구조로 설명되는 양(陽)은 선, 하늘, 임금, 상위 계급 등을 상징하며, 음(陰)은 악, 땅, 신하, 하위 계급 등을 상징했다. 이는 사회 질서와 계급 구조를 설명하는 데 있어 강력한 철학적 도구로 작용했고, 유교적 사상의 근간을 이루었다. 이러한 이분법적 해석은 사주팔자 해석에서도 육친 해석과 격용신 해석에 깊이 스며들어, 개인의 운명을 선악의 대립적 관계로 판단하는 구조로 자리 잡게 되었다.

동중서의 음양 해석은 유교적 사회질서와 맞물려 이분법적 논리로 굳어졌다.24) 이는 사주팔자 해석에서 육친과 격용신을 해석하는 방식에도 영향을 미치게 되었는데 사주팔자 구조가 이데올로기적 틀 안에서 작동하게 되면, 지배자와 기득권층의 이익을 대변하는 해석이 강화되고, 그 틀에 포함되지 않은 개인은 소외될 수밖에 없었다.

이에 반해 왕충(王充)25)은 동중서의 천인감응론을 비판하면서, 인간과 자연현상이 단순히 우연적으로 일치한 것일 뿐이라고 주장했다.26) 그는 자연과 인간 모두 물질적 속성에 불과하며, 기(氣)가 우주와 인간을 구성하는 통일된 물질적 원소라고 보았다. 왕충의 기일원론은 인과관계를 부정하고, 인간과 자연이 기의 운동에 따라 생성과 소멸을 반복한다고 보았으며, 그는 운명을 초월하는 자연정명론을 주장하며 명리학의 기반을 다졌다.

왕충의 사상은 사주팔자 해석에 있어 음양오행의 에너지가 물질적 기로 발현되고, 이를 통해 개인의 삶과 사건을 해석할 수 있는 철학적 기초를 마련했는데, 그의 사상에 따르면, 간지의 해석은 음양오행의 에너지 흐름과 방향성을 이해함으로써, 인간의 현실적 사건과 삶의 흐름을 설명할 수 있는 도구가 되었다.

사주명리학에서 개인의 성격이나 운명을 해석하는 핵심적인 방법론은 육친 해석27)과 격용신 해석이다. 이러한 해석 방식은 특정한 틀 안에 개인을 고정시키는 경향이 있으며, 이는 개인의 다양성과 가능성을 억압할 수 있다. 육친 해석은 사주팔자에서 부모, 형제, 배우자, 자식 등의 관계성을 해석하는 방식이다. 일간을 중심으로 천간과 지지의 관계에 따라 각 가족 구성원이 어떤 역할을 하는지를 규정하며, 이 해석을 통해 성격적 특성이나 운명적 경향이 분석된다. 육친 해석 방식은 사회적으로 성별 고정관념이나 특정 역할을 강조하는 방식으로 이어질 수 있으며, 개인의 자유로운 역할 변화 가능성을 제한한다. 이는 개인의 삶을 특정 규칙과 도식 속에 가두는 억압적 해석으로 작용할 수 있다.

격용신 해석28)은 격국(格局)과 용신(用神)을 통해 사주의 기운을 분석하고, 그 사람의 삶의 흐름을 설명하는 방식이다. 격국은 오행의 구성과 균형을 기반으로 하며, 용신은 그 균형을 잡아주는 요소로서 중요하다. 이 해석 방식은 개인의 운명적 패턴을 규정하며, 용신을 찾는 과정에서 개인의 특정 역할이나 운명적 경향이 고정될 수 있다. 이러한 해석 방식 또한 지나치게 절대화되면 사주팔자의 해석이 개인의 다양한 가능성을 반영하지 못하고, 특정한 운명론적 틀 안에 개인을 가둬버리는 결과를 낳을 수 있다. 즉, 사주 해석이 개인을 억압적 구조 안에 가두고, 인간의 복잡성과 변화를 충분히 반영하지 못하게 되는 상황으로 이어질 수도 있다.

3) 사주 해석

음양오행은 사주명리학의 핵심을 이루는 자연적 이치로서, 인간과 우주의 모든 현상을 설명하는 원리이다. 이 철학의 본질은 억압이나 차별을 포함하지 않으며, 자연의 조화와 상호작용을 중시한다.

음양(陰陽)은 우주와 인간의 모든 현상을 설명하는 이원적 원리로, 음(陰)과 양(陽)은 서로 대립하는 것이 아니라 상호 보완적 관계29)를 형성한다. 음양은 고정된 상태가 아니라 끊임없이 순환하며, 서로 대립하지 않고, 상호 의존적으로 존재하며, 한쪽이 지나치게 강해지거나 약해지면 서로 보완하면서 균형을 이루게 된다. 음양에는 남녀라는 절대적인 구별이 없으며, 선악의 개념도 존재하지 않는다. 따라서 음양은 절대적 구분이 아닌 단순히 서로 다른 특성을 지닌 두 개념이며, 그 차이를 통해 변화와 조화를 이룬다.

오행(五行)은 목(木), 화(火), 토(土), 금(金), 수(水) 다섯 가지 요소로 구성되며, 이 요소들은 서로 상호작용하면서 자연의 변화를 설명한다. 오행 또한 음양과 마찬가지로 고정된 성질이 아니라, 끊임없이 변화하는 에너지의 패턴이다. 오행 간의 관계는 상생과 상극으로 설명되며, 이는 자연의 균형과 조화를 나타내는 것이다. 오행의 각 요소는 다른 요소들과 상생하거나 상극하는 관계를 맺으며, 그 관계 속에서 균형이 형성된다. 예를 들어, 목(木)은 화(火)를 돕고, 화(火)는 금(金)를 제어하는 상생상극 관계가 있으며, 이러한 관계는 자연 속에서 조화로운 순환을 나타낸다. 오행의 변화는 자연스럽고 필연적이며, 이는 고정된 운명이 아닌, 변화하는 과정으로 이해되어야 한다.

그러므로 음양오행에서는 모든 현상이 고정되지 않고 변화한다. 이는 인간의 삶이 고정된 틀에 갇히지 않고 끊임없이 변화할 수 있음을 의미한다. 이러한 변화의 요소는 음양오행 운동성을 근거로 한 간지에서 잘 나타나 있다. 진술축미(辰戌丑未)와 같은 토 기운을 가진 지지(地支)들은 고정성을 상징하지만, 이들 안에는 내부적 변화의 요소가 항상 존재한다. 네 개의 글자는 같은 토(土)의 성질을 가진 오행이라 하더라도 변화의 속성은 다르다. 진(辰)은 토의 기본 성질을 가지고 있지만 수(水) 운동을 하는 동시에 유(酉)와 만나서 금(金) 운동을 하고, 봄의 기운인 묘(卯)와 합을 할 때는 목(木)운동을 하게 된다. 어떠한 기운의 글자와 작용하느냐에 따라 운동성은 변화하게 되고 운동성의 변화는 토 운동의 방향성을 결정하게 된다. 함께 작용하는 지지는 시간의 흐름이라고 할 수 있고 이러한 조건 속에서 새로운 변화를 받아들이고 새로운 가능성을 만들어낸다. 특히 토 기운의 고정성이라고 하는 것은 새로운 기운이 시작되는 것을 돕는 것으로 음양오행 철학에서 물러남은 단순히 소멸이 아니라, 새로운 시작을 위한 준비를 의미하며 자연의 순환 속에서 나아감과 물러남이 서로 상호작용하는 모습을 나타내며, 생성과 소멸이 동시에 존재하는 원리이다. 겨울이 끝나면 봄이 찾아오는 것처럼, 모든 것은 멈추는 순간에도 변화하고 새로운 시작을 위한 준비 과정에 있는 것이다.

음양오행의 기본 원리는 억압과 차별이 없는 자연의 질서이다. 음과 양, 오행의 상호작용은 서로 억압하지 않고, 균형과 조화를 통해 변화를 이루는 자연의 이치이다.30) 음양과 오행은 상호작용을 통한 조화로운 관계이기 때문에 고정된 성별이나 사회적 역할을 강제하지 않고, 자연의 흐름 속에서 서로 존중하며 공존하는 원리31)를 가지고 있다. 이것은 인간 사회에서 특정 성별이나 역할을 고정하지 않고, 유동적인 관계 속에서 자유롭게 변화하는 삶의 원리32)로 확장될 수 있다.

자신의 존재에 관한 물음의 대답을 음양오행을 근거로 한 사주팔자의 해석에서 얻고자 할 때 육친 해석과 격용신 해석이 가지는 고정된 틀은 때로는 개인의 삶을 억압하거나 차별적인 결과를 초래할 수도 있다. 이분법적 해석은 현실을 지나치게 단순화하면서 인간 존재의 복잡성과 시간 속에서 변화하는 인간의 삶을 온전히 설명할 수 없다. 이러한 구조적 고정성을 해체하기 위해서는 음양오행의 근본적인 의미로 돌아가야 한다. 그것은 변화와 조화를 중시하며, 절대적인 선악이나 남녀의 구별 없이 상호작용 속에서 존재하는 자연의 이치이다.33) 오행의 상생상극 논리가 1차 체계라면 간지의 상징과 운동성은 2차 체계로 볼 수 있다. 육친 해석과 격국 해석이 오행의 상생상극 논리로 설명된다면, 이와는 다르게 간지의 상징성과 운동성을 통한 해석은 보다 다양한 관점에서 인간 존재를 이해하고, 개인이 겪는 사건과 삶의 방향을 설명할 수 있는 가능성을 열어주게 된다.

따라서, 간지의 상징적 해석과 운동성을 근거로 사주팔자를 해석하는 것은 더 이상 사주팔자 해석을 단순히 길흉 판단으로 보지 않는다는 것을 의미한다. 간지를 단순한 도구가 아닌, 인간의 삶을 구체적으로 드러내는 기호적 존재로 이해하는 것이며, 인간의 현실적 상황과 삶의 흐름을 설명하는 중요한 도구로 바라보는 것이다. 간지의 상징성과 운동성을 통해 관계 해석을 함으로써 사주팔자 해석은 인간의 존재를 해석하는 정교한 도구로 확장될 수 있다.

사주팔자 해석의 첫 번째 목표는 변화의 속성을 이해하고 간지가 가지는 관계성을 이해하는 것이다. 사주의 구조는 천간(天干)과 지지(地支)로 이루어져 있으며, 이는 자연에서 일어나는 변화를 상징한다. 천간은 하늘의 기운을, 지지는 땅의 기운을 상징한다. 다시 말하면 천간(天干)는 주로 인간의 정신적 기질과 의식을 나타내는 하늘의 에너지를 상징하고, 지지(地支)는 땅의 기운을 상징하며, 인간의 현실적 상황과 삶의 조건을 나타낸다. 이 두 요소는 음양과 오행의 원리로 상호작용한다. 이러한 구조는 인간의 삶에서 일어나는 변화의 패턴을 이해하는 데 중요한 역할을 한다. 이 두 요소의 상호작용은 개인의 운명적 흐름을 형성하며, 사주 해석은 이 상호작용을 통해 변화의 주기적 패턴을 분석하고, 삶의 방향을 예측하는 역할을 하는 것이다.

사주팔자 해석의 두 번째 목표는 변화의 패턴을 분석하여 미래를 예측하는 것이다. 여기에서 미래를 예측한다는 것은 다가오는 시간을 대하는 인간의 태도와 연관된다. 사주 해석의 본질은 고정된 공식이 아니라, 변화의 흐름을 읽어내고, 그 흐름 속에서 최적의 결정을 내리는 데에 있다. 이는 농경사회에서 자연의 변화와 천문 관측을 통해 인간이 살아갈 방향을 설정했던 것과 같은 맥락을 가진다. 간지체계, 음양, 오행은 모두 자연의 변화와 인간의 운명적 흐름을 설명하는 중요한 도구로 사용된다. 운명의 흐름을 인지하는 것은 유한한 생명을 가진 인간이 가지는 확실한 두려움 앞에 마주 보고 서는 것이며, 이것은 사주팔자 해석이 우리에게 주는 삶을 바라보는 태도의 힘이다.34)

삶은 끊임없는 변화의 연속이며, 이러한 변화는 일정한 방향성과 주기성을 가지고 이루어진다. 변화는 직선적이지 않고 순환적이며, 일정한 흐름 속에서 다시 원점으로 돌아오는 특성을 지닌다. 이는 노자(老子)가 말한 "반자도지동(反者道之動)"이라는 개념에서 나타난다. 이 구절은 "되돌아오는 것이 도의 움직임이다"라는 뜻으로, 모든 자연의 움직임은 극단에 이르면 다시 반대 방향으로 돌아온다는 순환적 원리를 말한다. 이것은 자연의 변화가 순환적이고 주기적이라는 중요한 원리를 설명하는 것이다. 자연의 법칙에 따르면, 변화가 극단에 이르면 다시 균형을 맞추기 위해 반대로 돌이키며, 이는 주기성을 동반한다. 이러한 변화 속에서 인간을 포함한 모든 생명체는 자연의 주기적 변화와 순환성에 영향을 받게 된다. 그러므로 변화의 패턴을 이해하는 것은 변화의 근원을 파악하는 중요한 과정이며, 이를 통해 인간은 미래의 방향성을 이해할 수 있다.

사주팔자 해석에서 시간은 변화의 주요 축이다. 사람 삶의 변화는 특정 시간적 흐름에 따라 발생하며, 이는 천간과 지지의 상호작용, 지지와 지지의 관계성, 시간 흐름에 따라 발생하는 사건에 의해 설명된다. 사람이 특정 시점에서 맞닥뜨리는 사건들은 시간적 패턴에 의해 발생하며, 이러한 패턴을 통해 변화의 예측이 가능하다. 예를 들어, 목(木)의 기운이 강한 시기에는 성장과 확장이 이루어지며, 수(水)의 기운이 강한 시기에는 안정과 내면적 성찰이 강조된다. 이는 사주에서 대운과 세운의 흐름을 통해 파악할 수 있다.

변화의 시간적 원인은 주로 운의 흐름에 의해 설명된다. 사주명리학에서 시간적 흐름은 대운(大運), 세운(歲運)과 같은 주기적 흐름으로 구체화된다. 이러한 시간적 흐름은 사람의 운명에 중요한 영향을 미치며, 특정 시점에서 삶의 전환점을 맞이하게 하는 원인으로 작용된다. 대운(大運)은 10년 주기로 바뀌는 운명적 주기로, 사람의 삶에서 중대한 변화를 일으킬 수 있는 흐름을 나타내므로 각 대운이 시작될 때마다 새로운 운명의 흐름이 열린다고 본다. 세운(歲運)은 1년 단위로 변화하는 운의 흐름이다.

3

간지

1) 간지의 언어적 상징성

우리의 사고가 언어로 구성되어 있기 때문에 우리의 해석은 자연스럽게 언어의 해석이고 텍스트의 해석이라 할 수 있다. 이러한 해석의 대상이 되는 언어는 상징 언어가 되는 것이므로, 해석이란 상징 언어의 일차적 의미를 넘어 이차적 의미까지 풀어낼 수 있어야 한다. 리쾨르에 따르면 언어는 언어에 갇혀 있지 않고, 삶을 표현하고, 삶의 의미를 보여주며, 자기 이해에 도달한다. 이처럼 언어는 언어 기호적 의미에 갇혀 있는 것이 아니라 전체 텍스트의 맥락과 상호작용 앞에서 다양한 의미를 내포한다. 우리는 언어를 객관적 지시물을 기술하는 것에 그치지 않고, 자신만의 삶을 자신만의 언어로 표현하고 있다.

그 사람이 쓰는 언어는 그 사람의 삶의 표현이고, 그 사람이 생각하는 삶의 의미이며, 나아가 그 사람이 수용하는 자기 이해이다. 그런 의미에서 "인간은 언어 해석을 통해서 자기의 삶을 이해한다."[35]라고 볼 수 있다. 언어와 상징의 관계는 리쾨르[36]에 의해 구조주

언어학과 상징적 해석을 통해 다루어지고 있다. 구조주의 언어학에서는 언어 체계의 구조와 구조 안에서의 차이에 중점을 두는 데 비해, 리쾨르는 상징의 근원적인 의미를 존중하면서 그것을 출발점으로 삼아 의미를 끌어내는 창조적 해석의 과정을 강조한다.37) 해석학은 언어 의미를 풀면서 삶의 의미를 찾고 자아를 이해하는 과정으로 본다. 이때 이해의 대상은 자기 자신과 삶이다.

사주팔자에서 사용하는 간지 또한 언어이고 기호라 할 수 있다. 간지 기호는 음양오행의 현실적인 부호이며 만물의 실상을 상징적으로 나타내는 상징체이기 때문이다. 이러한 상징체는 언어 문자가 가지고 있는 한계성을 보완하고, 오행의 운동성과 방향성을 통해서 더욱 치밀하고 광범위하게 삶의 의미를 파악하는 논리를 제공하는 것이다. 이처럼 간지 기호 해석은 텍스트로 구조화된 사주팔자를 해석한다는 뜻을 갖는 것이므로, 개인의 정신세계와 현실의 삶을 이해할 수 있게 되고 간지 기호들의 해석을 통해 또 다른 존재를 만날 수 있게 된다.

간지 본래의 뜻은 시대가 변화하고 확장되고, 해체되면서 문화적 산물들과 교통한다. 사주팔자 텍스트의 간지는 에너지의 운동성과 방향성을 표현한다. 또한 상호 간의 에너지 소통을 나타내며, 사주팔자 에너지의 조화를 보여준다. 간지는 본래 상관적 사유의 산물이므로 단순히 물질로서의 음양과 오행을 나타내는 데 그치지 않고 다양한 물상을 가진다. 또한 간지는 만물의 상징체로 언어 문자의 한계성을 극복하고 광범위하고 미세한 정보를 함유하고 있다.38)

자연 현상은 상호 관련을 맺고 있어 소수의 현상을 통해 많은 현상들을 설명할 수 있다. 만물의 현상은 상호 연관성이 있으므로, 무엇을 설명하는 것은 그것이 그 밖의 다른 것들과 어떻게 관련 맺고 있는가를 보여주는 것이다. 자연 현상의 변화를 보여주는 간지는 시간성의 음양과 공간성의 오행을 포함하고 있으며, 음양과 오행이 현실적으로 구체화된 기호이며, 육십갑자 또한 우주의 시간을 순환적 시각으로 표현하는 도구이다. 음양오행론에서 간지는 시간과 공간을 통합적으로 바라보는 시각을 가지며, 다양한 자연 현상 및 인간 삶의 측면에서 중요한 의미를 가진다.

인간의 언어 자체가 상징인 것처럼 간지도 그 자체가 상징이라 할 수 있다. 그래서 간지는 이중 의미를 가진 언어이며, 리쾨르가 주목했던 겹뜻을 가진 언어와 유사하다고 볼 수 있다. 그런 의미에서 해석이란 일차적 의미를 넘어서 그 안에 감추어져 있는 이차적 의미를 찾는 것이라 봐야 한다.[39] 간지 속에 감추어진 것을 밝히는 작업이 사주팔자 텍스트 해석이기 때문에, 간지에서 기호체계를 넘어서 삶의 뜻을 판단하려면 간지의 이차 의미를 찾아야 한다. 이것은 간지 기호 해석이 갖고 있는 근원적인 의미를 아는 것과 그것을 출발점으로 삼아 간지의 상징적 의미를 끌어내는 창조적인 해석을 하는 것이 동반된 두 가지를 모두 포함하는 행위이다.

사주팔자 해석은 상관적 사유 방식을 기반으로 상징체를 통해 자연과 인간사의 변화를 논한다. 간지는 만물의 실상을 상징적으로 나타내는 다양한 물상을 가지며, 간지 상징을 통해 사주팔자를 해석한다. 이때의 간지는 각자마다 다양한 의미를 품고 있으며, 사주팔자 텍스트의 에너지 상태와 상호 간의 교류 상황을 나타내며, 명리학의 이론 체계를 성립 가능하게 하는 중요한 역할을 한다.

감응이란 직접적인 접촉 없이 발생하는 것으로, 이는 무형의 기에 의해 매개된다고 믿어졌다. '개개의 사물을 모아 유에 묶는' 것은 유별의 방식을 설명하는 것이다. 그리고 유를 묶는 기준은 '감응'이며 개체 사이에서 일어나는 감응을 가능하게 하는 것은 '기(氣)'다. 동기(同氣)의 응(應)함을 언급하는 대목에서 알 수 있듯이 같은 유에 속하는 것들은 감응하는 것들이다.40) 이러한 이론이 구체화된 것이 바로 음양오행이다. 음양오행은 유사한 것들을 하나의 유로 묶어 패턴을 이해하고, 음과 양의 관계, 오행의 상생과 상극을 통해 세계의 변화를 해석했다. 오행은 감응의 체계화된 이론으로서, 감응을 분류하는 기준으로 사용되었다.

오행에서는 "유에 따라 동하는 것"이 중요하게 강조되었고, 감응의 관계는 감응의 분류 기준이 되어야 한다고 설명되었다. 사주의 기본 이론이 된 오행은 음양론의 확장으로 볼 수 있는데 오행론은 여러 분야에 적용되며, 감응론과 기론, 상생설과 상극설이 결합되었다. 오행은 분류의 체계이자 변화의 체계로 이해해야 한다. 음양오행론의 분류체계를 기능적으로 이해한다면, 이는 동시에 변화 체계로 작용하며 동시에 관계로 해석된다. 그리고 전체의 해석은 사주팔자가 가지고 있는 음양오행의 패턴을 해석하는 것과 오행의 분류체계와 변화체계를 해석하는 것을 포함한다. 이것은 간지의 근원적 의미와 초월적 의미를 해석하는 것과 더불어 간지가 갖고 있는 연속성과 상호 의존되어 있는 의미를 해석하는 것이라고 할 수 있다.

사주팔자의 간지는 서로 연속되어 있으며 상호 의존적이다. 이런 연속적인 간지들의 묶음에서 개개의 간지는 개체라기보다는 부분이라고 해야 한다.41) 부분들의 속성을 밝히면 전체를 이해하고 전체의 역동성을 통해서 부분의 속성을 이해할 수 있다. 쪼개어진 부분들은 또 다른 부분을 만날 때마다 다른 속성을 보여준다. 부분들의 속성만을 가지고 전체를 설명하는 것에는 한계가 있다. 자연은 관계들의 그물로 나타나고 상호관계 속에서는 어떠한 부분도 존재하지 않는다. 부분이라는 것은 무엇이든 안정되어 있는 하나의 패턴에 불과하다.

사주팔자 텍스트 안의 간지는 부분들이며 이것들은 상호 의존적이며 분리될 수 없으며 일시적인 패턴이다.42) 부분이 곧 전체는 아니다. 부분은 부분일 뿐이며 전체의 일부분에 불과하지만 부분 속에서 전체의 모습이 드러나며 또한 모든 부분에서 서로 유기적으로 연결되어 있는 것이다. 즉 간지는 사주팔자 안에서 무한한 연쇄반응을 일으킨다. 부분으로서의 간지는 사주팔자 전체의 관계를 나타내면서 동시에 특정한 오행에 배속된 간지의 의미는 변화를 겪게 된다. 간지의 의미 재생산은 사주팔자 구성에 적극적인 요소가 되며 대상을 단순히 기술하는 것에 그치는 것이 아니라 사주팔자의 존재 구성에 개입하는 것이다.

형체와 질서는 동양 철학에서 시간과 공간의 본질을 설명하는 중요한 개념들이다. 형체(形體)는 물질적 세계에서 우리가 직접 눈으로 볼 수 있는 구체적 존재를 나타내는 반면, 질서는 그 내부에서 비물질적으로 작용하는 보이지 않는 원리를 의미한다. 이 둘은 상호 의존적이며, 시간과 공간의 상호작용 속에서 자연과 우주가 어떻게 존재하고 변화하는지를 설명하는 핵심적인 요소로 작용한다.

형체는 존재자가 자신을 드러내는 방식이다. 이는 물질적 세계에서 존재하는 모든 것들이 자신의 본질을 드러내는 과정에서 나타나는 현상이다. 그러나 형체는 존재자의 원래 모습을 항상 그대로 드러내는 것은 아니다. 존재자는 은유와 상징을 통해 그 본질을 다양한 방식으로 표현할 수 있으며, 이 과정에서 다른 형태로 나타날 수도 있다.

예를 들어, 자연 속의 다양한 물질적 형상들—산, 나무, 강 등—은 그 본질적인 질서에 의해 다양한 방식으로 드러나는데 이러한 형상들은 고정된 모습이 아니라, 그 속에서 나타나는 내부 질서에 의해 변화 가능성을 지니며, 그것이 드러나는 방식은 모호하고 은유적일 수 있다.[43]

형체는 단순한 외형이 아니라, 그 내부에 자리잡고 있는 질서의 결과물이다. 다이아몬드와 풀러렌(Fullerene: 나노소재 연구에 응용)을 예로 들면, 두 물질은 모두 탄소로 이루어져 있지만, 그 내부 원자들의 배열 방식, 즉 질서가 다르기 때문에 전혀 다른 형체와 특성을 지니게 된다. 이처럼, 형체는 외부적으로 보이는 모습일 뿐이며, 그 근본적인 본질은 보이지 않는 내부의 질서에 의해 결정된다.

질서는 보이지 않는 비물질적 원리로, 형체의 내부 구조와 변화를 결정하는 근본적인 힘이다. 질서는 물질적 형체가 어떻게 존재하고 변화하는지를 규정하는 원리로서, 동양 철학에서 시간과 공간의 본질을 설명하는 데 중요한 역할을 한다. 질서는 눈에 보이지 않지만, 형체의 구조와 변화를 지배하는 보이지 않는 힘이며 시간은 이 질서가 변화하는 과정을 의미하며, 공간은 그 질서가 구체적으로 형체를 드러내는 장44)으로 인식된다. 다시 말해, 시간은 질서가 형체를 통해 변화하고 움직이는 양상이며, 공간은 질서가 형체로 구체화되는 장이다. 공간과 시간을 분리할 수 없는 이유는 시간의 질서가 형체에 영향을 미치기 때문이다. 시간은 공간 속에서 내부의 질서를 유지하며, 그 질서가 물리적 형체로 드러난다.

형체(形體)와 질서(秩序)의 개념을 사주팔자의 천간지지(干支)와 연결하여 설명하면, 동양 철학에서 시간과 공간의 상호작용을 통해 형체와 질서가 구체화되는 과정을 이해할 수 있다.45) 사주팔자의 천간과 지지는 하늘과 땅, 질서와 형체의 상징이며, 이 둘의 상호작용은 인간의 운명, 우주의 순환, 그리고 자연의 주기적 변화를 설명하는 중요한 도구로 사용된다.

2) 천간과 지지의 상징성

(1) 천간(天干)

천간은 하늘의 기운을 상징하며, 시간의 흐름 속에서 우주의 질서가 어떻게 변화하는지를 나타낸다. 천간(天干)은 10개의 요소로 구성되며, 각각은 음양과 오행에 따라 구분된다. 갑(甲), 을(乙), 병(丙), 정(丁), 무(戊), 기(己), 경(庚), 신(辛), 임(壬), 계(癸)가 이에 해당하며, 이들은 목(木), 화(火), 토(土), 금(金), 수(水)의 오행 에너지를 지닌다46). 천간은 하늘에서 내려오는 기운이 시간 속에서 어떻게 흐르고 변화하는지를 나타내며, 이는 우주의 질서가 어떻게 작용하고 있는지를 상징한다. 천간은 시간의 흐름에 따라 변화하는 우주적 질서의 흐름을 나타내는 중요한 개념이다.

갑(甲)과 을(乙)은 목(木)의 기운을 상징하며, 생명력이 강하게 발현되기 시작하는 단계이다. 이는 질서가 형성되기 시작하는 초기 상태를 나타낸다. 병(丙)과 정(丁)은 화(火)의 기운으로, 에너지가 강하게 팽창하며 확장하는 시기이다. 질서가 급격하게 변화하며 발산되는 상태를 상징한다. 무(戊)와 기(己)는 토(土)의 기운으로, 안정과 중재를 나타낸다. 질서가 균형을 유지하고, 변화 속에서 중심을 잡는 시기이다. 경(庚)과 신(辛)은 금(金)의 기운으로, 수확과 정화를 상징한다. 질서가 결실을 맺고, 이전의 에너지가 수렴되면서 새로운 형태로 정화되는 상태를 나타낸다. 임(壬)과 계(癸)는 수(水)의 기운으로, 지혜와 내적인 성장을 상징하며, 질서가 새로운 주기를 맞이하기 위한 준비 상태로 돌아간다.

천간의 운동성은 시간 속에서 질서가 변화하는 과정으로, 이는 사주팔자에서 개인의 운명 속에서 시간이 어떻게 흘러가며,[47] 각 단계에서 우주의 기운이 어떻게 작용하는지를 살펴본다.

십간은 최초 중국 왕조인 하·은·주 시대부터 왕의 이름과 날짜를 표시하는 데 사용하다가 춘추전국시대와 한대를 거치며 '십이지' 및 음양오행설과 결합되어 사주명리학, 한의학, 풍수지리학 등 동양의 각 분야에 기초적인 이론 체계로 활용되고 있다. 갑골문을 보면 '십간'이 점사에서 주로 날짜와 관련된 표현으로 사용되었다. 처음에 날짜의 표현으로 사용되던 '십간'이 전한의 『사기』와 후한의 『설문해자』 등에는 봄이 되어 만물이 씨앗의 껍질을 깨고 새싹이 되어 자라는 모습으로 나타난다. 『사기』와 『설문해자』에서 '십간'에 대해 서술하고 있는 내용은 거의 유사하다.48)

> 甲이란 만물의 씨앗이 뒤집어썼던 껍질을 뚫고 나오는 것이다. 乙은 만물이 땅을 가까스로 뚫고 나오는 것이고, 丙이란 양의 도가 드러나 밝은 것을 말하기 때문에 丙이라 한다. 丁이란 만물이 장성한 것을 말하고, 庚이란 음기가 만물을 변화시키는-결실하는-것을 말하므로 庚이다. 辛이란 만물의 맛이 나타내는 것이므로 辛이라 한다. 壬은 임신을 말하며, 양기가 아래에서 만물을 잉태하고 길러줌을 말한다. 癸는 헤아리는 것이다. 만물을 헤아려 볼 수 있음을 말하기에 癸라 한다.49) 甲에서 껍질이 터져 나오고, 乙에서 분발해 가까스로 자라고, 丙에서 밝게 나오고, 丁에서 크게 성장해, 戊에서 풍성하고 무성해지며, 己에서 벼리가 구별되고, 庚에서 수렴해, 辛에서 온전히 새로워지고, 壬에서 회임이 되고, 癸에서 펼쳐질 준비가 된다.50)

「율력지」, 『설문해자』와 『사기』 내용은 '십간'을 식물이 성장하는 모습으로 표현했다. 자연 현상의 변화를 보여주고 있으며 음양의 시간성과 오행의 공간성을 함께 나타내고 있다. '갑과 을'에서 '갑'을 솟아나는 직선의 운동으로 설명하고 '을'의 가까스로 자란다는 것은 비틀면서 일어나고 있는 을의 나선 형태의 운동 모습을 나타내는 것이라 할 수 있다. '병과 정'에서는 '병' 에너지의 발산과 팽창을, '정'에서 만물의 완전하게 펼쳐지려고 하는 바를 볼 수 있다. 『설문해자』에서는 '토'의 설명이 나타나지 않으나, 『한서』에서 '토'는 구별을 설명하고 있다. 풍성하고 무성해졌으나 '기'에서 에너지의 방향성이 바뀜을 나타내고 있다.

'경과 신'에서는 변화와 새로움을 설명하고 있다. '경'에서 음기가 만물을 변화시키고, 경에서 수렴 변화된 것들이 '신'에서 온전해지고 새로워진 맛을 낸다고 설명한다. 이것은 자연의 마무리이고 결실을 뜻한다. '임과 계'에서는 잉태하여 다시 길러지는 생명을 설명한다. '임'에서 잉태를 아래에서 양이 키운다는 것은 수 운동의 수축과 감추어져서 길러내는 장(藏)의 뜻을 내포하고 있다. '계'에서 다시 준비하고 헤아리는 것은 생명으로의 다시 시작함을 나타내고 있다. 다음은 수나라 초에 음양오행설의 내용에 대해 통합 정리한 소길의 『오행대의』 내용이다.

> 甲乙은 「시위추도재」에 이르길 "甲은 억누르고 잡아 가두는 것이니, 봄에는 열고 겨울에는 닫는다"라고 했고, 정현이 『예기』의 月令에 註를 달아 말하기를 "甲은 싹틔우고 잡아당기는 것이며, 乙은 꼬불꼬불한 것이니, 봄이 되면 모든 물건이 씨앗의 껍질을 뚫고 나오는 것이다"라고 했다. "丙은 자루[柄]이다. 물건이 생겨나 자라면 각각 줄기 자루를 잡는 것이다"라는 말에 정현이 주를 달아 말하기를 "丙은 빛나는 것이니, 여름에 모든 물건이 강대해져서 빛나게 나타나 보이는 것이다"라고 했다. '丁은 머무를 亭자와 같고, 亭은 그쳐 쉬는 것이니, 물건이 생겨나서 크다가 그치게 되는 것이다. '戊'는 바꿀 茂와 같으니, 생겨나서 극에 달하도록 크면 당연히 이전의 몸체를 변해서 바꾼다. '己'는 벼리 紀와

같은 것으로, 물건이 이미 이루어지면 줄기와 바탕 되는 것이 있다. 정현이 말하기를 "戊는 무성한 것이고, 己는 일어나는 것이다. 즉 모든 만물의 가지와 잎이 무성해, 그중에서 빼어난 것이 억눌리고 굽혔다가 일어서는 것이다"라고 했다. '庚'은 고치는 것이고, '辛'은 새롭게 하는 것이다. 만물이 이루어짐에 교대하고 고쳐져 새롭게 됨을 말한다. 정현이 말하기를 "만물이 모두 엄숙하게 고치고 변경되어서, 열매가 빼어나고 새롭게 이루어지는 것이다"라고 했다 '壬'은 맡기는 것이고, '癸'는 헤아리고 계책하는[揆] 것이다. 즉, 음이 양에게 맡겨서 물건이 싹트도록 계획하는 것이다. 정현이 말하기를 "만물을 닫아 감추는 때로, 아래에서 회임을 해서 싹이 돋아나도록 하는 것이다"라고 했다.51)

'갑'이 억누르고 잡아 가둔다는 것은 땅을 딛고 일어선다는 것으로 목 운동의 직선 운동과 방향성을 제시하는 것이다. 봄이 되면 물건이 씨앗의 껍질을 뚫는 것은 수 운동의 압력을 견딤으로써 양운동을 할 수 있는 힘이 생겼다는 것이고, 씨앗에서 극적인 대칭점인 음과 양의 모순 운동이 생명을 탄생시킨 것을 설명하고 있다. 병과 정은 여름의 빛남과 강대해짐을 나타내고 정에서 크다가 그친다는 것, 에너지의 소진과 함께 뒤에 따라오는 그치게 하는 힘의 원리를 설명할 수 있다는 것인데 여기에서 토의 인식이 분명하게 설명되어 있다. 무와 기에서 무는 생겨나서 극에 달하도록 커지면 이전의 몸체를 변해서 바꾼다는 것인데 발산의 운동이 방향을 바꾸어 수렴의 운동으로 방향을 바꾸는 기의 역할을 억눌리고 굽혔다가 다시 일어서는 것으로 설명하고 있다.

'기'에서 음운동의 시작을 알리고 있다. 경과 신에서 고치고 새롭게 한다는 것은 음운동 안의 새로운 양운동을 보여주고 있다. 금 운동의 '肅殺之氣'에서 살릴 것은 살려 수렴하는 추수를 보여주고 있다. 경이 고치고 신은 새롭게 하는 것이니 열매가 맺히고 이루어짐을 말하는 것이다. 임은 맡기는 것이고, 계는 헤아리고 계책하는[揆] 것이다. 씨앗이 다시 생명으로 자라날 수 있는 모습을 보여주고 있다. 만물을 닫아 감추는 때는 겨울과 아래와 자궁이라는 藏을 상징적으로 나타내고 있다. 이와 같이 십간은 자연 현상을 통해서 시간을 인식하고 음양오행의 운동성과 방향성을 표현하고 있다.

한대 이전에는 오행 상생상극 관계에 대한 관념은 있었으나 공식화하여 설명되지는 않았다. 그러나 『淮南子』에 이르러 「天文訓」에서 "水는 木을 생하고, 木은 火를 생하고, 火는 土를 생하고, 土는 金을 생하고, 金은 水를 생한다"라고 명시함으로써 오행의 상생 관계를 설명하고, 「地形訓」에서 "木이 土를 이기고, 土는 水를 이기고, 水는 火를 이기고, 火는 金을 이기고. 金은 木을 이긴다"라고 명시한 내용을 확인할 수 있다. 이처럼 오행 상극 관계를 공식화함으로써 『淮南子』에서 처음으로 오행의 상생상극의 개념이 정립되었다.52)

이러한 오행의 운동성으로 나타나는 사계절은 자연의 순환 속에서 상생(相生)과 상극(相剋)의 원리를 통해 조화롭게 이루어진다.53) 상생은 만물이 서로 도와 성장하고 번성하는 원리를 말하며, 상극은 서로 견제하고 제어하는 과정이다. 이 두 가지 상반된 원리는 음양(陰陽)의 관계와 깊이 연결되어 있으며 상생은 양(陽)에 해당하며,

상극은 음(陰)에 해당한다.

　상생의 본질은 양(陽)의 발산과 욕망이다. 봄과 여름은 상생의 계절로, 만물이 성장하고 번성하는 시기이다. 봄에는 새싹이 돋아나고, 여름에는 나뭇잎이 무성해지며 생명력은 극대화되는데 이는 살고자 하는 욕망과 생명력을 외부로 발산하는 과정이다. 이러한 상생의 이면에는 생명력의 소모가 내재되어 있다. 즉, 생명체는 자신의 기(氣)를 발산하며, 그 결과 내부 에너지를 소진시킨다. 나뭇잎이 무성할 때는 이미 많은 에너지가 소모된 상태이며, 더 이상 생장할 여력이 거의 남아 있지 않다. 따라서 상생의 발걸음은 생명력의 증가뿐 아니라, 그 이면에 있는 에너지 소모의 과정을 포함한다.

　상극의 본질은 음(陰)의 절제와 수렴이다. 가을과 겨울은 상극의 계절로, 생명체가 스스로를 절제하고 에너지를 다시 모으는 시기이다. 가을에는 나뭇잎이 떨어지고, 겨울에는 나무가 기를 뿌리에 모아 생명을 보존한다. 이는 외부로 발산되었던 양기를 다시 수렴하고 내부에 저장하는 과정이며 상극의 이면에는 생명력의 보존과 축적이 숨어 있다. 즉, 외부적으로는 생명 활동이 멈추고 죽음에 가까워지는 것처럼 보일 수 있지만, 실제로는 내부에서 생명력을 기르는 과정이 진행되고 있다. 이처럼 상극의 발걸음은 절제의 과정일 뿐 아니라, 생명력의 내면적 회복을 의미한다.

　이러한 상생과 상극은 서로 상반된 원리처럼 보이지만, 그 이면에는 서로의 역할을 보완하는 숨은 뜻이 존재한다. 상생은 외부적으로 생명력을 발산하고 성장하지만, 그 과정에서 생명력이 소모된다. 반대로 상극은 외부적으로 절제하고 생명 활동을 멈추는 것처럼 보이지만, 내부적으로는 생명력이 축적되고 있다. 이러한 이중적 관계는 자연의 순환을 지속시키는 근본적인 원리이며, 음양의 상호작용을 통해 균형을 유지한다.

하늘에는 五行이 있으니, 첫 번째가 木이고 두 번째가 火이며, 세 번째가 土이고, 네 번째가 金이며, 다섯 번째가 水이다. 木은 오행의 시작이고, 水는 五行의 끝이며, 土는 五行의 가운데인데 이것은 하늘이 매긴 순서이다. 木에서 火가 나오고 火에서 土가 나오며, 土에서 金이 나오고 金에서 水가 나오며 水에서 木이 나오니 이것은 아비와 자식의 관계이다. 木은 왼쪽에 金은 오른쪽에 火는 앞에 水는 뒤에 土는 중앙에 자리를 잡고 있으니, 이것은 아비와 자식의 순서이다. 서로 이어받아서 펼치기 때문에 木은 水에서 이어 받고, 火는 木에서 이어받으며, 土는 火에서 이어받고, 金은 土에서 이어받으며, 水는 金에서 이어받는다. 여기에서 주는 것들은 모두가 아비이고 받는 것들은 모두가 자식이다. 항상 그 아비로 말미암아 자식을 부리는 것이 하늘의 도이다. 이에 木이 낳아놓은 후에 火가 기르고, 金이 죽인 다음에 水가 묻는다. 火는 木을 좋아해 陽으로 기르고, 水는 金을 이겨 陰으로 죽이며 土가 하늘을 섬김에 진심을 다한다. 그러므로 五行이란 바로 효자와 충신의 행함이다.54)

이 때문에 陰陽의 出入과 實虛의 처소를 밝히니 하늘의 뜻을 알기 위함이고, 五行의 本末과 順逆 小大 廣狹을 분명히 하니 하늘의 도를 알기 위함이다.55)

동중서에 의하면, 하늘의 의지, 의식과 만물을 주재하는 작용이 음양오행 사시의 관념을 통해서 나타나며,56) 『春秋繁露』에서는 음양오행과 四時를 함께 언급하여, 이전에 있어 왔던 상생과 상극의 논리 등을 좀 더 정밀하고 확고하게 만들었다.

이러한 생장화수장(生長化收藏)은 목화토금수의 주기적 변화를 설명하는 중요한 개념이다. 생(生)은 만물이 태어나고 성장하는 과정, 장(長)은 생명력이 확장되는 과정, 화(化)는 성숙하고 변화하는 과정, 수(收)는 수렴하고 결실을 맺는 과정, 장(藏)은 생명력을 다시 내면에 감추고 저장하는 과정을 의미한다. 이는 사계절의 변화와 밀접하게 연결되어 있다.

생장화수장의 사계절 속 상생·상극은 다음과 같이 나타난다. 봄은 생(生)의 시기로, 목(木)의 기운이 발동하여 만물이 새로이 탄생하고 성장한다. 새싹이 돋아나고 나무는 새로운 생명을 얻는다. 이는 상생의 출발점이며, 생명력이 외부로 발산되는 시기이다. 그러나 이 과정에서 생명력은 끊임없이 소모되고 있다.

여름은 장(長)의 시기로, 화(火)의 기운이 만물을 더욱 확장시킨다. 나뭇잎이 무성해지고, 생명력은 절정에 이르며 외부로 강하게 발산된다. 상생의 정점에 해당하지만, 내부적으로는 이미 에너지가 많이 소모된 상태이다.

가을은 수(收)의 시기로, 금(金)의 기운이 만물을 수렴한다. 나뭇잎은 떨어지고, 나무는 생명력을 다시 줄기로 집중시킨다. 외적으로는 절제와 수렴이 일어나며, 상극의 과정이지만 내부적으로는 생명력이 축적되고 있다.

겨울은 장(藏)의 시기로, 수(水)의 기운이 만물을 감추고 저장한다. 나무는 더 이상 성장하지 않으며, 생명 활동은 멈춘 것처럼 보인다. 그러나 이 시기에는 생명력이 응축되어, 다시 봄이 오면 발아할 준비를 한다. 상극의 정점에서 생명력의 내면적 회복이 이루어진다.

(2) 지지(地支)

지지는 땅의 기운을 상징하며, 천간의 질서가 구체적인 형체로 공간 속에서 어떻게 드러나는지를 나타낸다. 지지(地支)는 12개의 요소로 구성되어 있으며, 각각은 동물과 연관된 상징성을 지니기도 하며 자연의 운동성을 나타낸다. 자(子), 축(丑), 인(寅), 묘(卯), 진(辰), 사(巳), 오(午), 미(未), 신(申), 유(酉), 술(戌), 해(亥)가 이에 해당한다.

지지는 주기적인 운동성을 통해 형체가 공간 속에서 어떻게 드러나는지 설명하며, 이는 시간 속에서 변화하는 질서가 구체적인 실체로 나타나는 방식을 상징한다. 다음은 『三命通會』에 설명되고 있는 '십이지'의 설명이다. 여기에서는 천간과 지지가 60갑자의 기호로 설명되고 있고, '氣'의 형태로 천간과 지지를 구분하고 있다.

> 하늘의 數는 10數이며 氣의 형태로 존재하고 땅의 운행에서는 12數가 있게 된다. 10數가 23.5도로 기울어진 지구를 운행하면서 하늘의 기운은 혼탁하게 왜곡되고 물체가 발생하면서 12數가 된다. 혼탁한 그 물체가 12개의 유형으로 나타나게 되었고 專一한

氣는 10개이니 氣가 12개 지지를 차지할 수 있는 선택권이 주어지게 된다. 10數가 하고자 하는 욕심은 12數와 짝하게 되고 생명이 있는 물체로 모습을 나타나게 된 것이다. 10數가 12數와 짝하려 하나 짝이 맞지 않은 결과로 인해 완전하지 못한 짝의 모습으로 60개의 삼라만상이 있게 되는데, 짝의 모습이 완전할수록 고등의 생명체로 나타난다. 그 모습은 60개의 종류이며 60개의 짝이 된 것들을 자연의 형상에서 찾아서 문자화한 것이 60갑자이며, 그리하여 60갑자의 干支는 모두 각각 다른 형태가 되는 것이다. 자연은 겨울이 시작이며 겨울의 象과 가장 가까운 문자는 子가 되며 그 문자는 子 丑 寅 卯 辰 巳 午 未 申 酉 戌 亥로 十二地支라 한다. 계절로 분류하면 亥子丑을 겨울로, 寅卯辰을 봄으로, 巳午未를 여름으로, 申酉戌를 가을로 구분한다. 각각의 五行은 亥子를 水로, 寅卯를 木으로, 巳午를 火로, 申酉를 金으로, 辰戌丑未를 土로 구분한다. 辰戌丑未 土의 역할은 왕하게 된 계절을 억제하고 새롭게 다가오는 계절로 변화를 유도하며 봄, 여름, 가을, 겨울의 계절 사이에 존재하면서 도망가지 못하게 묶고 있으니 네 개의 밧줄(四維)이라고도 한다.57)

위에서 오행의 음양 운동이 지지에서는 12달로 나누어 설명되고 있다. 계절이 12달로 순환하고, 십이지의 어원도 만물의 변화에 기초로 두고 있으며, 만물이 아래에서 솟아나는 자에서 양의 기운이 시작되는 것으로 보고 계절을 구분하고 있다.58) 12달은 다시 4계절로 나누어지는데 봄과 여름은 양의 운동성을 포함하고 있으며 가을 겨울은 음운동의 상징들을 취하게 한다. '인묘(寅卯)'와 '사오(巳午)'를 생성과 드러냄으로 '신유(辛酉)'와 '해자(亥子)'를 제한과 압력의 상징을 부여한다. 천간 오행의 상징성이 지지에서 나타날 때는 변화하는 기의 흐름을 좀 더 광범위하고 세밀하게 포착할 수 있다. 극에 다다르고 몸집이 커진 무(戊)와 운동에너지의 방향을 바꾸고 있는 기(己)는 지지에서 각 계절의 기운을 숨기기와 드러나기를 반복시키는 역할을 하게 된다. 또한 천간 10수와 지지 12수가 짝을 이루어서 60개의 짝을 만들고, 자연의 형상을 통해서 문자화한 것이 60갑자인데, 『適天髓闡微』에서 십이 지지는 좀 더 구체적으로 발전됨을 알 수 있다.

地支에서는 子에서 巳까지를 陽이라 하고 午에서 亥까지를 陰이 하는 것은 冬至에서 陽이 처음 생기고 夏至에서 陰이 처음 생긴다는 이론을 따른 것이다. 寅에서 未까지 陽이 되며, 申에서 丑까지 陰이 된다고 하는 학설은 木火의 기운을 陽으로 보고 金水의 기운을 陰으로 나누는 이론에 근거한 것이다. 子寅辰午申戌 자리를 陽으로 보고 丑卯巳未酉亥 자리를 陰으로 보는 것은 子가 癸를 따라가고 午가 丁을 따라가니 모습은 양으로 태어나고 쓰임새는 陰이 되는 것이고, 巳가 丙을 따라가고 亥가 壬을 따라가니 모습은 陰이고 쓰임새는 陽이 되는 것으로 분별한 것이다. 이것을 구별하고 용신을 취해야 할 것이다. 강한 것과 부드러움, 굳세고 순함의 이치는 天干과 다를 바가 없지만, 생극제화의 이치는 天干보다 훨씬 복잡하고 세밀하다. 그 까닭은 하나의 地支가 감추고 있는 지장간은 두 개이거나 세 개인 경우가 있기 때문이다. 그 중 본기가 위주가 된다. 寅은 甲이 우선이 되고 그 다음에 丙이 되고, 申은 庚이 우선이 되고 그 다음에는 壬이 된다. 나머지

地支도 모두 이와 같다. 陽支의 성정은 동적이고 강하며 吉凶의 應驗은 항상 신속하고, 陰支의 성정은 고요하고 약하며 화복의 반응은 대체로 느리다. 사주 原局에서 뿐만 아니라 運에서도 이런 이치에 근거하여 없어지고 생기는 것이다.59)

십이 지지에 대한 위의 설명은 오늘날 간지 상징 해석에 근간이 되고 있다. 地支의 子를 陽氣가 시작되는 一陽之處의 자리로 정하고 午를 陰氣가 일어나는 一陰之處를 정하여 음양의 운동성과 방향을 시간의 상징으로 보여주고, 지장간의 원리를 통해 '體'와 '用'의 이원화된 작용을 구체화하고 있다. 지장간의 원리는 지지에 감추어진 천간의 기운을 나타낸 것인데 이 또한 지지가 가지고 있는 시간의 변화를 추적하고 예측하는 또 다른 상징이 될 수 있다. 위의 인용은 지지의 기호가 자에서 시작하는 양운동과 천간 계의 음운동의 왜곡을 설명하고 있고 천간과 지지의 왜곡으로 인한 지장 간 해석을 보여줌으로써 간지 해석이 단순한 오행의 해석을 넘어 자연 현상의 시간을 면밀하게 보여주고 있음을 나타낸다. 12지지의 세분화는 『三明通會』의 「十二地支名字之義」에서 구체적으로 설명되고 있는데, 子에 대한 설명은 다음과 같다.

子는 북방의 陰이며, 寒水의 위치에서 一陽이 시작이 되며, 음이 극에 달하게 되면 양이 시작되는 이치가 된다. 12支의 첫 번째이고 辛에서 生한다. 午와 충하고 卯와 형하고 申辰과 삼합한다. 申子辰이 완전하면 水局이 일어나고 강과 바다를 이루어 파도가 나타나고 바다를 이룬다.60)

위의 인용문에서 子를 북방의 음이라 하여 일양이 시작되고, 이것은 음양의 대칭성과 모순운동으로 설명되고 있다. 陽이 시작되는 子와 陰이 시작하는 午가 충해서 陰陽이 대칭하고 모순운동을 통해 순환하고, 三合의 원리로 천간과 오행의 운동성을 보여주고 있다. 『三命通會』에서는 천간의 10개 氣가 지지에서 12개 형체로 분화되었음을 보여주고 있다. 천간의 음양은 12지지와 작용하여 변화가 생기고, 천간 기운의 작용이 12개의 지지에 어떻게 작용하는지를 살펴볼 수 있다. 이것은 천간의 순환성이 지지로 연결되었을 때의 다양한 변화와 해석을 보여주고 있다.

하늘의 10수가 기의 형태로 존재하고 땅의 운행에서 왜곡되고 혼탁해지는 것이 12수로 발생한다면, 천간의 '갑(甲)' 운동과 지지의 '인(寅)' 운동 속성은 천간 지지로서 큰 의미 차이가 있으니 똑같은 '목(木)'으로 보아 해석을 할 수 없다. 그렇다면 오행의 해석은 오행의 운동성과 방향성 상징에 의미를 두고 간지의 상징 해석은 지지에서 많은 변화를 겪는다는 것을 보여주고 있다. 10수가 12수와 짝하여 생명이 있는 물체로 모습을 나타낸다는 것은 감응의 원리로 분류되어 패턴화된 에너지들의 또 다른 감응 현상으로 새로운 에너지의 패턴을 만들어냄을 의미한다.

간지가 갖는 다양한 에너지 패턴을 해석하는 것은 이러한 논리에서 시작한다. 즉 짝의 모습이 완전할수록 고등의 생명체로 나타난다는 것은 간지는 부분으로 해석되기도 하지만 구조화된 사주팔자 안에서 무한한 연쇄작용을 하며 다양한 해석을 필요로 한다. 간지 기호의 상징 해석은 이러한 기와 형체의 왜곡을 설명하고, 상호작용을 통한 다양한 해석에 유용할 것이다. 그리고 왜곡에 노출된 간지의 조합은 간섭하는 또 다른 간지에 의하여 작용과 변화 과정이 크게 달라지는 것이다. 이러한 상징 해석은 유연한 사주팔자 해석에 필요한 것이다. 결론적으로 음양오행의 상징은 에너지의 운동성과 방향성 그리고 성향으로 해석할 수 있다. 그것은 가장 근원적인 감응과 패턴의 해석을 의미한다. 따라서 간지가 가지고 있는 왜곡된 에너지 패턴은 간지가 가지고 있는 세밀하고 폭넓은 간지 상징으로 해석이 가능한 것이다.

許愼[61]의 『說文解字』는 전국시대 말부터 발달해온 음양오행론의 철학적 사고의 개념을 字形에 의거해 십간과 십이지라는 문자부호에 식물의 생장 단계의 모형을 결합하여 설명을 하고 있다.[62] 이를 근거로 許愼의 『說文解字』에서 간지 변화를 살펴 보았다. 『說文』에서 십이지의 자형 첫 번째인 子를 다음과 같이 설명하고 있다.

> 子는 11월에 陽氣가 움직여 萬物이 生長한다. 사람으로 일컬어진다. 象形이고, 子에 속하는 모든 것들은 子를 따른다. 머리카락의 모양을 象形하였고, 정수리에 머리털이 나고 있는 모양이며 팔과 다리가 걸상 위에 있다.[63]

『三命通會』는 고법과 신법 자평학의 모든 이론을 망라한 명리학의 백과사전이며 귀중한 자료이다. 특히 『史庫全書』에 수록되어 있다. 명대 이후의 모든 명리학은 『三命通會』로부터 파생되어 나온 것이라 할 수 있다. 『三命通會』의 십이지에서 子를 다음과 같이 설명하고 있다.

> 子水는 北方의 陰에 이르다. 차가운 물의 자리고 일양이 처음 생기는 시초이다. 고로 陰이 극에 달하면 즉 陽이 생기고 壬은 아이가 생겨 子에 자식이 되고 이에 11월의 辰土이다.64)

자(子)는 내면적 에너지와 생명의 시작을 상징한다. 12지지 중 첫 번째에 해당하는 기운으로, 음의 기운이 가장 강한 시점이다. 자는 동지를 기점으로 양의 기운이 다시 시작되는 시점에 위치하여 생명의 시작과 태동을 상징한다. 이것은 생명이 잠재적으로 존재하지만 아직 외부로 드러나지 않은 씨앗과 같은 상태를 나타낸다. 기운은 내면적으로 응축되어 있으며, 이는 물의 기운으로 설명될 수 있다. 물은 생명을 담고 있으나 그 본질은 눈에 보이지 않듯이, 자의 에너지도 내면에 집중되어 있으나 그 영향은 나중에 드러난다.

인간관계에서도 내면적인 성향을 강하게 드러낸다. 자의 기운을 가진 사람들은 주로 깊이 있는 생각과 내면적 성찰을 중시하며, 외부와의 교류보다는 조용하고 안정적인 환경에서 인간관계를 맺는 경향이 있다.

지지는 자연의 계절적 흐름을 반영하며, 자는 12지지 중에서 가장 처음에 위치한다. 자의 기운은 생명의 시작을 나타내며, 음의 기운이 극대화된 상태에서 양의 기운이 다시 시작되는 전환점을 상징한다.

이는 자연의 순환 속에서 씨앗이 땅속에서 싹을 틔우기 위한 준비 과정으로 이해될 수 있다.

『說文』에서 십이지의 자형 두 번째인 丑을 다음과 같이 설명하고 있다.

> 丑은 묶는다는 뜻이다. 12월이면 萬物이 움직여 用事한다. '손'의 모양을 상형하였고, 하루가 軸에 있을 때 역시 손이 변하기 시작한 것이다. 丑에 속하는 모든 것들은 丑을 따른다.65)

『三命通會』의 십이지에서 丑을 다음과 같이 설명하고 있다.

> 丑土는 陰을 오히려 잡는 끈이다. 또는 丑은 陰이고 이룬다. 일컬어 12월은 끝과 시작이 만나고 끈을 맺음의 이름이 된다.66)

축(丑)은 응축과 정리의 시기, 양(陽) 기운의 준비 과정이다. 겨울의 끝자락에 해당하는 시기로, 음의 기운이 여전히 강하게 작용하지만, 양의 기운이 서서히 상승하며 내면적 준비가 이루어지는 시기이다. 축은 씨앗이 땅속에서 발아를 준비하는 단계로, 생명이 겉으로 드러나기보다는 내부에서 모양을 갖추며 양의 기운이 점차 응축되는 상태를 상징한다. 이는 태아가 모태에서 자라나는 모습과 유사하며 미래의 활동성을 준비하는 과정이다.

축(丑)의 활동성은 소의 걸음처럼 느리다고 표현된다. 이는 축의 기운이 외부로 드러나는 활동보다는 내부에서 차분히 응축되는 단계임을 의미한다. 축의 활동은 활발하지 않지만, 느리고 꾸준한 힘을 가지고 있다. 이는 연구나 정리정돈 같은 활동에서 두드러진다. 이는 연구의 결과물을 체계화하고 정리하는 과정과 일맥상통한다.

축은 자(子)에서 시작된 양의 기운이 응축되어 가는 단계로, 이는 인(寅)에서 본격적인 활동이 시작되기 전 준비하는 시기이다. 축의 기운을 잘 이해함으로써, 우리는 자연과 인간의 삶에서 응축과 준비의 중요성을 깨닫고, 내부적 성장이 미래의 활발한 활동으로 이어지는 과정을 깊이 있게 해석할 수 있다.

『說文』에서 십이지의 자형 세 번째인 寅을 다음과 같이 설명하고 있다.

> 寅은 슬개골이라 하고, 정월이면 기가 움직여 黃泉에 가려고 위로 나오려고 한다. 陰氣는 항상 강하다. 아래에서 꿈적거리지 못하게 덮은 모양을 象形하였다. 寅에 속하는 모든 것들은 寅을 따른다.67)

『三命通會』의 십이지에서 寅을 다음과 같이 설명하고 있다.

> 寅木은 正月이다. 陽이 이미 위에 존재하고 陰은 이미 아래에 존재한다. 사람은 비로소 보이는 때이다. 고로 律管飛灰는 기후이다. 가히 述事로서 시작이다. 寅은 펴고 나루터고, 일컬어 나루터와 도로가 물건이다.68)

인(寅)은 창조적 변화와 음양의 균형 속에서 시작되는 생명 탄생의 상징이다. 음양의 기운이 균형을 이루며 새로운 창조적 활동이 시작되는 중요한 전환점을 상징한다. 이는 음의 기운이 점차 약해지고 양의 기운이 성장하는 시점으로, 무(無)에서 유(有)가 창조되는 과정이 본격적으로 시작되는 시기이다.

인의 기운은 창조적 활동의 시작을 의미한다. 이는 단순한 아이디어나 구상 단계에서 벗어나, 실제로 새로운 형태를 만들어내는 과정이다. 이 시기에는 교육, 건설, 기획, 설계와 같은 창조적 활동이 이루어지며, 이는 문명과 사회의 발전을 위한 중요한 기초를 마련한다.

인의 기운은 문명의 시작과 건설의 상징으로도 해석된다. 이는 창조적 활동이 구체적으로 건설과 설계를 통해 사회의 기초를 다지는 과정을 의미한다.

『說文』과 『翼徵』에서 십이지의 자형 네 번째인 卯를 다음과 같이 설명하고 있다.

> 卯는 무릅쓴다는 뜻이다. 2월이면 萬物이 무릅쓰고 땅을 뚫고 나오는 모습이다. 문을 여는 모습을 象形하였고, 고로 2월을 天門으로 나타낸다. 卯에 속하는 모든 것들은 卯를 따른다.69)

『三命通會』의 십이지에서 卯를 다음과 같이 설명하고 있다.

> 卯木은 태양이 번성하는 시기이고 또는 卯는 무성하고 2월은 陽氣가 盛하여 孶茂이다.70)

묘(卯)는 강한 양의 기운과 창조적 활동의 상징이다. 양의 기운이 점차 강해지며 음의 기운을 압도하는 시기를 상징한다. 묘는 자연에서 봄이 시작되는 시점으로, 생명이 소생하고 활발하게 활동하는 시기를 나타낸다. 이 시기에는 창조적 에너지가 극대화되어 새로운 것들이 창조되고 설계되며, 자연과 사회에서의 창조적 변화가 두드러진다. 묘(卯)는 양의 기운이 4단계에 걸쳐 강하게 발산되는 시기로, 자연에서 봄이 시작되며 새로운 생명이 태어나고 성장하는 시기와 일치한다. 묘는 토끼를 상징하는데, 이는 토끼가 활발히 움직이며 생동감 있게 뛰어다니는 모습을 통해 묘의 양 기운을 설명할 수 있으며 토끼의 이러한 특성은 생명력이 넘치고 새로운 것을 창조하는 힘을 나타낸다.

자(子), 오(午), 묘(卯), 유(酉)는 그 자체로 확실한 기운을 발산하는 특징을 지닌다. 특히 묘와 유는 외부로 강한 에너지를 발산하며, 자신의 기운을 적극적으로 드러내려는 성향이 강하다. 이는 자와 오가 각각 일양과 일음의 기운을 확실히 드러내는 것과 유사하다.

『說文』에서 십이지의 자형 다섯 번째인 辰을 다음과 같이 설명하고 있다.

> 辰은 벼락을 친다. 3월은 陽氣가 움직이는 달이다. 우레와 진동한다. 백성들이 농사지을 때이며 萬物은 모두 생해준다. 乙과 匕로 從한다. 匕는 까끄라기의 모습이다. 厂으로 소리를 낸다. 辰은 房星이고, 天時를 표시한다. 二로 이루어져 있고 二는 上의 古文이다. 辰에 속하는 모든 것들은 辰을 따른다.71)

『三命通會』의 십이지에서 辰을 다음과 같이 설명하고 있다.

> 辰土는 양이 이미 반이나 지났고 3월이다. 물질의 威嚴이 다하고 길게 늘어진다. 일컬어 辰土는 震라고도 말한다.72)

진(辰)은 종합성과 창조를 상징하는 용(龍)의 기운의 상징이다. 용이라는 가상의 동물로 상징되는 진은 실제 동물이 아닌 상상 속의 존재로서, 다양한 특성을 포괄하는 종합적 기운을 나타낸다. 진은 양(陽)의 기운이 다섯 단계에 이르러 양의 기운이 완전히 드러나는 시기를 상징한다. 이 시점에서 에너지는 충분히 축적되었고, 목(木)의 성장 기운이 최고조에 달하며 토(土)의 안정성과 결합하여 조화로운 상태를 이룬다. 진의 기운은 종합적이며, 다양한 요소를 포괄하고 있는 상징적인 기운을 나타낸다. 용은 물, 불, 바람, 땅을 모두 다루는 존재로, 종합적인 힘과 에너지를 상징한다. 진은 목(木)의 에너지가 강하게 발휘되고, 이는 창조적 활동과 변화의 에너지를 상징한다.

『說文』과 『翼徵』에서 십이지의 자형 여섯 번째인 巳를 다음과 같이 설명하고 있다.

> 巳는 '이미'라는 뜻이다. 4월에 氣가 이미 나타나고, 陰氣가 이미 숨어 버렸다, 萬物이 나타나면 문창을 이룬다. 고로 巳는 뱀의 模樣을 象形하였다. 巳에 속하는 모든 것들은 巳를 따른다.73)

『三命通會』의 十二支에서 巳를 다음과 같이 설명하고 있다.

巳火는 4월이다. 正陽으로 陰이 없다. 子에서 巳에 이르기까지 陽의 자리이다. 陽은 극치에 달하여 또 巳에서 일어난다. 物이 마치고 일어난다.74)

사(巳)는 양의 기운이 극대화되는 시기를 상징한다. 양의 기운이 여섯 개로 이루어진 지지로 뱀으로 상징되며, 강력한 에너지와 활동성을 나타낸다. 뱀은 민첩하고 강력한 에너지를 상징하며, 사의 기운은 이러한 특성을 반영한다. 이는 강한 에너지의 발산과 더불어 위험성과 변화 가능성도 내포하고 있다. 뱀의 독성을 상징적으로 내포하고 있어, 화학 물질, 독성 물질, 약학, 발화성 물질과 같은 위험 물질과도 관련이 깊다. 양의 기운이 집중된 상태로 매우 강한 운동성과 활동성을 나타낸다. 사의 기운은 발이 없지만 앞으로 빠르게 나아가는 뱀의 모습을 상징하며, 이는 사가 이동성과 변동성이 큰 직업에서 적합한 기운을 가지고 있음을 나타낸다. 특히 역마성이 강하게 작용하여 이동이 잦은 직업군에서 사의 기운이 크게 발휘된다. 사는 육양지처(六陽之處)로, 양의 기운으로 강하게 시작하지만, 사유축의 삼합을 통해 음의 기운으로 마무리된다. 이는 사가 강하게 시작하지만, 그 결과는 다르게 나타날 수 있음을 의미하며, 사의 기운은 변동성이 매우 크다는 점을 시사한다.

『說文』에서 십이지의 자형 일곱 번째인 午를 다음과 같이 설명하고 있다.

午는 어긋나는 뜻이다. 午月이면 음기와 양이 어긋나고 땅을 뚫고 나온다. 상형이다. 午 글자와 矢 자는 같은 구성으로 이루어져 있다. 午에 속하는 모든 것들은 午를 따른다.75)

『三命通會』의 십이지에서 오를 다음과 같이 설명하고 있다.

午火는 陽이 오히려 굽히지 않는다. 陰이 시작이며 주인이 된다. 또 일컫기를 午火 長大하다. 物은 오월에 이르면 모두 풍성하고 가득하며 長大하다.76)

오(午)는 양의 기운이 극에 달한 상태를 상징하는 중요한 지지(地支)로, 이는 사회적으로 활발한 활동성과 명확성을 나타낸다. 오(午)는 양의 기운이 최고조에 달한 시기이다. 모든 것이 명확하게 드러나고 활발한 활동이 이루어지는 시기를 나타낸다. 양의 기운이 강하게 발현되는 오는 빛이 열로 바뀌는 시점으로, 이는 에너지가 최고조에 이른 상태를 의미한다. 이 시점에서 음의 기운이 서서히 시작되지만, 여전히 양의 기운이 우세하여 활동성이 강조된다.

오(午)는 말(馬)로 상징된다. 말은 에너지가 넘치고 활발한 성격을 가지고 있다. 말은 사회적 활동에서 중요한 역할을 하며, 이는 오의 기운이 사회적 교류와 명확한 역할 수행에 중요한 의미를 가지고 있음을 나타낸다. 또한, 오의 기운은 에너지가 정점에 이르렀기 때문에 매우 활발하고 강력한 에너지 발산을 의미한다.

『說文』에서 십이지의 자형 여덟 번째인 未를 다음과 같이 설명하고 있다.

> 未는 맛이 난다는 뜻이다. 6월이면 맛이 든다. 五行 중에서 木은 未에서 늙는다. 나무에 가지와 입이 중하여 있는 모양을 象形하였고, 未에 속하는 모든 것들은 未를 따른다.77)

『三命通會』는 십이지에서 未를 다음과 같이 설명하고 있다.

> 未土는 6월이다. 木이 이미 종자를 이루었다. 또 일컫기를 未土는 맛이다. 물질이 이루어 맛이 생긴다. 더불어 申金과 같은 뜻이다.78)

미(未)는 음양 기운의 혼재와 미완성 상태의 상징이다. 음과 양의 기운이 혼재된 상태를 상징하며, 아직 완성되지 않은 중간 단계를 나타낸다. 음의 기운이 시작되지만, 여전히 양의 기운이 남아 있어 활동성과 안정성이 공존하는 상태이다. 미(未)는 토(土)의 기운을 기반으로 하여 건설, 토목, 농업과 같은 무언가가 만들어지는 과정을 나타내며, 사회적 역할에서도 변동이 적고 안정적인 일에서 그 기운이 강하게 발휘된다.

미(未)는 아직 완성되지 않은 상태를 상징한다. 이는 농업적 활동에서 씨앗이 심겨지고, 수확되기 전의 성장 과정을 나타내며, 진(辰)에서 시작되고 술(戌)에서 완성되는 일련의 과정 중 미완성의 중간 단계를 의미한다. 미(未)는 음의 기운이 두 개, 양의 기운이 네 개로 이루어진 지지로, 하늘의 기운은 음(陰)이지만 땅에서는 여전히 양

(陽)의 기운이 남아 있다. 이 시기는 양의 기운이 서서히 약화되지만, 활동성과 안정성이 공존하는 특성을 가진다.

『說文』에서 십이지의 자형 아홉 번째인 申을 다음과 같이 설명하고 있다.

> 神이다. '神'은 편다는 뜻이다. 7월에는 陰氣가 스스로 몸을 묶어 이루어 스스로 움츠리거나 오므리는 모습을 펴서 벌리는 것이다. 臼로 이루어져 있으며, 스스로 변함없이 계속해서 지탱한다는 의미이다. 관리들은 申時에 저녁밥을 먹고 일을 하는 것으로 보았고, 그것이 申旦의 政治다. 申에 속하는 모든 것들은 申를 따른다.79)

『三命通會』의 십이지에서 申을 다음과 같이 설명하고 있다.

> 申金은 칠월의 辰土이다. 申金의 陽은 이미 모이고, 陰이 申金에 이루어지고 즉, 위 아래로 통하여 사람이 비로소 보인다. 白露는 落葉이 떨어지고 이내 기후가 된다. 어두운 일을 펼치고 이룬다. 또 일컬어 申金은 자신이다. 모든 物體를 이룬다.80)

신(申)은 음(陰)과 양(陽)의 기운이 균형을 이루면서도 점차 음의 기운이 우위를 점하는 상태를 상징한다. 음양의 균형이 이루어지지만, 양의 기운이 점차 약해지고 음의 기운이 강해지는 시점이다. 이러한 변화는 물질적 활동과 성취가 구체화되고, 점차적인 성장을 의미한다. 금(金)의 기운을 강하게 발휘하며, 금은 주로 상업적 활동과 재물, 물질적 가치를 상징한다. 금의 기운은 금속과 관련된 산업뿐만 아니라, 재물 관리와 상업적 거래에서 중요한 역할을 한다.

『說文』과 『翼徵』에서 십이지의 자형 열 번째인 酉를 다음과 같이 해설하였다.

> 酉는 나아간다는 의미이다. 8월에는 기장이 잘 익어서 술을 빚기에 좋다. 酉의 고문 '丣'의 모양을 상형하였고, 酉部에 속하는 한자는 모두 酉의 의미를 따른다. '丣'은 酉의 고문이다.81)

『三命通會』의 십이지에서 酉를 다음과 같이 설명하고 있다.

> 酉金은 日이 들어가는 때이다. 이내 陽은 정중앙이다. 팔월이고 또 일컬어 유금은 縐이다. 만물이 모두 縐縮되고 收斂하는 달이다.82)

유(酉)는 음의 기운과 금 기운을 통한 완성과 마무리이다. 유(酉)는 음의 기운이 네 개로 이루어진 지지로, 외향적인 성향보다는 내향적이고 집약적인 에너지를 발휘한다. 음의 기운이 강하므로 유는 주로 내면적 성찰과 정착, 안정, 정리의 과정을 중시하고 완성의 기운을 가지고 있으며, 사물이나 상황을 정리하고 끝맺음하는 데 중점을 둔다. 금은 정리와 정돈, 분리와 이탈을 상징하며 주로 사물이나 상황을 명확하게 정리하고 불필요한 것을 제거하는 역할을 한다. 유(酉)는 사유축(巳酉丑) 삼합에서 일의 끝맺음을 상징하며 주로 완성과 결과를 담당하는 지지이다.

『說文』과 『翼徵』의 십이지 자형 열한 번째인 戌을 다음과 같이 설명하고 있다.

> 戌은 없어진다는 意味이다. 9월이면 氣가 숨고, 萬物이 生長하는 것을 마치고, 氣運은 땅으로 들어간다. 五行에서 土는 戌에서 시작되고 戌에서 성숙한다. 戊와 一로 이루어져 있다. 戌에 속하는 모든 것들은 戌을 따른다.83)

『三命通會』의 십이지에서 戌을 다음과 같이 설명하고 있다.

> 九月은 戌土이고 陽은 이미 아니다. 그래서 능히 일을 못 하고 戌土는 잠기고 감춘다. 戌土 중에 乾의 자리가 있다. 戌土는 天門에 있다. 또 일컬어 戌土는 滅한다. 萬物을 모두 衰하고 滅한다.84)

술(戌)은 음의 기운과 삶의 마무리를 상징한다. 음(陰)의 기운이 다섯 개로 구성되어 있으며, 지키고 마무리하는 기운을 상징한다. 술(戌)은 음의 기운이 강하게 작용하는 지지로, 사주에서 보존과 지킴, 그리고 일의 마무리와 정리를 상징한다. 이는 추수를 마치고 결과물을 정리하는 과정과 연관이 깊으며, 에너지를 내면으로 모아 유지하고 보존하려는 성향을 나타낸다. 이러한 기운은 안정성과 내면적 성찰을 추구하는 단계로 해석될 수 있다.

『說文』과 『翼徵』에서 십이지의 자형 열두 번째인 亥를 다음과 같이 설명하고 있다.

> 亥는 풀뿌리의 의미이다. 10월에 약한 기운이 일어나 성한 陰과 交接한다. '二'로 이루어져 있고, '二'는 古文의 위 글자다. 한 사람은 남자이고, 한 사람은 여자다. 'ㄴ'로 이루어져 있고, 임신한 모습을 相形한 것이다. 春秋傳에서 亥의 두 획은 머리이고 여섯 획은 몸의 모습이다.85)

『三命通會』의 십이지에서 亥를 다음과 같이 설명하고 있다.

> 10월은 亥水로 純陰이 되고 또 亥水는 劾이다. 陰氣는 만물을 劾해서 죽인다. 이와 같이 地支의 道이다.86)

해(亥)는 음의 기운과 내면적 에너지 응축의 상징이다. 12지지 중에서 음의 기운이 가장 강한 상태를 상징하는 지지이다. 해(亥)는 초겨울의 기운을 상징하며, 동지(冬至)에 가까워지며 음의 기운이 가장 강한 시기로 들어간다. 이 시기는 양의 기운이 약해지면서 음의 기운이 지배하는 시기로, 생명체는 외부의 성장이나 활동을 중단하고 내부적으로 에너지를 보존하는 과정에 들어간다. 이는 자연에서 동물들이 겨울잠에 들어가거나 나무가 잎을 떨어뜨리고 에너지를 보존하는 현상과 밀접하게 연결된다.

해(亥)는 돼지와 연결되며, 돼지는 외부 활동보다는 내부에서 에너지를 축적하는 데 중점을 둔다. 이는 해의 기운이 극대화된 상태에서 나타나는 내면적 에너지 축적과 휴식의 중요성을 상징적으로 반영한다. 또한, 돼지는 스스로를 보호하려는 경향이 강해 자신의 몸을 감추고 안정을 추구하는데, 이는 해의 내면적 에너지가 밖으로 드러나지 않고 웅크려 있는 모습과 유사하다.

이상에서 살펴본 바와 같이 지지의 글자들이 상징하는 것은 에너지의 활동이나 작용, 속성들이며 사주팔자의 지지에서 작용할 때 한 사람의 성향이나 살아가는 환경 등을 설명할 수 있는 토대가 될 수 있다. 음의 기운이 극에 다다른 상태라든가 '이미 양이 아니다'라는 설명은 양의 에너지는 영향력이 미미하고 음의 에너지가 영향력을 가진다는 뜻이고 이러한 음과 양의 설명은 에너지가 가지고 있는 운동성을 나타내고 있는 것이다. 결국 이러한 에너지의 변화가 지지의 운동성으로 나타나는 것이다.

사주팔자의 관계적 해석에서는 이러한 지지의 변화를 해석하고 다른 지지와의 관계에서 변화하는 운동성을 설명할 것이고, 운의 간섭을 통해서 지지는 자신이 가지고 있는 고유의 운동성을 어떠한 모습으로 변화하여 드러내는지를 살펴볼 것이다.

III 전통 사주 해석의 틀과 구조

1

일간과 월지 중심

　일간(日干)은 사주팔자의 전체적인 기운의 흐름을 파악하는 해석의 기본 틀이다. 사주에서 일간은 그 사람의 자아나 성격, 본질을 나타내며, 이를 통해 사주 전체의 오행적 균형과 기운의 흐름을 평가하게 된다. 격국은 일간이 특정 오행의 기운에 의해 지배되거나 지원받는 형태를 말하며, 이를 통해 사주가 어떤 성향을 가지는지를 판단할 수 있다. 용신(用神)은 사주에서 기운의 균형을 맞추기 위해 필요한 요소를 말하는데 사주팔자 기운의 조화를 이루기 위해 격국이 어떤 기운을 보완해야 하는지를 나타내며, 사주에서 부족하거나 지나치게 강한 오행을 중화시켜 전체적인 균형을 맞추는 역할을 한다.

　정격(正格)은 사주팔자가 일반적인 형태로 잘 갖추어진 경우를 의미하며 오행의 조화가 적절히 맞추어져 있어, 일간을 중심으로 오행적 균형이 이루어진 상태이다. 정격을 가진 사주는 격국의 원리에 맞춰 명쾌한 해석이 쉽게 이루어지며, 사주의 기본적인 성향과 운의 흐름을 파악하는 데 무리가 없다.

특수격(特殊格)은 정격이 아니더라도 사주가 특수한 형태로 강한 특징을 지니고 있는 경우를 말하며 사주팔자가 일반적인 틀과는 다르지만, 특정한 규칙을 따르며 강한 개성과 특성을 나타낸다. 특수격 사주는 정격과 같은 방식으로 해석하기 어려울 수 있지만, 그 독특한 특성을 잘 활용하면 특별한 해석이 가능하다. 예를 들어, 종격(從格)이나 화개격(華蓋格) 등은 일반적인 정격 해석이 어려운 경우이지만, 그 자체로 특정한 규칙과 의미를 지닌다.

하지만 모든 사주팔자가 정격이나 특수격으로 잘 맞추어진 것은 아니다. 사주가 정형화되지 않은 경우는 격용설만으로는 해석이 어려울 수 있으며, 이때는 추가적인 해석 도구가 필요하다. 정형화되지 않은 사주는 오행의 균형이 깨져 있거나 일관된 성향이 없는 경우가 많으며, 이러한 경우는 오행의 흐름이나 기운의 강약을 중심으로 더욱 세심한 분석이 필요하다.[87]

이러한 이유로 사주팔자 해석에서 격만을 강조하는 것보다는 각 글자 자체의 의미와 그 상호작용을 이해하는 것이 중요하다. 각 글자는 고유의 성질과 역할을 가지며, 그 성질이 다른 글자와의 관계에 따라 어떻게 발현되는지를 이해하는 것이 필요하다. 따라서 사주를 해석할 때는 단순히 격용의 논리나 오행의 유무에만 집중하는 것이 아니라, 각 글자의 역할과 그것이 실제로 삶에서 어떻게 작용하는지를 종합적으로 판단하는 능력이 필요하다. 이를 위해서는 글자 자체를 해석하는 훈련이 필요하며, 각 간지가 나타내는 성질과 그 상호작용을 깊이 이해하는 것이 중요하다.

1) 일간 중심의 해석

『적천수』는 송대 이후에 쓰인 명리서로, 월령을 중시한다는 점에서는 『자평진전』과 공통점을 갖고 있다. 그러나 『적천수』는 다양한 논리를 수용하는 동시에 일간의 왕쇠(旺衰)에 따른 취용법을 활용하고 있다는 점에서 중요한 차이점을 보인다. 특히, 정격(正格)뿐만 아니라 외격(外格)을 함께 다루는 특징이 있다.

이러한 점은 『자평진전』이 사주를 월령 중심, 방위 중심, 그리고 성패(成敗)로 결정하는 해석 체계와는 명확히 구별된다. 『자평진전』이 월령 용신법을 통해 사주를 간명하는 방식이라면, 『적천수』는 일간억부(日干抑扶)를 중심으로 해석하는 데 중점을 둔다. 따라서, 두 서적은 해석 체계의 차이로 인해 실전에서 상당히 다른 결과를 도출할 수 있다.

『적천수』는 일간(日干)을 중심으로 통변(通變)을 진행한다. 그러나 이는 『적천수』에만 국한된 특징은 아니다. 서자평(徐子平)의 『명통부(明通賦)』에서나 만민영의 『삼명통회(三命通會)』에서도 일간의 중요성을 강조하고 있다. 따라서, 일간 중심의 통변은 명리학의 중요한 원칙으로 여러 명리서에서 공통적으로 중시되는 해석 방식이라 할 수 있다.

> 무릇 명(命)을 살핀다는 것은 오로지 일간 위주다. 제강(提綱)을 취하여 용신으로 하는 것이 명의 이치이다. 비유하자면 월령으로

金木水火土를 쓰는 것이다.[88]

사주를 해석함에 있어 가장 중요한 것은 일간(日干)의 왕쇠(旺衰)와 강약(强弱)에 달려 있다는 점을 강조하고 있다. 이 부분은 『자평진전』의 「논용신(論用神)」에서 언급된 "용신은 오로지 월령에서 구하고, 그 나머지를 모두 월령, 즉 용신에 대조한다."[89]라는 구절과 차이가 있다. 『자평진전』은 월령을 제강(提綱)으로 삼고, 이를 용신으로 삼아 사주를 간명하는 방식이다. 이러한 해석은 월령을 중시하는 『적천수』와 일부 유사하게 보일 수 있다. 그러나 『적천수』와 『적천수천미』에서는 단순히 월령을 중시하는 데 그치지 않고, 일간의 중요성에 초점을 맞춘다는 점에서 해석의 차별성을 보인다. 즉 『적천수』는 사주 해석에서 일간의 강약을 중심으로 한 통변을 강조하며, 이는 월령 중심의 『자평진전』과는 다른 관점을 제시한다.

> 신왕(身旺)이 과도하거나 신약(身弱)이 과도하면 모두 흉명(凶命)이므로 신왕일 때는 일간을 억제하는 신(神)이 필요하고, 신약일 때는 일간을 부조(扶助)하는 신(神)이 필요하다. 이때 소용되는 신을 용신이라 한다. 용신이라는 글자는 그대로 사주에서 일간을 돕는데 가장 유용하고도 일관되게 많이 쓰이는 길신(吉神)을 말한다. 이는 나 자신인 일주는 체(體)로 놓고, 용신을 용(用)으로 삼는 체용 관계에서 나온다.[90]

여기에서 신(神)은 역시 일간(日干)을 의미한다. 일간을 돕는 기운이 과하면 이를 억제하고, 반대로 일간이 뿌리가 없거나 설(洩)하거나 극(剋)하는 기운이 많아 약할 경우, 이를 부조(扶助)하는 기운이 필요하다는 뜻이다. 이러한 과정에서 필요한 기운을 용신(用神)이라고 한다. 이 내용은 용신의 초점을 월령이 아닌 일간에 맞추고 있다는 점에서 주목할 만하다. 따라서 『적천수』의 통변법과 직접 관련이 있는 내용들을 종합하여, 『적천수』가 일간을 중심으로 삼고 또 일간을 억(抑)하거나 부(扶)하는 데 초점을 맞추어 용신이라는 개념을 활용하고 있는지를 확인할 필요가 있다. 따라서 『적천수』는 사주 해석에서 일간의 강약을 중심으로 용신의 의미를 부여하고, 이를 통해 통변하는 방식을 사용하고 있음을 살펴볼 수 있다.

다음은 『적천수』의 통변법과 직접 관련이 있는 내용이다. 『적천수』의 통변법은 일간의 강약과 균형에 중점을 두어 용신의 역할과 활용을 정의하고 있다는 점을 살펴볼 수 있다.

> 도(道)에는 체(體)와 용(用)이 있어 한 가지로 단정하여 논할 수는 없다. 중요한 것은 부(扶)할 것을 부(扶)하고 억(抑)할 것은 억(抑)하여 그 마땅함을 얻는 데 있다. 사람에게는 정(精)과 신(神)이 있으므로 한 가지만 편협하게 구해서는 안 된다. 중요한 것은 덜어낼 것은 덜어내고 보탤 것은 보태서 치우치지 않음을 얻는 데 있다. 월령(月令)은 제강(提綱)의 부(府)이니 집에 비유한다. 인원(人元)은 일에 쓰는 神이니 집의 방향을 정하는 것이다. 그러므로 헤아리지 않으면 안 된다. 생시(生時)는 돌아가서 묵는 땅이라 묘(墓)에 비유한다. 인원(人元)은 일에 쓰는 神이니 묘(墓)의 혈(穴) 방향이다. 분별하지 않으면 안 된다. 쇠(衰)하고 왕(旺)함

의 참된 기틀을 능히 안다는 것은 삼명의 오묘한 깊이를 반 이상은 안 것이다. 입명(立命)의 깊은 곳에 들어가면 생각건대 이미 반을 알았다고 할 수 있다. 중화(中和)의 바른 이치를 안다는 것은 오행의 오묘함에 대해서 전능함이 있는 것이다. 어느 곳에서 근원이 일어나 어느 좋은 방향으로 흘러가는가? 명(命)의 중요한 작용에 있어 만약 중요한 요점을 구할 수 있다면 미래를 알고 과거를 알 수 있다.91)

위의 『적천수』는 명리학의 통변법을 설명하고 있다. 그 핵심은 일간을 중심으로 한 균형과 중화(中和)에 있다. 이를 통해 사주의 운세를 해석하고 과거와 미래를 통찰하는 논리 체계를 구축하고 있다. 이 이론은 명리학 연구자들에게 중화의 중요성을 강조하며, 통변의 기본 원칙으로 자리 잡고 있다. 『적천수』의 통변법은 중화와 균형을 가장 중요한 핵심으로 삼으며, 일간을 중심으로 사주를 해석하는 구조를 갖추고 있다. 쇠왕(衰旺)을 파악하고 중화를 이루는 과정은 사주의 과거와 미래를 아는 통찰로 이어지며, 이는 명리학 해석의 본질을 담고 있다. 이러한 논리는 『적천수천미』에서 더욱 구체적이고 자세하게 설명되어 있으며, 『적천수』 통변법의 체계적 접근법을 완성시켰다.

왕(旺)하면 설(洩)이나 상(傷)을 해야 하고 쇠(衰)하면 방(幇)이나 조(助)를 해야 한 것은 자평의 이론이지만, 그러나 왕성한 가운데 쇠약함이 존재하면 감손(減損)해서는 안 되고, 쇠약한 가운데 왕성함이 존재하면 증익(增益)해서는 안 된다. 왕성함이 지극한 경우에 감손하지 말아야 하는 것은 감손함이 그 가운데에 있기 때문이고, 쇠약함이 지극한 경우에 증익하지 말아야 하는 것은 증익함이 그 가운데 있기 때문이다.92)

사주 원국을 이해하는 데 있어 쇠왕(衰旺)을 아는 것이 중요하며, 이를 보완하기 위한 방법과 더불어 중화(中和)를 이루는 방법을 설명하고 있다. 『적천수』는 중화를 이루기 위한 방안으로 억부론(抑扶論)을 제시한다.

억부론의 개념은 '누른다', '굽히다', '물리친다', '물러나게 한다'는 뜻을 가지며, 극(剋)하는 작용과 관련된다. 오행 상극 관계에 따라 금극목(金剋木), 목극토(木剋土), 토극수(土剋水), 수극화(水剋火), 화극금(火剋金)이 이에 해당한다. 부(扶)는 '돕는다', '떠받친다'는 뜻을 가지며, 생(生)하는 작용과 연관된다. 오행 상생 관계에 따라 목생화(木生火), 화생토(火生土), 토생금(土生金), 금생수(金生水), 수생목(水生木)의 순환이 이에 해당한다. 『적천수』에서 억부론은 사주의 치우친 기운을 조정하여 중화를 이루는 방법론으로, 오행의 상생과 상극 작용을 기반으로 한다. 이를 통해 사주의 균형을 맞추고, 원국의 쇠왕 상태를 보완하여 운세를 해석하는 체계를 제공한다.

『적천수』에서는 일간(日干)의 왕쇠(旺衰)를 기준으로 다음과 같이 용신(用神)을 정의하고 있다. 일간이 약하면 일간을 부조(扶助)하는 기운을 용신으로 삼고, 일간이 강하면 일간을 억제(抑制)하는 기운을 용신으로 삼는 것이다. 반면, 『자평진전』에서는 월령(月令)과 일간을 기준으로 용신을 판단하며, 다음과 같이 설명하고 있다 사길신(四吉神), 일간, 상신(相神)이 약하면 이를 부조하여야 하고 사흉신(四凶神), 일간, 병(病)이 왕하면 이를 억제하여야 한다는 것이다. 이처럼 『적천수』는 일간이 왕한지 쇠한지를 판단하여 용신을 정의하고 있고, 『자평진전』은 월령과 사길신, 사흉신 등 보다 다층적인 요소들을 기준으로 용신을 정하고 있다.

『적천수』는 일간(日干)의 해석을 기본으로 하여, 오행의 상생(相生)과 상극(相剋)을 중심으로 사주의 균형과 중화를 강조한다. 이는 용신(用神)을 설정하고, 일주(日主)의 오행과의 관계를 통해 운세를 해석하는 체계를 형성한다. 이러한 중화(中和)는 단순히 사주 해석의 원칙을 넘어서 자연계의 생명 활동과도 밀접하게 연결되어 있음을 설명하고 있다. 일간의 오행이 강하거나 약한 상태는 사주의 전체적인 기운의 균형을 결정짓는다. 예를 들어, 일간이 강하면 억제(抑制)하는 기운이 필요하고, 약하면 부조(扶助)하는 기운이 필요하다. 일간을 중심으로 오행의 상생·상극 관계를 분석하여 중화를 이루는 것이 핵심이다. 중화란 사주의 기운이 과하지도, 부족하지도 않은 상태를 뜻하며, 이는 자연계의 조화로운 생명 활동과도 같은 의미를 지닌다. 용신은 일간의 강약을 보완하는 역할을 하는데 일간이 강할 때는 이를 억제할 수 있는 오행을 용신으로 삼는다. 일간이 약할 때는 이를 부조할 수 있는 오행을 용신으로 삼는다. 용신은 일간의 기운을 조절하여 중화를 이루는 핵심적인 요소로 작용한다.

중화는 자연계에서 생명 활동이 지속되기 위한 균형 상태와 같다. 인간의 사주 또한 자연계의 원리와 같은 방식으로 조화와 균형을 추구하며, 이를 통해 건강, 운세, 성공 여부가 결정된다. 용신과 일주의 오행은 상호작용을 통해 사주의 기운을 조율하고 중화를 이루는 역할을 한다. 일주는 사주의 중심축으로, 용신은 이를 조화롭게 유지하기 위한 조정자이다. 『적천수』는 이러한 오행의 중화를 자연계의 생명 활동과 연결 지어 설명하며, 이를 통해 사주의 균형과 조화를 이루는 것이 운세 해석의 본질임을 강조하고 있다.

> 분명히 金水를 정으로 하고 木火를 신으로 하는 것이 아니다. 반드시 유통과 생화와 손익이 적당한 가운데 있다. 즉, 정기신 삼자를 구비해야 한다. 그것을 세밀하게 연구해 보면, 특별하게 일주(日主), 용신(用神), 체상(體象)에만 정신이 있는 것이 아니라 오행 모두에 있는 것이다.[93]

따라서 사주팔자는 중화를 이루는 것이 핵심으로, 정(精)은 일주를 생하는 것이고 신(神)은 일주를 극하는 것인데 이 두 가지의 기운이 적정하게 중화를 이루어야 한다는 것이다. 그리고 정신기는 오행 모두에게 있으니 이 오행이 적절하게 중화를 이루어야 한다는 의미이며 또한 중화는 자연계의 모든 생명 활동과도 관련이 있다고 하였다.

> 적천수천미의 중심사상은 '중화(中和)'에 있다. 중화는 자연계의 모든 생명 활동과 연계되어 있으며, 우리 몸에서도 생명력을 유지하기 위해서 끊임없는 중화작용을 하고 있다.[94]

이 내용에 대해 『적천수』에서 "음의 지지는 차갑고, 양의 지지는 따뜻하고, 금수는 차갑고, 목화는 따뜻하므로 차가운 기운을 얻으면 따뜻한 기운을 만나야 발복하고, 따뜻한 기운을 얻으면 차가운 기운을 만나야 성공을 이룬다."95)라고 했다. 이러한 조후용신에 대해서 서락오는 『자평진전』에서 "조후는 금수 일간이 겨울에 생했거나, 목화 일간이 여름에 생했으면 기후가 크게 차거나 크게 조열하여 기후의 조화가 시급하다. 이것이 조후용신이다."96)라고 정의한 바 있다. 따라서 일간을 중심으로 해석하는 적천수에서도 조후의 문제를 거론하고 있으며 중화의 원리를 설명하려면 대전제에서는 오행의 생극제화를 면밀한 설명에서 간지의 운동성을 간과할 수 없음을 설명하고 있다.

본고에서는 일간의 기운에 따라, 또는 용신의 유무와 적용의 적합성에 따라 개인의 삶을 설명하는 데 한계가 있음을 논하고 있다. 특히, 신강하거나 과도하게 신약할 경우 이를 흉명(凶命)으로 전제하는 관점에 대해 의문을 제기하는 것이다.

일간의 기운에 따라 용신이나 격국이 정해질 수 있고, 신강과 신약의 명이 운의 흐름에 따라 용신이라는 하나의 기운을 해석 기준으로 삼을 수는 있다. 그러나 이러한 논리는 다소 억지스러운 면이 있다. 실제로 격용신이 명확히 갖추어진 사주팔자의 형태보다 격을 갖추지 못하고 용신의 유무가 확실하지 않은 경우가 더 흔하다는 점을 간과해서는 안 된다.

사주팔자의 기운이 편중되어 있고 용신이 그 역할을 하지 못하더라도, 이는 단순히 그러한 상황일 뿐 흉명과는 직접적인 관련이 없다. 사주팔자 해석에서 길흉을 설명하는 것만큼 중요한 것은 변화의 속성을 이해하는 것이다. 사주팔자의 모든 간지는 '나'라는 개인에게 가장 가까운 해석 도구로 작용하며, 각각의 운동성을 통해 '나'를 설명할 수 있게 한다. 모든 글자는 운의 흐름과 상응하여 다양한 상황을 만들어내고 이를 해결하며 변화하는 '나'를 설명할 수 있어야 한다.

2) 월지 중심의 해석

『子平眞詮』97) 해석의 원칙은 월령(月令) 중심이다. 명리학에서 중요한 요소로 사용하는 용신(用神)을 월령(月令)에서 구한다. 월령(月令)은 곧 월지장간(月支藏干)을 의미한다. 월지장간이라는 뜻은 '월(月) 속에 감춰져 있는 하늘의 기운(氣運)'이라는 뜻이다. 『자평진전』에서는 이 기운을 용신이라고 하고 용신을 정할 때는 사주의 천간에 월지(月支)의 본기와 같은 오행이 투출되었을 때이다. 사주팔자에서 월지는 용신을 품고 있는 핵심적인 자리이며 가장 강한 기운이다. 이런 이유로 자평명리학에서는 월지를 중심으로 통변을 한다.

> 무릇 하나의 팔자를 손에 넣으면, 반드시 천간마다 지지마다 상하로 종합적으로 보아야 한다. 지지는 천간의 생지(生支)이고, 천간은 地支의 발용(發用)이다. 가령 명(命) 가운데에 하나의 甲木이라는 글자가 있으면, 네 지지에 寅木, 癸水, 卯木, 未土 등의 글자가 있는가의 여부를 종합적으로 보아, 하나의 글자라도 있으면 모두 甲木의 뿌리이다. (중략) 運을 취하는 것도 또한 이러한 방

> 법을 쓰니, 장차 본명 팔자를 천간과 지지 마다에 배합할 뿐이다.98)

위의 내용은 사주를 간명할 때 천간과 지지의 관계를 종합적으로 봐야 한다는 것이다. 천간에 甲이 있을 때 지지에 살피는 것이 寅, 卯, 癸, 未라는 것은 지지에서 천간의 갑이 뿌리를 내릴 수 있는 즉, 根이 될 수 있는 글자(인, 묘)가 있느냐와 갑이 자라는 데 필요한 수 기운인 계가 있느냐와 갑의 성장이 끝나는 미가 있느냐를 살피는 것이다. 이것은 천간의 기운이 지지에서 어떠한 현상으로 나타나는지를 살피고 있다는 것이다.

천간과 지지는 서로 다른 특성을 지니지만, 지지의 방위 흐름은 천간의 기운에 영향을 받아 극제화(剋制化)의 작용력을 발휘하게 된다. 특히, 월령(月令)이 천간에 투출되었을 때에는 천간의 기운과 지지의 상호작용에 따라 성패(成敗)가 결정된다. 천간과 지지는 개별적으로 작용하면서도 서로 밀접하게 영향을 주고받으며, 이러한 상호관계는 사주의 해석에서 중요한 판단 기준이 된다. 이와 관련하여 『삼명통회(三命通會)』에서 만민영(萬民英)은 이러한 상호작용의 원리를 다음과 같이 설명하고 있다.

> 바르게 보는 법은 월령을 먼저 살피는 것이다. 그런 연후에 방(方)으로 그 나머지를 살펴본다. 오행의 기(氣)가 오직 월령에 당령(當令)하여 최상이다.99)

이 역시 월령을 앞서 살펴 그다음으로 방(方)을 살피는 간명법을 말하고 있다. 월지가 사주 구성에 가장 중요한 위치를 차지한다는 것을 알게 되었다면 그 월지의 쓰임에 대해 알아본다. 월지는 십성 중 어느 것이든지 자리할 수 있다. 따라서 일간과 월지와의 관계에서 정해지는 십성에 대해 순용하여야 할 것인지 또는 역용하여야 할 것인지 결정을 해야 한다. 『자평진전』에서는 용신을 재(財)·관(官)·인(印)·식(食)을 순용하는 4길신과 살(殺)·상(傷)·겁(劫)·인(刃)을 역용하는 4흉신으로 나누고, 그에 따른 성패를 중요시하기 때문이다.

위의 내용 역시 월령(月令)을 우선적으로 살피고, 이후 방위(方位)를 고려하는 간명법을 설명하고 있다. 월지가 사주 구성에서 가장 중요한 위치를 차지한다는 점을 인식한 뒤, 그 월지의 쓰임새를 분석하는 것이 핵심이다. 월지는 십성(十星) 중 어느 것이든 자리할 수 있으며, 이에 따라 일간과 월지 간의 관계에서 해당 십성을 순용(順用)할 것인지, 또는 역용(逆用)할 것인지를 결정해야 한다. 『자평진전』에서는 용신(用神)을 다음과 같이 구분하며, 이에 따른 성패를 중요시한다. 사길신(四吉神)은 재(財), 관(官), 인(印), 식(食)이며 순용하여 활용한다. 사흉신(四凶神)은 살(殺), 상(傷), 겁(劫), 인(刃)이며 역용하여 제어한다. 따라서 월령과 월지의 쓰임은 사주의 성패를 판단하는 데 핵심적인 역할을 하며, 순용과 역용의 적절한 활용이 사주 간명의 중요한 기준이 된다. 정재(正財), 편재(偏財), 정관(正官), 편관(偏官), 정인(正印), 편인(偏印), 상관(傷官), 식신(食神)이 격국(格局)이 되고 이렇게 나눈 격국의 수가 8개이므로 8격이 된다. 이를 일러 정팔격(正八格) 혹은 팔정격(八正格)이라고 부른다. 이것이 정격이라면 변격(變格)은 『자평진전(子平眞詮)』에서는 월지와 천간에 투출한 기운이 다른 경우이다. 『자평진전』의 변격은 다음과 같다.

> 용신은 모두 월령을 주장하나 월령에 암장된 바가 한 가지가 아니라서 용신에 마침내 변화가 있는 것이다. 가령 12지지 가운데 子午卯酉를 제외하고 나머지에 모두 암장이 있는데, 반드시 사고(四庫)에만 있는 것이 아니다.100)

월령에 암장된 것이 한 가지가 아니고 두 가지나 세 가지가 될 수도 있고 월지와 다른 오행이 투출한 것을 변격이라 한다. 변격에서는 용신의 변화를 읽어내는 것이 중요하다고 판단한 듯하다. 자오묘유처럼 지지의 운동이 목화금수 운동의 가장 정점에 있는 기운은 용신으로 사용하기에 불편함이 없고 변화가 있을 수 있는 지지는 다른 지지와의 관계에서 변화를 읽어낼 수 있어야 한다는 것이다.

정팔격(正八格)에는 식신(食神), 정재(正財), 정관(正官), 정인(正印), 상관(傷官), 편재(偏財), 편관(偏官), 편인(偏印)이 포함된다. 변격(變格)은 월지(月支)의 본기(本氣)와 천간(天干)에 투출된 기운이 다를 때 발생한다. 결국 월령(月令)이 용신(用神)이 되며, 월지 지장간의 투출된 월령이 월지 본기와 음양(陰陽)이나 오행(五行)이 다를 경우 용신의 변화가 일어나게 되는데 이를 변격이라고 한다. 또한, 투출된 월령이 여러 가지일 경우 용신을 겸용(兼用)하게 된다.

따라서 월지 속 본기와 투출된 월령이 오행이나 음양이 다를 경우

변격이 성립하며, 이는 용신의 변화와 지장간의 투출을 의미한다. 이러한 용신의 변화는 긍정적인 결과를 초래할 수도 있고, 그렇지 않을 수도 있다. 변격은 월령의 특성과 지장간의 작용을 고려하여 용신의 변화를 판단하며, 사주의 해석에서 중요한 의미를 지닌다.

> 변화가 좋다는 것은 그 격이 더욱 아름다워진다는 것이고, 변화가 좋지 않다는 것은 그 격이 결국 나빠진다는 것이다. 무엇을 일컬어 변화가 좋다고 하는가? 예를 들어, 辛 일주가 寅月에 태어났고 丙이 투출했다면 재격이 변화하여 정관격이 된다. 壬 일주가 戌月에 태어났고 辛이 투출했다면 칠살격이 변화하여 인수격이 된다. 癸 일주가 寅月에 태어났고 甲은 숨어 있고 丙이 투출했거나, 寅이 午, 戌과 회합하면 상관격이 변화하여 재격이 된다. 설령 정관이 투출했다 하더라도 왕한 재성이 정관을 생하고 있다고 논하면 되지 상관이 정관을 극하고 있다고 논할 것은 아니다. 乙木 일주가 寅月에 태어났고 戊土가 투출했다면 재격이 되고 寅木이 午, 戌과 회합하면 월겁이 변화하여 月이 생하는 식상(食傷)이 된다. 이러한 종류는 셀 수 없이 많으니 모두 변화가 좋은 경우이다.[101]

격국은 사주에서 용신을 표현하는 방법으로, 개인의 사주 구조에서 무엇이 요구되는가를 정확히 알게 되는 시스템과 같다. 격국은 용신과 더불어 개인의 길흉화복은 물론하고 삶의 지표에 대한 가장 기본적인 중요한 역할을 담당하고 있다.

『자평진전』에서는 용신을 길한 것과 흉한 것으로 나누고 용신이 손상되면 격이 깨어지는 것으로 간주하고 흉한 것으로 보고 있다. "팔자의 용신은 오로지 월령에서 구한다. 일간을 월령의 지지에 배합하면 생극이 같지 않은데, 격국은 여기에서 나눠진다."102)라고 했다. 그리고 월령에서 구한 용신은 사길신과 사흉신으로 나누는데, 사길신은 순용해야 한다고 했다. 『자평진전』 「논상신긴요(論相神緊要)」에서 상신의 정의와 상신의 쓰임에 대해서 말하고 있다.

> 이미 용신(用神)을 얻었으면 다른 자리에 또한 반드시 상신(相神)이 있어야 한다. 이것은 임금에게 재상이 있는 것과 같이 나의 용신을 보필하는 것이다. 또한 용신을 손상하는 것이 일간을 손상하는 것보다 심하고, 상신을 손상함이 용신을 손상하는 것보다 심하다고 하였으며 상신에게 파손이 없으면 귀격(貴格)이 이미 이루어졌고, 상신에게 손상이 있으면 그 격을 곧바로 파괴한다.103)

상신(相神)은 용신(用神)을 보호하고 도와주는 기운으로, 상신이 손상되는 것은 일간이 손상되는 것보다 더 흉하다고 본다. 상신이 온전하고 상하지 않는 것이 귀격(貴格)이 된다는 의미이다. 따라서, 사주를 통변할 때 상신의 해석이 매우 중요하며, 상신은 용신의 역할만큼 중요한 위치를 차지한다. 이와 같은 이유로, 사주팔자를 해석할 때는 용신의 성격과 패격(敗格)을 면밀히 분석해야 한다. 용신의 쓰임은 사주팔자 전체의 흐름과 방향을 이해하는 데 핵심적이며, 사주팔자의 흐름이 용신의 방향과 일치할 때 이를 길하다고 본다.

결론적으로, 용신은 사주팔자 해석에서 방향성을 제공하며, 상신과의 관계를 통해 운세의 길흉을 통변한다. 하지만 용신의 쓰임은 사주 전체의 흐름을 이해하고 이를 기반으로 판단하는 데 머무르며, 사주팔자를 총체적으로 통변하는 과정에서 중요한 참고점이 된다고 할 수 있다.

3) 월지의 운동성

격을 논하는 이유는 용신을 통해 희신과 기신을 구별하고 이를 통해 길흉화복을 알고자 하는 데 있다. 격은 그 자체로 사주팔자 해석의 구조이자 형식이며, 삶에서 활용할 수 있는 도구이자 생활의 형태로 나타난다. 만약 격을 잡을 수 없는 경우 사주팔자에서 가장 왕성한 글자를 가장 큰 영향력을 가진 기운으로 해석할 수 있다.

격은 지지에서 취해 해석되며, 지지는 실질적으로 작용하는 도구나 상황으로 설정된다. 특히 월에 위치한 지지는 가장 지속적이고 오랜 영향을 준다. 월에 나타나는 글자는 사주팔자의 기본 물성을 제공하는 기초와 같은 역할을 하며, 일주에서는 사물의 특성을 드러낸다고 볼 수 있다. 월에 나타나는 글자의 형태를 통해 사주팔자에서 일어날 수 있는 일들의 바탕을 예측하는 것이다.

음양오행의 관계에서 육친설에 의해 격을 취하게 되며, 육친 해석에 앞서 계절에 따라 발생할 수 있는 상징과 특성을 고려하여 격을 취한다. 육친에 의한 해석이 기존의 갖추어진 구조를 해석하는 과정이라면, 태어난 달의 특징과 계절적 조건에 따른 해석은 육친의 해석과 더불어 육친의 운동성에 관한 해석이라고 할 수 있다.

예를 들어 자월에 태어났다면, 육친론에서는 자(子)라는 조건을 관성, 인성, 재성, 식상의 형태로 해석할 수 있지만, 육친의 해석 이전에 자월에 태어남으로 인해 제한되는 여러 요소를 먼저 해석해야 한다. 자(子)가 월에 위치함으로써 그 사람의 천간과 지지가 차지하는 환경이 제공되고 근본적인 바탕이 이루어진다. 여기서 중요한 것은 자월의 특성을 그대로 활용할 것인지의 여부이다. 자월이 가지고 있는 근본적인 상징과 동일한 자월이라도 재성과 상관의 해석을 설명할 수 있다. 계절의 특징을 취하여 격을 논할 때는 글자 자체의 자의(字意)를 먼저 해석한 뒤, 그 개념을 확장하여 해석해야 한다. 자월(子月)의 시간적 의미는 모든 기운이 응축되어 있는 상태를 나타낸다. 이 시기는 시간적으로 어둡고, 눈에 띄지 않는 형태로 살아가는 경우가 많다.

　자월에 해당하는 사람은 일하는 장소와 분야에서 좁은 공간이나 움직임이 크지 않은 환경을 감당하며, 자신만의 뜻을 펼칠 수 있는 특징을 가진다. 이는 철학적, 종교적, 교육적인 성향을 취하는 삶의 형태와 연관이 있다. 이들의 활동은 활발하거나 구체적이기보다는 추상적인 것을 추구하는 방향으로 해석된다. 이를 구체적인 격으로 풀이하면, 관(官)으로 쓴다면 자월에 관련된 관성을 중심으로, 재(財)로 쓴다면 자월에 관련된 재성을 중심으로, 인성(印星)으로 쓴다면 자월에 관련된 인성을 중심으로 해석한다. 자월은 응축된 기운과 추상적, 내적인 성향을 반영하며, 이를 기반으로 관, 재, 인성을 해석하여 사주의 격을 풀이할 수 있다.

　아래의 명식은 자를 재성으로 쓰는 경우이다. 무(戊)가 자(子)를 만났을 때, 무는 양운동이 극대화되어 실현된 모습이고 자는 음운동이 극대화된 모습으로, 천간과 지지의 음양적 조화를 갖춘 것으로 본다. 무는 양운동이 음운동의 재성(財星)을 취하는 것으로, 재성격(財星格)의 모습을 갖추게 된다.

<표-4> 子를 재성으로 쓰는 경우 (35세, 과외교사)

시	일	월	년
乙	戊	戊	庚
卯	申	子	午

지지의 세력 여부에 따른 해석에서 지지에 세력이 없는 경우, 자(子)는 철학, 종교, 의약과 같은 내적인 영역에서 활용되는 경우가 많다. 자(子)의 어둡다는 특성은 글자 너머에 밝은 곳이 있다는 것을 의미한다. 세력이 있는 경우 무역이나 외교를 통해 경제 활동을 이루는 형태로 나타날 수 있다. 또한 외무, 외교 활동으로 부를 축적하거나 경제적 성공을 이루는 사례가 많다.

재성이 형성되면 활동성이 강해지며, 활동 공간은 다음과 같은 특성을 갖는다. 이 공간이 아닌 바깥에서 활동하고 어둠 속에서 움직인다. 혹은 활동 공간이 좁거나, 에너지가 집약된 곳에서 일한다. 혼자만이 알고 있는 정보와 생명의 시작과도 관련이 있다. 이러한 특성은 조용하고 움직임이 적은 장소에서 이루어지는 경제 활동으로도 해석될 수도 있다. 자월의 특성과 환경은 철학, 종교, 의약, 유흥, 외교, 물류 등과 관련된다. 이를 정관(正官)으로 쓴다면 특수한 분야에서 활용되는 경우가 많다. 자월에 태어난 사람의 직업적 특성이나 경제활동의 특징은 자의의 확장을 통해 간지 자체에 적용하여 추측할 수 있다. 이를 통해 해당 인물의 직업적 성향과 경제적 활동 영역을 유추할 수 있다.

<표-5>는 수학을 가르치는 입시학원 여자 교사이다. 가정에서 개인과외를 겸하고 있다. 年地의 午는 사주원국에서 고립되어 있다. 지지의 기운은 자신의 기운을 발현하기 좋은 환경에서 있는 경우와, 고립되고 도움을 받을 수 없는 환경에 있을 수도 있다. 사주원국에서 오의 입장은 고립되어 있으나 사주원국에서 공부라는 인성의 작용을 하고 있으며, 일간의 입장에서는 가장 필요한 기운이다. 오를 도와주는 時柱의 乙卯와는 거리가 멀다. 12운성의 이론으로 午는 乙의 생지이다. 午라는 공부, 자격증, 학위가 시간의 을 관성의 생지이므로 공부가 사회적 활동으로 혹은 세상에 모습을 드러내는 형태로 경제활동의 영역이 달라질 수 있다. 을은 나이가 어린 것이므로 교육의 형태를 나이가 들어서도 계속 이어갈 가능성이 높다.

<표-5> 子를 상관으로 쓰는 경우 (32세, 피부과 여의사)

시	일	월	년
戊	庚	甲	癸
寅	辰	子	酉

경(庚)이 자(子)를 만날 때 육친 관계는 상관(傷官)을 나타낸다. 금백수청(金白水淸)이라 하여 목화 상관과 금수 상관은 상관의 특성

을 잘 발휘하며, 특히 전문성과 기술성이 두드러진다. 그러나 음양의 조화를 잃어버린 상관성은 조화력은 약화되지만, 그만큼 전문성이 더욱 강조된다. 병(丙) 정(丁)이 신(申) 유(酉)를 만나거나, 무(戊)와 기(己)가 신유를 만나 식상(食傷)을 이루면, 이는 양운동에서 음운동으로의 전환을 나타낸다. 금수 상관(金水傷官)과 목화 상관(木火傷官)은 음양의 편중성 속에서 작용하며, 전문적인 직업군으로 살아간다.

12운성에서 사지(死地)에 있다는 것은 자신의 기운을 소진하고 다음 기운으로 전환한다는 것을 의미한다. 금수 상관은 교육, 양육, 섬세한 것을 만들어내는 것과 같은 역할을 한다. 재물 번영을 이루려면 밤시간을 활용하거나 섬세하게 작업하는 일들의 경제 활동에 종사할 가능성이 높다.

여성이 자월은 정관(正官)인 丁이 절지에 있는 것과 같고 부부의 덕이나 직장의 안정은 약한 것으로 본다. 자(子)는 생식, 연애, 교재의 동작이나 기운을 상징하며, 명예와 연관된 경우 명예 손상이 나타날 가능성이 있다. 명예에 관련된 일을 하지 않는다면 이러한 영향을 받지 않는다. 인성(印星)의 작용이 부족하다면, 학문이나 자격증으로 이룬 것이 아니라, 유흥이나 기호식품으로 돈을 벌 가능성이 있다. 그러나 음양의 조화를 이루지 못하면 재물의 축적은 많지 않다.

위의 명은 대운의 작용과 시주의 작용으로 음양의 조화로움을 이룰 수 있다. 금수 상관은 주로 교육적 활동과 연관되며, 좁은 공간에서 혼자 일하는 환경이 많다. 혼자 일하면서 전문성을 발휘하는 경우가 해당되며 환경적 특성에 따라 좁은 공간에서의 독립적인 활동이 일반적이다. 피부과 의사이며 일의 성취와 재물의 축척은 어렵지 않지만 월의 자의 기운이 화기운이 살아가는 환경이 불리해진다. 직장에서 느끼는 압박으로 인한 스트레스가 심하고, 남자친구와의 관계가 조화롭지 못하다. 금기운의 식상인 수기운은 겨울의 기운으로 화기운의 입장에서는 피하고 싶은 기운이다. 지지의 戊寅의 寅 기운의 지장간에 내재되어 있는 丙기운이 운의 작용으로 움직일 때 사주팔자의 안정을 이룰 수 있다고 본다. 하지만 살아가는 모습은 子의 기운으로 나타난다.

2

운의 작용

1) 명(命)과 운(運)

사주팔자 해석은 개인의 운명과 인생 흐름을 간지(干支)의 상징성과 운동성을 바탕으로 해석하는 것으로 이미 주어진 명을 해석하는 것뿐만 아니라 다가오는 운의 흐름을 기준으로 미래의 방향성을 제시하는 일이다. 명과 함께 흘러가는 운의 흐름은 제한적인 틀 속에서도 개인이 나아갈 수 있는 방향과 선택의 가능성을 열어준다.

사주팔자에서 사용되는 간지는 각각 고유한 운동성을 가지고 있으며, 이는 사주 내에서 각 글자가 가지는 에너지이며 또한 해석의 기초가 된다. 천간과 지지 각각이 음양(陰陽)과 오행(五行)의 속성을 지니며, 이들 간지가 어떻게 조화를 이루느냐에 따라 사주가 가지는 고유한 기운이 결정된다. 이러한 간지의 운동성은 사주에서 단순히 개인의 성격이나 성향을 나타내는 데 그치지 않고, 앞으로 다가오는 운의 흐름에 따라 더욱 심화되거나 변화하게 된다. 간지는 일정한 운동성을 지니고 있어, 시간이 흐름에 따라 그 기운이 강화되거나 약화되며 상호작용의 패턴이 달라진다. 예를 들어, 특정한 오행이 사주에 강하게 자리하고 있더라도, 운의 흐름에 따라 그 기운이 더해지거나 상충하면서 새로운 변화를 만들어낸다. 이때 간지가 가진 고유한 운동성은 특정한 시기에서 어떻게 작용하는지에 대한 예측의 근거가 되며, 이는 사주팔자가 운의 흐름에 따라 유동적으로 해석되어야 하는 이유가 된다.

운의 흐름은 제한적인 성격을 지니며, 모든 기회가 동등하게 열려있지는 않다. 따라서 사주 해석에서 중요한 것은 운의 제한성 속에서 개인이 나아갈 수 있는 현실적인 방향성을 제시하는 것이다. 예를 들어, 운의 흐름이 재성의 기운을 막는 경우라면, 이는 재정적 이익이 쉽게 열리지 않음을 의미하며, 이때는 재정을 쌓기보다 보호하거나 관리하는 방향성을 제시할 수 있다. 이러한 접근은 사주팔자가 가진 원래의 기운과 운의 흐름이 합쳐질 때 현실적으로 실현 가능한 선택지를 제시하는 데 유용하다. 따라서 사주팔자 해석에서 운은 미래의 방향성을 제시하는 데 중요한 역할을 한다. 다가오는 운의 흐름은 특정한 시기에 개인에게 긍정적인 기회를 제공하기도 하고, 반대로 도전적 상황을 마주하게 하기도 한다. 사주 내 간지의 상징성과 운동성은 운의 흐름 속에서 어떻게 적용되고 변화하는지를 예측할 수 있는 기반이 된다.

사주팔자에서 운의 흐름은 간지의 운동성에 따라 변화한다. 천간의 운동성은 주로 정신적 목표와 이상을 중심으로 나타나며, 운의 흐름에 따라 그 목표가 강화되거나 약화된다. 지지의 운동성은 현실적인 변화와 물리적인 환경을 반영하며, 운의 변화에 따라 현실적인 조건이 어떻게 바뀌는지를 보여준다. 현실에서 일어나는 다양한 변화의 패턴은 지지의 변화 양상을 살피는 것이 중요하다고 할 수 있다. 각 운에서 운동성의 패턴이 어떻게 나타나느냐에 따라, 사람의 삶의 방향이 크게 달라질 수 있다. 간지의 조합은 고정된 상태가 아니라, 시간과 계절적 흐름에 따라 운동성이 달라지며, 그에 따라 삶의 변화도 유동적으로 나타나기 때문이다. 예를 들어, 봄의 운에서 목(木)의 에너지가 강하게 작용하면 개인은 성장과 발전에 집중하게 된다. 이는 새로운 도전을 받아들이고, 확장적 사고를 통해 성과를 이루게 만든다. 반면, 겨울의 운에서 수(水)의 에너지가 강하게 작용하면, 개인은 내면적 성찰과 재정비의 시기를 맞이하며, 삶의 속도가 줄어들고 안정을 추구하게 된다.

2) 대운과 세운

사주팔자 해석에서 운은 타고난 명을 중심으로 움직이는 기운이므로 사주의 격이 좋다고 하더라도 운이 따르지 않으면 발현할 수 없다고 본다. 변화하는 운에서 원국에서 필요로 하는 여건이 충족된다는 것은 운의 흐름이 명을 돕는 것이라고 할 수 있다.

> 富貴는 命에서 정해져 있고 窮通은 運에 관계된다. 命이 마치 식물의 종자와 같다면 운은 (식물이) 피고 지는 계절과 같다. 비록 좋은 명조라고 할지라도 때를 만나지 못하면 영웅에게 武地(전장)는 쓸모가 없는 거와 같다. 반대로 팔자는 평범해도 運에서 그 결

함을 보충할 수 있으면 또한 때를 타서 우뚝 솟을 수 있는 것이다.104)

위의 설명은 원국의 명이 정해져 있어서 훌륭한 격을 이루었다 하더라도 명을 도와주는 좋은 시기를 만나지 못한다면 개인의 능력을 발휘할 수 없음을 설명하고 있다.

부귀는 비록 격국에 의해 정해진다 하나 궁통은 운에 의해서 실현된다. 소위 명이 좋은 것은 운이 좋은 것보다 못하다는 말이다. 일주는 내 몸과 같으니 원국의 희용신은 내가 쓰는 사람이고, 운도는 곧 내가 다스리는 땅인 것이다.105)

위의 글은 이미 정해지는 격국이라는 것이 현실에서 발현이 되는 것은 운의 흐름이 어떠한 방향으로 흘러가느냐에 따라 좌우된다는 것을 설명하고 있다. 특정한 오행이 사주에서 격을 갖추어 강하게 자리하고 있더라도, 운의 흐름에 따라 그 기운이 더해지거나 상충하면서 새로운 변화를 만들어낸다. 이때 작용하는 운의 간지가 가진 고유한 운동성은 특정한 시기에서 어떻게 작용하는지에 대한 예측의 근거가 되며, 이는 사주팔자가 운의 흐름에 따라 유동적으로 해석되어야 하는 이유가 된다.

사주팔자 해석의 핵심은 변화의 패턴을 분석하여 다가오는 미래를 예측하는 것이다. 변화는 일회적인 사건이 아닌 주기적인 흐름을 가지고 있으며, 이를 분석함으로써 개인의 운명을 결정해주는 것이 아니라 변화의 흐름 속에서 최선의 선택을 도와주는 것이다. 사람의 삶의 변화는 특정 시간적 흐름에 따라 발생하며 이는 천간과 지지의 상호작용, 그리고 오행의 흐름에 의해 설명된다. 사람이 특정 시점에서 맞닥뜨리는 행운이나 역경은 시간적 패턴에 의해 발생하며, 이러한 패턴을 통해 변화의 예측이 가능하다.

 사주명리학에서 시간적 흐름은 대운(大運), 세운(歲運)과 같은 주기적 흐름으로 구체화된다. 이러한 시간적 흐름은 사람의 운명에 중요한 영향을 미치며, 특정 시점에서 삶의 전환점을 맞이하게 하는 원인으로 작용한다.

 대운(大運)은 개인의 인생에서 10년 주기로 큰 변화를 일으키는 운의 흐름을 나타낸다. 대운의 흐름에 따라 특정 오행의 기운이 강해지거나 약해지며, 이는 사주에 큰 전환점을 일으킬 수 있다. 대운의 해석을 통해 개인 인생의 큰 변곡점을 예측하고, 이를 통해 최적의 선택을 할 수 있다.

 대운은 사주 원국의 월령(月令)을 기준으로 월주에서 비롯된다. 월주는 24절기를 기준으로 결정되며, 24절기는 12절기(節氣)와 12중기(中氣)로 이루어져 있다. 특히 12절기는 월주를 결정하는 중요한 기준이 되며, 절기의 절입일(節入日) 시점이 되어야 월주가 비로소 확정된다. 대운의 운행 방식은 남녀의 성별에 따라 다르게 적용된다. 구체적으로, 남명(男命)의 경우 연간(年干)이 양(陽)이면 대운은 순행하며, 연간이 음(陰)이면 역행한다. 반면 여명(女命)의 경우 연간이 양(陽)이면 대운은 역행하고, 연간이 음(陰)이면 순행한다. 예를 들어, 사람이 태어난 생월이 봄이고 대운이 순행한다면, 대운은 춘(春) → 하(夏) → 추(秋) → 동(冬)의 계절 순서로 진행된다. 반대로 대운이 역행한다면 춘(春) → 동(冬) → 추(秋) → 하(夏)의 순서로 진행된다. 이는 대운이 자연의 기후 변화와 연속성에 기반을 두고 있으며, 만물이 춘하추동의 기후 변화에 따라 성하고 쇠하는 이치와 연결되기 때문이다. 대운의 간지는 운의 흐름에서 10년간의 흐름을 관할하게 된다. 이를 통해 사주와 대운을 합하여 오주(五柱)라고 부르기도 한다. 이는 대운이 운명을 분석하고 감정하는 데 있어 그만큼 중요한 비중을 차지하고 있음을 의미한다. 이러한 운의 흐름을 해석할 때 지지의 역할이 중요함을 나타내는 글을 살펴보겠다.

> 옛 사람은 대운 즉, 一辰은 10歲(年)라 여겼다.… 대운이라는 것은 곧 팔자의 표리이다. 취용은 그 심천의 정도에 따라 하게 된다.… 행운이 천간에 있을 때는 지지의 신을 兼用하고, 지지에 들 때는 天干之物을 버린다. 모든 대운은 지지를 중요시한다.… 행함에는 東方, 南方, 西方, 北方으로 변별된다. 용신을 손상하는 것은 마땅히 운에서 制해야 하고, 용신에 유익한 것은 마땅히 운에서 生해야 한다.106)

위의 글은 대운을 사용할 때 지지의 중요함을 설명하고 있다. 지지의 흐름을 동서남북의 방(方)이라고 한 것은 계절의 흐름이 사주팔자의 중요한 인자를 해치지 않는 것을 중요하게 보는 것이다.

> 하나의 運은 십 년을 관할하고 영고의 기준이 있어 오행을 사주와 배합하면 안락과 근심이 서로 이어져 있다.… 運은 당연히 支가 중하지만 모름지기 천간의 신을 합해 겸하여 論하고, 運은 비

록 計數(數爻를 헤아림)이나 역시 上下 干支를 끊어 보기가 어렵다.107)

대운(大運)은 10년 단위로 길흉(吉凶)을 판단하며, 이 과정에서 사주의 왕쇠(旺衰)에 따라 균형과 형평을 이루는 것이 중요하다. 특히 대운에서 지지(地支)는 방위와 밀접한 관련이 있어 매우 중요한 요소로 여겨지며, 지지의 흐름을 통해 희기(喜忌)를 관찰하는 것이 핵심이다. 대운을 판단할 때 천간을 분석하는 경우에도, 지지의 작용력이 천간에 영향을 미치고 있음을 반드시 고려해야 한다. 마찬가지로, 지지 역시 천간의 영향을 받으며 상호작용한다는 점을 함께 생각해야 한다. 결론적으로, 대운에서는 지지와 천간의 상호작용을 종합적으로 분석하여 길흉을 판단하는 것이 중요하며, 지지의 흐름과 작용력을 중심으로 판단하는 관점이 핵심이라고 할 수 있다.

세운(歲運)은 1년 단위로 변화하는 운의 흐름으로 특정 시기에 발생할 수 있는 사건을 예측하고, 그 시기에 개인에게 유리한 선택을 할 수 있도록 돕는다. 개인이 그 해에 겪는 행복이나 고난은 세운에 따라 결정되며, 세운의 해석을 통해 단기적인 상황 변화를 예측하고 대비할 수 있다. 『命理約言』에서는 세운을 아래와 같이 설명하고 있다.

> 大運은 10년의 길흉을 세운은 1년의 화복을 주관한다. 歲干은 君과 같아서 마땅히 중히 여기고 歲支는 보필이 되니 실은 똑같은 功이 있다. 우선 세운과 일간을 보아 이로운지 해로운지를 보고

그 다음 세운과 대운을 살펴 서로 순한지 역한지를 살피고 서로 순응하는지 공격하는지 회합의 有無를 묻고 刑이 마땅한지 아닌지를 고찰해야 한다.108)

세운(歲運)은 한 해의 화복(禍福)을 주관하며, 세운을 판단할 때는 세간(歲干)을 중시하고 그해의 흐름과 조화를 이루는지를 면밀히 고찰해야 한다. 이는 세운이 그해의 형세가 올바른지 판단하는 중요한 기준이 되기 때문이다.

흘러가는 세월을 뜻하는 유년(流年)은 스스로 어릴 때부터 점차 늙어가는 과정을 의미하며, 비록 대운(大運)만큼 중대하지는 않으나, 원주(元柱)와 함께 대운의 억부(抑扶)에 영향을 미칠 수 있다. 즉, 유년은 자신의 사주에 의해 따르는 대운과 유기적으로 연결되어 있어, 사주의 운세를 종합적으로 판단하는 데 중요한 요소로 작용한다. 세운은 대운과 더불어 사주의 억부를 조화롭게 형성하는 데 영향을 미치며, 유년은 이러한 운세의 흐름 속에서 사주의 전체적인 길흉을 결정하는 데 보조적 역할을 한다고 볼 수 있다.

3) 운의 변화와 사건의 적용

대운은 월령을 기준으로 연속적으로 흐르기 때문에, 월령의 중요성을 중심에 두고 분석해야 한다. 대운에서 천간의 영향을 살펴볼 때도 월령의 작용력과 연계하여 판단해야 하며, 이를 간과한 채 단순히 천간만을 중시하는 것은 타당하지 않다. 즉, 대운에서는 월령의 흐름과 그것이 천간에 미치는 영향을 통합적으로 고려하는 접근이 필수적이며, 월령을 무시한 채 천간만으로 대운을 판단하는 것은 사주 해석의 본질을 놓치는 것이라고 볼 수 있다. 『子平眞詮評註』에서는 천간과 지지의 대운 판단을 다음과 같이 설명하고 있다.

> 命中의 喜忌는 干支에 함께 있지만 天干은 하늘을 주관하니 動하는 재능이 있고 지지는 땅을 주관하고 靜이며 用을 기다리는 것이다. 또 천간은 하나를 주관하지만 지지는 여러 가지를 암장하고 있다. 福이 되고 禍가 되는 것이 어찌 다르지 않겠는가.109)

천간은 즉각적으로 반응하는 오행의 기운으로 나타나고 지지는 기다리는 성질을 가지며, 땅처럼 때를 기다려 움직이는 특성을 지닌다. 이 견해에 따르면, 천간은 하늘의 기운으로서 직접적이고 즉각적인 에너지를 발휘하는 반면, 지지는 그 기운을 받아들이고 적절한 시점에 응답하는 방식으로 작용한다. 이는 천간이 능동적이고 적극적인 반응을 주도하는 역할이라면, 지지는 수동적이면서도 결과적으로 중요한 영향을 드러내는 역할을 한다는 의미이다. 따라서 천간과 지지는 상호보완적인 관계를 이루며, 천간이 에너지의 발동이라면, 지지는 그 에너지를 받아 적절하게 작용하는 구조로 이해할 수 있다.

대운의 지지는 주로 방합(方合)의 기운으로 이해된다. 이를 구체적으로 분류하면 다음과 같다. 인묘진은 동쪽이며 목 운동이고, 사오미는 남쪽이며 화 운동이고, 신유술은 서쪽이며 금 운동, 해자축은 북

쪽이며 수 운동이다. 이러한 방합의 분류는 계절의 순환에 따라 사주 원국의 제신(制神)의 기세에 영향을 미치며, 이는 진퇴(進退)와 더불어 형(刑), 충(沖), 해(害), 합(合)의 변화를 유발한다. 따라서 원국과 대운 간의 희기를 논할 때, 지지는 매우 중요한 요소로 작용하며, 세심한 관찰이 필요하다. 즉, 대운의 지지는 계절적 흐름과 사주의 구조를 조화롭게 연결하며, 이를 통해 운세의 변화를 파악하는 데 핵심적인 역할을 한다. 지지를 면밀히 분석하는 것은 사주의 희기와 운세 판단에서 필수적이다. 살펴야 한다. 『子平眞詮』에서는 다음과 같이 설명하고 있다.

> 地支의 喜忌는 확실히 천간과 달라서, 運에서 透淸되면 정적인 것이 작용을 기다려 바로 그 쓰임을 얻어서 희기의 증험이 이내 드러나게 된다.…고로 무릇 하나의 八字가 손에 이르면 반드시 干支를 쫓아 상하 모두 보아서, 支가 干의 生地인지, 干이 支의 發用이 되는지 봐야 한다. 가령 命中에 하나의 甲이 있다면 네 개의 지지 寅卯亥未 등의 字가 있는지 없는지를 통관하여 한 개라도 있으면 甲의 뿌리가 되는 것이다.110)

위의 글은 지지를 중요하게 여기고 천간의 기운이 지지에서 뿌리를 내리고 힘을 얻어서 본연의 에너지로 발현되는지를 살펴보라고 설명하고 있다. 가령 명중에 갑이 있다면 지지에서 인묘해미의 작용을 논하고 있는데 이것은 12운성의 녹, 왕, 생, 묘지의 작용을 언급한 것이다. 이 또한 사주팔자 해석에서 천간과 지지의 관계는 사주 원국과 대운과 세운을 망라해서 에너지 운동성의 변화를 살피라는 것이다. 격용을 설명하는 『자평진전』 또는 『적천수』에서도 사주팔자 해석의 근본은 각 글자의 에너지 형태를 기본적으로 설명하는 것임을 보여주고 있다. 천간이 제 역할을 발휘하려면 지지의 근기(根基)를 얻어야만 유용하게 작용할 수 있다. 즉, 천간은 지지의 지원을 통해 그 기운을 실질적으로 사용할 수 있다는 의미이다.

이를 다른 말로 표현하면, 일간이 득령(得令)이나 득지(得支)를 하지 못하여 신약(身弱)하다면 대운에서 일간이 필요로 하는 지지가 유입되면 일간은 충분히 기세를 얻을 수 있다는 것이다. 대운의 지지는 일간에게 필요한 에너지를 보충해 주는 역할을 하며, 이를 통해 운세의 흐름이 크게 변화할 수 있다. 따라서 천간의 작용력은 지지의 근기를 통해 강화되며, 대운에서 지지의 유입 여부는 일간의 강약과 운세 전반에 중요한 영향을 미친다. 이는 사주 해석에서 지지의 역할이 매우 중요한 이유를 잘 설명해 준다. 『삼명통회』에서는 대운을 해석할 때 지지의 역할을 다음과 같이 설명하고 있다.

> 무릇 命을 볼 때에는 먼저 月支의 재관 有無를 살피고, 方 그밖에 살펴라. 月令이 命이다. 月은 地神을 취하고 年은 천간을 취하고 日은 천간을 취하고 歲運은 천간을 취하고 大運은 지신을 취한다.111)

『적천수』에서는 다음과 같이 설명하고 있다.

> 月令은 곧 提綱이 거처하는 곳이니 비유하자면 사람이 기거하는

집과 같다. 人元이 用事하는 神이 되어, 집의 향을 정하는 것과 같으니 잘 헤아리지 않으면 안 되는 것이다.112)

월령(月令)을 명(命)이라고 정의한 것은 월령을 사주 해석에서 대단히 중요한 요소로 보고 있음을 나타낸다. 이는 연월일의 작용과 역할을 명확히 정의하는 데 기반을 두며, 특히 대운을 분석할 때도 월령의 중요성이 강조된다. 또한, 대운을 판단함에 있어 방위의 지지를 중시한다는 점에서 대운 해석의 초점이 단순히 천간의 작용에 그치지 않고, 지지의 흐름과 계절적 연관성을 중심으로 이루어짐을 알 수 있다. 따라서 월령은 사주 원국에서 핵심적인 기준 역할을 하며, 대운에서는 방위 지지를 중심으로 희기(喜忌)와 운세의 변화를 파악하는 데 중점을 두는 해석 방식이 중요한 의미를 가진다.

3

조후와 편중성

1) 조후(調候)

 사주팔자 해석에서 가장 중요한 것은 조후(調候)이다. 조후란 음양의 균형을 맞추어 생명력을 유지하는 것으로, 지나치게 덥거나 차가운 상태는 생명력을 잃게 되어 간지(干支)로서의 유효성을 상실하게 된다고 보는 것이다. 중화(中和)는 이러한 조후를 통해 음양과 오행(五行)의 균형을 맞추어 사용하고자 하는 원리로, 각각의 요소들이 조화롭게 쓰이는지를 분석하는 것이다.
 사주팔자 해석에서 선행되어야 할 영역은 시간에 대한 이해, 즉 밤낮의 반복과 계절의 순환을 수용하는 것이다. 기운이 기울어질 때 사주팔자에 결여된 요소를 보는 것은 왜곡을 방지하는 데 도움이 되는데 삶의 왜곡은 사주팔자에서 기운이 부족해지는 데서 시작될 수 있기 때문이다. 사주팔자 해석에서 중요하게 보는 관계는 음양 조화를 따져보는 조후 해석이며, 조후의 이해는 사주팔자 각각의 요소들이 조화롭게 쓰이는 방법에 관한 것이다. 조후 해석은 육친이나 격국 해석보다 선행해야 하며, 만약 조화와 균형이 깨져 있다면 오행의 해석은 무의미해진다. 다음은 조후가 인간의 명을 다루는 사주팔자에서도 중요한 요인이 됨을 나타내고 있다.

> 용신은 모름지기 때를 얻고 기(氣)를 타야 한다. 비유하면 여름의 베옷과 겨울의 솜옷처럼 때를 얻어야 귀하게 되는 것이다. 그런데 또 용신이 비록 왕(旺)한 기(氣)를 타도 귀하지 못한 것은 기후의 영향을 받기 때문이다. 그러므로 용신을 취할 때는 억부 외에 반드시 기후를 참고하여야 하니 곧 조후의 법칙이다.113)

위의 글은 용신이 왕하다고 하더라도 조후가 어긋나게 되면 용신의 역할을 할 수 없는 것으로 설명하고 있다. 용신을 취할 때는 억부의 원리보다 앞서는 것이 기후를 참고하는 조후의 법칙이라고 설명하고 있다. 이는 용신만의 문제가 아닌 육친의 역할 또한 조후가 갖추어지지 않은 경우는 그 역할을 할 수 없게 되는 것이다.

음양의 중화와 변화는 만물의 생성과 발육에서 가장 중요한 요인으로 간주된다. 음과 양이 조화를 이루지 못할 경우 생성의 뜻은 성립되지 않으며, 이는 하나의 양(陽)이 음(陰) 없이 존재하거나, 하나의 음이 양 없이 존재할 수 없다는 원리에 의해 설명된다. 이러한 조화는 음과 양의 상생과 상극이라는 순환적 관계를 통해 유지되며, 이를 통해 만물이 발육하고 변화할 수 있다.

특히 『자평진전평주』에서 언급된 내용은 음양의 조화가 단순한 존재의 유지를 넘어 시기와 기후와의 적절한 조화를 통해 그 가치를 더욱 높인다는 점을 강조한다. "용신은 반드시 시기를 따라 기운을 얻어야 한다"는 구절은 특정 조건 하에서의 음양 조화가 각 상황에 적합하게 작용해야 함을 시사한다. 음양의 조화는 계절과 기후, 즉 환경적 맥락과의 연계를 통해 최적화되어야 한다는 점이 강조된다.

따라서 음양의 조화는 단순히 이론적 개념에 그치는 것이 아니라, 실제로 만물의 발육을 위한 근본적인 원리로 기능하며, 이를 구체화하기 위해 기후와 시기와 같은 외적 요소를 함께 고려하는 것이 중요하다. 음양의 중화가 단지 이상적 상태로서가 아니라, 실제 자연과 인간 사회에서의 조화로운 발달을 위한 핵심적 법칙임을 시사한다.

상생은 만물을 성장시키고 확장시키는 과정이며, 상극은 그 성장을 제어하고 생명력을 내면으로 돌리는 과정이다. 이 둘의 상호작용은 자연의 질서와 균형을 유지하게 하며, 사계절 속에서 생장화수장의 원리가 지속적으로 작용한다. 상생과 상극은 서로 대립하는 것이 아니라, 하나의 순환 속에서 음양의 이면적 역할을 수행한다.

사계절 속에서 상생과 상극은 음양의 조화와 맞물려 자연의 순환을 이끄는 중요한 원리이다. 봄과 여름의 상생은 외적으로 생명력을 발산하지만, 그 이면에는 에너지의 소모가 숨어 있다. 반대로 가을과 겨울의 상극은 외적으로 절제를 강조하지만, 내부적으로는 생명력을 회복하고 저장하는 과정이 진행된다. 생장화수장(生長化收藏)의 원리는 목화토금수의 순환을 설명하며, 이는 사계절의 변화 속에서 상생과 상극의 이면적 관계를 드러낸다. 상생과 상극은 대립적인 개념이 아니라, 음양의 조화 속에서 자연의 질서를 유지하는 상호보완적 관계이며 이러한 음양의 조화가 즉 조후의 원리가 사주팔자 해석의 기본이라고 할 수 있다.

『궁통보감』114)은 계절에 따른 조후를 가장 중요시 하고 있다. 더운 여름에는 차가운 수가 필요하고 추운 겨울에는 따뜻한 화가 필요하다고 주장한다. 조후가 절실하게 사용되는 계절은 사오미(巳午未)와 해자축(亥子丑)이다. 그러면서도 해자축인 동절시를 제외한 계절에 수와 화가 동시에 필요하다는 주장은 나무가 성장하려면 광합성을 해야 하므로 물과 햇빛이 동시에 필요하다는 논리는 자연생태학적 관점115)과 연관되어 있다. 일반적으로 억부용신·격국용신·병약론 등은 용신과 기신을 논할 때 서로 극하는 수와 화는 대립하는 것으로 보는데, 『궁통보감』에서는 수와 화를 함께 필요한 용신이라고 설명하고 있다.

> 정월 甲木은 초춘에 한기가 아직 남아 있으니 丙火를 얻고 癸水가 투출하면 부귀 쌍전하게 된다.116)

> 五月 乙木은 월의 상반기는 양에 속하니 癸水를 쓰고 월의 하반기는 음에 속하여 삼복에 한기가 나오니 丙火 癸水를 아울러 써야 한다. 사주 내에 金水가 많으면 丙火를 먼저 쓰고 나머지는 癸水를 먼저 쓴다.117)

동지를 지난 丑月은 일 년 중 가장 추울 때이고 이 한랭한 기운이 초춘인 寅달까지 미쳐 있으니 인의 지장간 병(丙)화를 쓸 수 있어야 하고 봄에 싹이 자라고 성장해야 하므로 수분이 필요한 것으로 본다. 우선 화를 쓰고 수가 필요하다는 것이다. 을목이 午月에 태어나면 가장 더운 계절로 우선 癸水가 필요하고 광합성을 해야 겨울을 보낼

양분을 축적할 수 있으므로 癸水와 丙火의 필요성을 동시에 언급하고 있다.

『궁통보감』에서 극하는 두 가지의 기운을 동시에 용신으로 언급하는 것은 음양의 이치가 서로를 극하는 것이 아닌 상생과 상극은 음양의 조화와 맞물려 자연의 순환을 이끄는 중요한 원리라고 보기 때문이다. 봄과 여름의 상생의 화 기운은 외적으로 생명력을 발산하지만, 그 이면에는 에너지의 소모가 숨어 있다. 반대로 가을과 겨울의 상극의 수 기운은 외적으로 절제를 강조하지만, 내부적으로는 생명력을 회복하고 저장하는 과정이 진행된다는 자연의 이치를 나무의 생장수장의 원리로 보여주고 있다.

『자평진전평주』에서도 격의 중요성을 강조하면서 조후의 중요성 또한 언급하고 있다.

> 論命에는 월령의 용신을 위주로 하나 또한 모름지기 기후를 배합하여 상호의 관계를 참작하여야 한다. 비유하자면 영웅호걸이 때를 만나면 자연히 절반의 노력으로 功이 倍가 되고, 만난 때가 순탄하지 않으면 아무리 기이한 재능이 있어도 성공하기 힘든 것과 같다.[118]

월의 중요성을 강조하여 격을 먼저 논하는 것이 합당하나 기후의 관계를 참작하는 것은 좋은 때를 만나는 것이 자연스럽고 일의 성취가 순탄하고, 조후의 도움이 없다면 재능이 있다 하더라도 성공하기 힘들다고 보는 것이다. 이렇듯 월을 중요시하는 격국 해석에서도 사주팔자 해석의 선이해는 조후라고 보는 것이다. 월의 조후는 계절의 환경을 관장하는 역할을 하는 동시에 일간의 강약에 관한 문제만을 논하는 것은 해석의 편중성을 가져온다는 것을 인식하고 있는 듯하다.

> 겨울 金은 火를 봐야 하고 … 格局 중 다른 格보다 많아서 변화가 더욱 많으니 기후를 살펴야 한다.119)

겨울에 태어난 金 일간은 상관격이 되고 상관격은 관을 꺼리지만 관성인 화를 만나는 것이 좋다고 하여 '金水傷官喜官'을 강조하였다.120) 상관격이지만 관이 필요한 이유는 겨울에 태어난 金은 따뜻한 火가 없으면 일간인 金과 다른 지지의 오행이 얼어서 본래의 기능할 수 없으므로 격보다 조후를 우선시하였다. 이러한 수 기운의 편중성은 화 육친의 기능을 상실하게 하고 길흉의 논리로 해석한다면 흉한 사주팔자로 설명되어진다. 하지만 실제 간명에서는 길흉의 논리로 해석하는 것이 아니라 실제 상관의 형태를 따져 직업이나 심리적 상태, 사회적 활동과 타인과의 관계 등을 해석하고 무력해진 관의 역할은 운의 간섭으로 어떠한 형태를 가지면서 살아가는지를 해석하는 것이다.

그렇다면 조후의 편중성이 나타날 때 육친과 사주팔자 원국의 오행 또한 편중성을 나타내게 되는데 이러한 경우의 해석을 살펴보고자 한다.

2) 오행과 육친의 편중성

(1) 오행의 편중성

음양의 형태는 하나의 기운이 채워질수록 하나의 기운은 약해지기 마련이다. 이러한 기운의 변화는 시간의 흐름에 따라 변화하는 것이고 그 변화는 순환성을 전제로 한다.121) 그러므로 사주팔자 해석의 접근은 완벽한 길(吉)이 존재하지 않듯이 완벽한 흉(凶) 또한 존재하지 않는다는 것에서 출발해야 한다. 사주팔자에서 하나의 기운이 과해졌을 때 약해지는 기운으로 발생하는 삶의 왜곡을 해석하는 것은 길흉을 판단하는 것이 아니라 단지 일어나는 현상과 작용을 해석하는 것이다.

사주팔자 해석에서는 다양한 삶의 방식에 접근하기 위한 노력이 필요하다. 타고난 인자의 에너지 패턴과 운에 따른 분(分), 각종 신살에 대한 재해석을 통한 상징 해석으로 사주팔자를 해석한다. 길흉의 여부를 따지는 논리가 아니라 선택과 조건에 의해서 사주팔자 해석의 다양성과 개별성을 찾아야 하고 사람의 운명이 한가지로 정해져 있는 것이 아니므로 새로운 해석의 논리적 확장은 필요하다.122) 이러한 해석의 다양성을 확보하기 위해 사주팔자에 결핍되어 있는 인자를 해석하는 것이다.

사주팔자에서 오행이 부족하거나 결핍된 경우와 과다한 경우에 대한 해석은 매우 중요하며, 이것은 그 사람의 성격, 직업, 인생의 흐름에 큰 영향을 미친다. 오행의 결핍과 과잉이 각 개인의 사주와 운명에 어떻게 작용하는지를 분석함으로써, 해당 오행의 기운을 어떻게 조절하고 보완할 수 있는지를 이해할 수 있다.

　사주에서 특정 오행의 기운이 없다는 것은 그 오행의 기운이 본래 사주에서는 약하거나 작용하지 않음을 뜻한다. 그러나 이것이 단순히 없다는 의미로 끝나는 것이 아니라, 그 오행이 특정 조건에서 제한적으로 작용하거나, 운의 흐름에 따라 일시적으로 활성화되는 경우도 있다.[123] 오행이 사주원국에 없을 경우, 그 오행의 기운은 그 사람의 본질적인 삶에서는 중심적인 역할을 하지 못한다. 예를 들어, 사주에 목(木)이 없다면, 이는 생명력, 성장, 창의성 등이 결핍된 상태를 의미한다. 목은 봄의 기운을 상징하는데, 목이 없다는 것은 자연의 시작, 발전, 생동하는 에너지가 부족함을 뜻한다. 그러나 이것이 완전히 배제된 것이 아니라, 특정 운에서 잠시 등장하거나, 외부의 환경적 요소를 통해 채워질 수 있다. 음양 운동의 관점에서 오행이 없다는 것은 단순히 사라진 것이 아니라, 음양 운동의 원리에 따라 그 기운이 반대편에서 잠재적으로 존재하고 있다[124]고 보는 것이다. 사주에서 오행이 과다한 경우는 그 오행의 기운이 너무 강하게 작용하여 오히려 불균형을 초래할 수 있다. 이는 한쪽 기운이 너무 강해져서 다른 오행의 기운을 억압하거나 손상시키는 결과를 낳는다.

　남성과 여성은 음양 운동의 차이에 따라 결핍된 오행을 채우는 방식에 차이가 있다. 남성은 양 운동이 강화되어 있기 때문에, 사주에서 특정 오행이 결핍되었을 때 그 결핍을 채우기 위한 외부적 활동이나 노력에 더욱 집중하는 경향이 있다. 예를 들어, 금(金)이나 수(水)가 부족한 경우, 남성은 적극적으로 결실을 맺기 위한 활동에 나서며, 이를 통해 사회적 성취나 재물적 성과를 얻으려 할 것이다. 이는 양 운동이 가진 특성인 능동적이고 외향적인 움직임을 통해 결핍을 해결하려는 과정이다.

여성은 음 운동이 강화되어 있으므로, 결핍된 오행을 채우는 방식에서 능동적이기보다는 내적인 고통이나 어려움을 겪을 가능성이 크다. 예를 들어, 화(火)가 부족한 여성은 적극성, 추진력이 약할 수 있으며, 이를 보완하기 위해 외부적인 도움이나 환경의 변화가 필요할 수 있다. 이때, 여성은 내면적으로 결핍을 인식하지만, 이를 해결하기 위한 외적인 행동이 상대적으로 약할 수 있다.

그렇다면 모든 오행이 갖추어진 사주를 좋은 사주로 볼 수 있느냐 하는 물음을 가질 수 있다. 모든 오행이 갖추어진 사주는 오히려 역동성이 부족한 상태를 의미할 수 있다. 모든 오행이 고르게 갖추어졌다면, 그 사람은 필요한 기운을 내부적으로 모두 충족할 수 있기 때문에 외부적 자극이나 도전이 상대적으로 적을 수 있다. 이들은 자신의 삶에서 안정과 균형을 유지하며, 외부적 환경에 크게 의존하지 않고 내부적으로 안정적인 성향을 보이며 이와 같은 자족성은 때때로 변화에 대한 저항으로 작용할 수 있다. 그에 비해 결핍이 있는 사주는 그 결핍을 외부에서 채우기 위해 노력하게 되므로, 더 많은 운동성과 변화가 나타날 수 있다. 이러한 결핍의 운동성은 사람의 성격, 직업적 선택, 대인관계에 중요한 영향을 미친다. 각 오행의 결핍을 어떻게 해석해야 하는지에 대해 알아보자.

목(木)은 자연의 봄에 해당하며, 생명력, 창의력, 발전, 성장, 그리고 새롭게 무언가를 시작하는 힘과 관련이 깊다. 일정한 방향성을 가지고 뻗어나가는 성질이며 그 방향으로 꾸준히 나아가려는 성향을 가진다. 목이 없는 경우, 목의 기운이 가져다주는 생명력, 창의성, 계획성, 발전성이 약하다는 것을 의미한다. 목이 과다한 경우는 목의 본질적인 성질인 유연하게 구부러지면서도 직선적으로 뻗어나가는 성향이 지나치게 강해진다는 것을 의미한다.

화(火)는 생명과 에너지의 발산, 활동성, 열정, 변화 등을 상징한다. 화가 부족한 경우는 수(水)의 기운이 과도하게 강화되었음을 나타내는데 수는 응결과 정체, 냉정함 등의 특성으로 화가 부족할 때 사람은 에너지와 활력이 부족해지고, 내향적이며 소극적인 성향을 보일 수 있다. 화가 과도하게 많으면 그 에너지는 과잉 활동성과 과도한 발산으로 이어지며 외적 성취에 집착하는 상황을 만든다.

토(土)는 중화와 중재의 역할을 맡으며, 균형과 안정을 상징하고 서로 다른 요소들을 연결하고 조화시키는 작용을 한다. 토는 모든 오행의 중심에 위치하며, 다른 오행들 사이의 상극 관계를 완화하고, 상생의 순환을 돕는다. 토가 과다하면 변화와 진전이 어렵게 되고, 상황이 장기적으로 정체될 가능성이 크다. 심리적으로 안정과 보관을 담당하는 역할을 하므로 지나치게 안정된 상태는 변화에 대한 두려움, 보수적 성향 강화, 결정 장애 등으로 이어질 수 있다. 이는 변화와 도전을 회피하고 현재 상태에 안주하려는 경향을 나타낸다.

금(金)은 흩어진 것을 모으고 정리하여 결단력을 발휘하며 일의 마무리에서 이루어지는 성과를 상징하며, 구체적인 결과로 나타난다. 금이 강한 사람은 결단력 있고 단호하며, 자신의 의견을 굽히지 않는 경향이 있으며 타협 부족으로 비춰질 수 있다. 금이 많으면 목

(木)의 기운이 약해지며, 이는 창의력과 유연성의 부족으로 이어질 수 있다. 금이 없다는 것은 결단력이나 수렴 능력이 부족하여 일의 끝맺음이 약하다는 것을 의미한다.

수(水)는 유동성, 지혜, 결실, 생명력을 상징하는 중요한 요소다. 수는 물처럼 유동적이며, 변화에 능한 속성을 지니며 수가 강한 사람은 상황에 유연하게 대처하는 능력이 뛰어나다. 수(水)가 없다는 것은 물의 기운이 부족하다는 의미로, 이는 개인에게 융통성 부족, 재생과 휴식의 결여, 감정적 불안정을 초래할 수 있다.

사주팔자에서 특정 오행이 결핍되면, 사람은 자연스럽게 그 결핍을 채우기 위해 노력하는 성향을 보인다. 이 과정에서 결핍된 오행의 에너지를 보충하려는 행동이 삶의 방향에 영향을 미친다고 보는 것이다. '사주 원국에 없는 기운이 좋다'는 논리는 사주팔자에 결핍된 오행을 보충하려는 노력이 삶에 긍정적인 영향을 줄 수 있다는 믿음 때문이다. 하지만 결핍된 오행이 항상 좋다는 것이 아니라 다른 오행들과의 조화가 중요하며, 균형을 이루지 못하면 결핍된 오행으로 인해 어려움을 겪을 수 있다. 따라서 사주팔자를 해석할 때는 지지 환경과 음양의 조화를 신중하게 고려해야 하며, 결핍된 오행을 보충하는 데 있어 전략적인 해석이 필요하다.

(2) 육친의 편중성

육친의 편중성은 육친이 가지는 에너지의 형태를 살펴보는 것이다. 육친이 가지는 에너지의 형태란 육친의 본래 의미인 관계 명칭을 설명하는 것이 아니라 육친 행위의 속성을 설명하는 것이다. 예를 들어서 관성이라는 것은 일간의 기운을 제어하는 것이므로 일간의 입장에서는 운동성의 형태와 방향성이 상반되어 있는 것이다. 육친이 가지는 행위의 속성과 형태는 오행의 운동성과 방향성을 기본으로 하며 이러한 육친의 해석은 기존의 육친 해석을 동적(動的)인 해석으로 확장하는 것이다. 육친 개념은 『淵海子平』에서 다음과 같이 설명하고 있다.

> 나를 극하는 것은 정관과 편관이고, 나를 생하는 것은 정인과 편인이며, 내가 극하는 것은 정재와 편재이고, 내가 생하는 것은 상관과 식신이다. 비견은 겁재와 패재가 된다.125)

사주팔자의 기준이 되는 일간을 기준으로 일간을 극하는 것은 정관과 편관이 되고, 일간을 생하는 것은 정인과 편인이 되며, 일간이 극하는 것은 정재와 편재가 되고, 일간이 생하는 것은 상관과 식신이 된다고 설명하고 있다. 그리고 일간과 오행이 동일한 비견은 겁재와 패재로 나누어 설명하고 있다. 이러한 분류는 오행의 상생과 상극을 활용해서 구분하고 음양으로 다시 나누어서 모두 10개의 육친 개념을 정립하고 있다.

> 대저 육친이란 부모와 형제와 처재와 자손이 해당되며, 일간을 주인으로 삼는다. 正印은 친모이고, 偏印은 계모이며 할아버지에 해당한다. 아버지에 해당하니 어머니에게 남편의 별자리이기 때문이다. 그리고 偏妻에도 해당한다. 正財는 배우자에 해당하며 편재는

첩이 되고 아버지가 해당된다. 比肩은 형제와 자매에 해당한다. 七煞은 아들이 되고 정관은 딸이 된다.(양은 아들이고 음은 딸이다.) 食神은 손자에 해당한다. 傷官은 손녀에 해당하고 할머니도 된다.126)

위의 설명은 부모와 형제 그리고 처와 자손이 육친임을 설명하고 있다. 이를 통해서 육친이라는 개념은 기본적으로 친족 관계를 전제로 형성되었음을 알 수 있다.

계절의 운행은 오행으로 누구에게나 동일하게 부여되지만, 각 사람에게 부여된 육친 환경은 다를 수밖에 없다. 같은 오행이라도 개별의 사주원국에서 육친의 형태는 다를 수 있고, 육친의 형태가 같은 경우라도 간지의 형태와 운동성에 따라서 개인의 삶의 내용은 다르게 전개될 수 밖에 없다.

기존 육친 해석에서 논자가 놓치지 않고 설명하려고 부분은 오행 해석의 오류와 육친의 운동성 형태를 간과하는 해석의 오류를 범하지 않으려는 것이다. 같은 육친이라 하더라도 글자의 상징에 따라 삶의 내용은 완전히 달라진다. 이것은 사주팔자 해석의 개별성을 잃지 않으려는 것이다. 예를 들어 육친의 관계 명칭이 관성이라고 하더라도 관성이 가지는 간지의 상징과 운동성에 따라 해석의 범위는 달라진다. 자(子)의 관성과 오(午)의 관성은 해석의 차이를 둘 수밖에 없다. 또 한 가지는 목(木) 기운으로 관성을 사용한다 하더라도 천간의 갑과 을, 지지의 인과 묘가 가지는 운동성은 전혀 다르게 나타난다. 인(寅)은 화 운동을 묘(卯)는 목 운동을 하기 때문에 육친

해석에서 간지가 가지는 상징과 운동성은 해석의 다양성을 줄 수 있다

육친 해석은 그 사람의 가족 관계뿐만 아니라 사회적 관계와 직업적 성향을 파악하는 데도 영향을 미친다. 특정 육친이 사주에 없을 경우 그 결핍이 직업적 환경으로 투영되는 경우가 있다. 예를 들어, 부모와의 관계가 약한 사람은 가족적인 배경보다는 자기 스스로 성장하고 성취를 이루는 직업적 환경을 선택할 가능성이 크다. 물론 이것은 단순히 육친이 없는 것만으로 해석해서는 안 되며, 사주 전체의 조화를 고려해야 한다. 또한 같은 부모와 관련된 육친 결핍이라 하더라도, 그 결핍이 어떤 방식으로 그 사람의 삶에 작용할지에 대한 해석은 매우 다를 수 있다. 따라서, 사주 해석에서는 개별성을 잃지 않고, 오행과 육친의 결핍과 해석, 지지 환경을 상호작용적으로 분석해야만 정확한 해석을 이끌어낼 수 있다.

비겁(比劫)[127]은 비견(比肩)과 겁재(劫財)를 포함하는 개념으로, 경쟁, 협력, 자아 확립과 관련된 육친 요소이다. 비겁이 없을 때, 그 사람은 사회적 상호작용이나 경쟁에서 취약성을 보이며, 자아 중심적인 사고방식을 가질 가능성이 크다. 비겁(比劫)이 사주에 없다는 것은 그 사람의 삶에서 경쟁의 논리가 약하며, 사회적 상호작용에서 취약할 수 있음을 의미한다.

식신(食神)[128]과 상관(傷官)[129]은 사주팔자에서 재물의 생산, 의식주의 해결, 그리고 자연스러운 수단과 부가적인 이익을 상징하는 요소이다. 식신이 사주에 없는 경우, 그 사람은 재물 생산의 자연스러운 수단이 부족할 수 있으며, 이는 특별한 기술이나 능력을 통해 재

물을 창출하려는 경향으로 나타날 수 있다. 이때 상관이 대용되어 사용되며, 상관의 소모적인 특성이 함께 나타날 수 있고 독특한 재능이나 기술을 통해 재물을 창출하는 경우가 많다.

편재(偏財)130)는 재물, 특히 사업적 재물과 투기성을 나타내는 요소이다. 편재는 주로 사업적 기회와 융통성, 그리고 변동성이 큰 재물을 상징하며, 사람의 재물 운과 재물 관리 방식에 큰 영향을 미친다. 편재가 없는 경우 재물 관리 방식은 고정적이고 안정적인 형태를 띤다. 이는 월급, 고정 자산 등 예측 가능한 재물을 통해 재물 활동을 하는 경우가 많다.

정재(正財)131)는 고정적이고 안정적인 재산을 상징한다. 이는 주로 현금 자산, 부동산, 문서로 명시된 재산과 관련 있으며, 일정한 규칙에 따라 고정적으로 발생하는 수입을 나타낸다. 정재는 안정된 직장이나 고정된 월급을 상징하며, 변동성이 적은 자산의 형태를 의미한다. 정재가 없다는 것은 고정적인 수입이나 안정적인 재산이 부족하다는 것을 의미하며, 이는 불안정한 재물 관리와 관련이 있을 수 있으며 변동성이 큰 소득에 의존하거나, 안정적인 자산을 축적하는 데 어려움을 겪을 수 있다.

편관(偏官)132) 또는 칠살(七殺)은 외부의 권위나 압력을 상징하며, 이는 권위에 대한 대응 능력이나 도전에 대한 대처를 의미한다. 편관이 강한 사람은 도전적인 환경에서 강한 추진력을 보이거나 리더십을 발휘할 수 있다. 편관이 없는 사람은 외부의 권위나 압력에 즉각적으로 대응하지 않거나, 권위나 통제에 저항하지 않는 성향을 가질 수 있다. 이는 도전적이거나 경쟁적인 환경에 대한 적응력이 약할 수 있음을 의미한다. 외부 권위에 대한 저항이나 대립을 잘 하지 않으며, 온순하고 순응적인 성향으로 나타날 수 있다. 경쟁적이거나 도전적인 환경을 피하려는 경향이 있을 수 있다.

정관(正官)133)은 사주에서 권위, 질서, 조직성을 상징하는 개념이다. 정관은 주로 고정된 조직 사회에서의 위치나 직업적 안정성을 의미하며, 사회적 질서와 규칙을 따르는 성향을 나타낸다. 정관(正官)이 없는 경우, 사람은 고정된 조직 사회에서의 안정적인 직업 경로를 추구하지 않으며, 직업적 변동이 많고 자유로운 직업 환경을 선호하는 경향이 강하다. 이는 자격증이나 기술직, 연구직에서 자주 나타나며, 조직 내 승진이 크게 중요하지 않은 직업에서 활동할 가능성이 크다.

편인(偏印)134)은 유연한 사고, 순발력, 재치, 그리고 변화에 적응하는 능력을 상징한다. 편인은 정인과 달리 비공식적이고 유연한 지식이나 상황 판단을 의미하며, 때로는 기존의 틀을 벗어나 새로운 방식으로 문제를 해결하려는 성향을 나타낸다. 편인이 없는 경우, 사람은 순발력이나 재치가 부족할 수 있으며, 유연하게 사고하거나 즉각적인 문제 해결 능력이 약화될 가능성이 크다. 이는 변화하는 환경에 빠르게 적응하지 못하거나, 새로운 상황에 적절히 대응하는 능력이 약해질 수 있음을 의미한다.

정인(正印)135)은 사주에서 안정적인 지식, 보호, 지지, 그리고 자아의 안정성을 상징한다. 정인은 주로 지속적인 학문적 발전과 안정적인 자아 확립을 의미하며, 특히 어머니의 보호나 애정을 상징하는 요소이기도 하다. 정인은 지식의 축적을 통해 자아를 안정적으로 만들고, 식상의 창의적인 에너지를 지속 가능하게 조절하는 역할을 한다.

정인이 없는 경우, 사람은 문서적 능력이나 학문적 능력이 부족할 가능성이 있으며, 이는 지식의 축적이나 학문적인 발전이 약화될 수 있음을 의미하며 학문성은 편인이나 식신을 통해 대체될 수 있다.

3) 무자(無字)의 해석

사주팔자에서 "없는 것"의 개념은 그 사람의 운명에서 중요한 역할을 한다. 사주팔자나 원국에 드러나지 않은 오행이나 육친은 결핍을 의미하며, 이는 해석에서 문제나 도전으로 해석된다. 그러나 이 결핍은 단순히 부정적인 결과만을 의미하지 않으며, 사람은 자신의 결핍을 인식하게 되면 이를 보충하기 위한 행동을 하게 되고, 이는 직업적 선택이나 사회적 관계에서 나타난다. 사주에서 특정 오행이 없는 사람은 그 오행의 성질을 가진 일을 하거나 그 오행의 성질을 가진 사람과 관계를 맺으려는 경향이 있다. 이러한 결핍을 채우려는 행동은 삶과 직업 형태를 해석하는 데 있어 중요한 단서가 된다.

사람은 자신이 처한 환경에 따라 결핍을 채우기 위해 노력한다. 이것은 사주팔자 전체의 균형을 맞추기 위한 음양의 운동성으로, 수(水)가 부족한 사람은 물과 관련된 환경에서 안정감을 찾으려 하거나, 수의 기운을 보완하는 직업을 선택할 수 있다. 이는 환경이 결핍을 인식하게 하고, 이를 채우기 위한 방법을 편중되어 있는 오행이나 육친에서 찾을 수 있기 때문이다. 사주 해석에서는 환경의 영향은 운명에 직접적으로 작용하며, 환경을 어떻게 활용하느냐에 따라 삶의 결정이나 형태가 달라질 수 있다고 보는 것이다.

사주팔자 원국에 드러나지 않은 기운은 지장간속에 숨겨진 오행을 통해 설명되기도 한다. 이는 사주에서 겉으로 드러나지 않지만 숨겨진 공간에서 작용하는 기운이다. 지장간에 숨어 있는 오행은 강하게 드러나지는 않지만 특정 조건이나 상황에서 중요한 역할을 한다. 이러한 숨겨진 기운은 특정한 때나 조건에서 발휘되기 때문에 일반적인 오행과는 다른 해석이 필요하다.136)

만약 지장 간에 재성이 숨겨져 있다면 평소에는 그 사람의 물질적 성취나 재물 운이 크게 드러나지 않지만, 특정한 운이나 대운, 세운 등의 흐름에서 그 재성이 발휘되는 시점이 오면 재물과 관련된 큰 성취를 이룰 수 있다. 따라서 지장 간에 숨겨진 오행은 잠재적 가능성을 의미하며,137) 이를 해석할 때는 발현 조건을 함께 고려해야 한다. 따라서 사주 해석에서 각 글자 자체의 의미와 그 상호작용을 깊이 이해하는 것과 동시에 사주팔자에 드러나지 않은 오행과 육친의 해석을 통해 처해 있는 환경의 결핍을 인식하고 그것을 채우려는 노력이 어떠한 방식으로 나타나는지를 해석하는 것 또한 중요하다.

사주팔자에서 "없는 것"은 단순한 결핍을 넘어 그 결핍을 채우기 위한 인생의 동력을 제공한다. 무자법의 해석은 사주에서 결핍을 어떻게 보완할 수 있는지, 그 사람의 운명적 과제가 무엇인지를 밝혀준다. 또한, 지장간에 숨어 있는 오행은 잠재력이나 특정 상황에서의 가능성을 의미하며, 이를 종합적으로 고려하는 것이 필요하다. 사주팔자 해석에서 중요한 것은 단순한 이론적 틀을 적용하는 것이 아니라, 각 글자의 의미와 상호작용을 깊이 이해하고 이를 실질적인 삶의 환경과 연계하는 것이다. 이러한 무자법의 해석이 실제 사주팔자 해석에서 어떠한 방식으로 적용되는지 Ⅴ장에서 사례를 통해 설명하겠다.

IV

운동성으로
살펴본 간지

1

천간의 운동성

1) 천간의 12운성 이해

12운성은 천간의 에너지가 지지에서 물질이나 형태로 나타날 때 12가지 차별화된 에너지의 활동 또는 작용으로 나타난다는 이론이다. 천간의 에너지는 고정되어 있지 않고 계절의 흐름이나 공간에서 에너지의 양의 변화를 다양한 모습으로 나타낸다. 이것은 천간 에너지가 지지에서 12가지의 활동이나 작용의 형태 나타나는 천간과 지지의 운동성 법칙이다. 이러한 에너지 형태의 12가지 분류는 오행의 생장수장(生長收藏)이라는 큰 틀에서의 에너지 변화의 모습을 좀 더 정밀하게 설명하는 것으로, 사주팔자 해석에서 중요한 해석의 도구가 되고 있다.

중국 철학에서는 시간을 상징하는 천간과 공간을 상징하는 지지를 독립된 개념으로 분리하지 않고, 하나의 복합적이고 통합된 체계로 인식한다. 시간은 절기, 시기, 시대와 같은 흐름의 측면에서, 공간은 기후와 방위와 같은 요소와 연관 지어 이해되었다. 시간과 공간은 서로 영향을 주고받으면서, 상호작용을 통해 하나의 통합된 체계를 형성한다는 것이다. 이러한 통합적 접근은 시간과 공간을 고정된 개념으로 해석하지 않고 자연의 리듬과 조화를 반영하는 동적인 관계로 해석하는 중국 철학의 특징을 잘 보여준다.138) 이러한 천간 지지의 관계 해석은 천간 에너지의 흐름과 변화의 본질을 파악하는 데 중요한 역할을 한다.

12운성의 원초적인 모습은 『淮南子』에서 언급된 바 있다. 『회남자』에서는 기운의 흐름을 12단계로 명확히 구분하지는 않았으나, 지지를 오행으로 나누고 각 오행의 변화 과정을 설명하였다. 이를 통해 왕상휴수사론(旺相休囚死論)의 더 발전된 형태가 나타났으며, 오행이 태어나고(生) 성장하며(長) 쇠약해지고(休) 소멸하는(死) 과정을 체계적으로 설명하게 되었다. 12운성은 오행의 생멸 변화를 세밀히 분석한 체계로, 자연의 생장과 소멸의 이치를 통합적으로 설명하며 왕상휴수사론의 발전에 기여했다. 이는 사주명리학에서 중요한 분석 도구로 자리 잡았다.

> 木은 亥에서 生하여 卯에서 壯하고 未에서 死하니 三辰이 모두 木이다. 火는 寅에서 生하여 午에서 壯하고 戌에서 死하니 三辰이 모두 火이다. 土는 午에서 壯하고 寅에서 死하니 三辰이 모두 土이다. 金은 巳에서 生하여 酉에서 壯하고 丑에서 死하니 三辰이 모두 金이다. 水는 申에서 生하여 子에서 壯하고 辰에서 死하니 三辰이 모두 水이다.139)

『회남자』의 오행의 해석은 후세에 전승되면서 오행이 태어나고 죽는 과정을 설명하고 있는 삼진론은 12지지의 삼합국 이론의 기본을 제공하고 있다. 삼진에는 다섯 종류의 분류가 있다. 木 운동을 중심으로 하는 亥·卯·未, 火 운동을 중심으로 하는 寅·午·戌, 土 운동을 중심으로 하는 午·戌·寅, 金 운동을 중심으로 하는 巳·酉·丑, 水 운동을 중심으로 하는 申·子·辰이다. 午·戌·寅을 제외한 오늘날 통용되고 있는 4개의 분류를 삼합국이라 한다. 이것은 음양오행설을 체계적으로 설명할 수 있는 근거를 마련하게 되었는데, 열두 가지의 지지들이 단순하게 글자의 역할만이 아닌 시간의 흐름에 따라 어떤 에너지 작용을 하는지, 어떤 에너지로 변화하는지 설명할 수 있는 근거가 되었다. 『회남자』는 추상적으로 사용되고 있던 음양오행설을 구체적인 모습으로 드러나게 하는 중요한 역할을 했으니140), 이것은 수나라 소길의 『오행대의』에 나타나고 있다.

오행은 체가 분리되어 죽고 사는 곳이 같지 않다. 한 바퀴 도는데 12달이 걸리니 12진으로 출몰한다. 木은 申에서 受氣하고, 酉에서 胎하며, 戌에서 養하고, 亥에서 生하며, 子에서 沐浴하고, 醜(丑)에서 冠帶하며, 寅에서 臨官하고, 卯에서 王하며, 辰에서 衰하며, 巳에서 病하고, 午에서 死하며, 未에서 葬한다. 火는 亥에서 受氣하고, 子에서 胎하며, 戌에서 養하고, 寅에서 生하며, 卯에서 沐浴하고, 辰에서 冠帶하며, 巳에서 臨官하고, 午에서 王하며, 未에서 衰하며, 申에서 病하고, 酉에서 死하며, 戌에서 葬한다. 金은 寅에서 受氣하고, 卯에서 胎하며, 辰에서 養하고, 巳에서 生하며, 午에서 沐浴하고, 未에서 冠帶하며, 申에서 臨官하고, 酉에서 王하며, 戌에서 衰하며, 亥에서 病하고, 子에서 死하며, 醜에서 葬한다. 水는 巳에서 受氣하고, 午에서 胎하며, 未에서 養하고, 申에서 生하며, 酉에서 沐浴하며, 戌에서 冠帶하며, 亥에서 臨官하고 ,子에서 王하며, 醜에서 衰하며, 寅에서 病하고, 卯에서 死하며, 辰에서 葬한다. 土는 亥에서 受氣하고, 子에서 胎하며, 醜에서 養하고, 寅에서 寄行하며, 卯에서 生하고, 辰에서 沐浴하며, 巳에서 冠帶하고, 午에서 臨官하며, 未에서 王하며, 申에서 衰病하고, 酉에서 死하며, 戌에서 葬한다. 그런데 戌은 火의 墓이고, 火는 土의 母이다. 母子를 한곳에 장사 지내지 않아 醜로 나갔다. 그런데 醜는 金의 墓이고, 金은 土의 아들이니, 의리상 또 합하지 않아 未로 되돌아가고자 했다. 그런데 未는 木의 墓이고, 木은 土의 鬼이니, 두려워서 감히 들어가지 못하고, 休의 자리 辰으로 나아갔다. 그런데 辰은 水의 墓이고, 水는 土의 妻이니, 의리상 서로 부합해서 마침내 辰에서 葬한다.141)

오행을 지지에 상응시키는 것은 『회남자』에서 처음 나타난다. 그리고 『오행대의』에서 오늘날 사용하고 있는 12운성의 원리가 나타나 있다. 오행의 기운을 태어나고 죽는 과정으로 12단계로 나누고 매 단계에서 나타나고 있는 기운의 변화를 설명한다. 12단계는 수기-태-양-생-욕-관대-임관-왕-쇠-병-사-장인데 이러한 기운의 변화가 12운성의 구체적인 모습이다. 여기서는 왕상휴수사를 12단계로 세분화하였고 12운성론의 기초를 확실하게 마련하게 되었다. 『오행대의』에서 오행을 지지에 모두 적용하면서 이것은 오늘날에 통용되고 있는 12운성의 기본적 체계를 보여주고 있다.

수나라 말과 당나라 초에 생존한 원천강은 『원천강오성삼명지남』에서 오행발용에 대해 논하고 있는데 여기에서 12운성론을 형태를 확인할 수 있다. 그러나 이것은 『오행대의』의 내용과 차이가 없다. 제1권의 「오행발용」142)절에는 오행의 12운성이, 1권의 「오행왕상례」 143)절에는 왕상휴수사에 대한 설명이 등장한다.

12운성론이 『이허중명서』에 등장하게 되면서 오행을 기준으로 하는 12운성론과는 구별되는 십간을 기준으로 하는 12운성이 등장한다. 아울러 10천간의 강약성쇠를 12단계로 나누게 되면서 현재 통용되는 12운성론이 탄생된 것이다. 단 여기서는 화와 토를 동궁으로 같은 기운으로 두고 논하고 있다. 『이허중명서』에는 陰生陽死·陽生陰死설이 등장한다.

> 음이 생하면 양이 죽는 음양 순역은 서로 그 원인이 된다. 甲의 기는 申에서 乙의 기는 酉의 자리에서 끊어진다.144)

위의 인용문에서는 음양의 對待 원칙을 직접적으로 보여주는데, 여기에서 '對'는 두 가지의 다른 사물이나 현상의 대립을 뜻하는 것이 아니라, 모든 통일체 가운데에 대립면이 있음을 나타낸다.145) 두 힘의 어느 하나가 극에 도달하게 되면 이미 그 독립체 안에 대립자의 씨앗을 품고 있음을146) 설명하고 있으며, 십간을 구분하여 강약성쇠를 분명히 설명하고 있다.

오늘날 통용되고 있는 화토동궁의 원리에 의거하고, 십간을 기준으로 삼아 천간 기운의 흐름을 전개하는 12운성론은 『연해자평』에서 완성된다. 『연해자평』 「논천간생왕사절」에도 10천간의 12지지를 설명하는 12운성이 나타나 있다. 여기서 말하는 12운성은 생-목욕-관대-건록-제왕-쇠-병-사-묘-절-태-양으로 설명된다. 이 내용은 「오행발용정예」절 '음양순역생왕사절도'에 실려 있다. 이상의 내용을 종합해 보면 12운성 이론은 수나라 때 등장하였고, 음간 양간으로 구분되어 설명하는 12운성 이론은 당나라에 이르러 등장하였음을 알 수 있다.

『이허중명서』와 함께 12운성을 만물의 생장소멸을 설명함과 동시에 사람의 인생 과정의 변화를 표현한 내용들이 나타나게 된다. 『연해자평』 「논천간생왕사절」과 『삼명통회』 「논오행왕상휴수사병기생십이궁」절에서 이러한 설명을 확인할 수 있다. 또한 『삼명제요』 내용을 인용하고 설명하는 부분에서도 나타난다. 이와 같은 내용은 『자평진전평주』 원문에서도 설명되고 있으며, 임철초의 『적천수천미』에도 등장한다. 이중에서 『삼명통회』에 실린 십이운성에 대한 설명은 『삼명통회』의 「논오행왕상휴수사병기생십이궁」에도 나타나 있다.147) 12운성에 대한 설명은 다음과 같다.

> 오행 십이궁 중에서 첫째는 受氣 또는 絶, 胞이다. 이는 만물이 아직까지 땅속에 있으니 아무런 형상도 만들어지지 않음을 말한다. 마치 어머니 뱃속에서는 아직 태아가 잉태하지 못하고 텅 비어 있는 것과 같다. 둘째는 受胎라고 한다. 천지간의 기운들이 서로 교차하게 되니 하늘의 기운과 땅의 기운이 서로 합하게 되어 만물을 창조하게 된다. 땅속의 싹이 만물에 있으니 비로소 기가 발생하는 것이 마치 사람이 처음으로 부모에게 기운을 받고 잉태

되는 것과 같다. 셋째는 成形이라고 한다. 만물들이 땅속에서 형태를 이루는 것이 마치 사람이 어머니 복중을 빌어 형상을 이루는 것과 같다. 넷째는 長生이다. 만물이 꽃을 피우기 위해 출발하는 시기이니 사람이 장성해 나갈 때 처음 세상의 빛을 보는 것과 같다. 다섯째는 沐浴 또는 敗라 한다. 만물이 처음 태어나서 아직까지 형체가 단단해지지 못하여 손실되기 쉬운 모습이 마치 사람이 태어나 삼일 만에 목욕을 하는 것과 같은 처지에 놓이게 되는 것과 같다. 여섯째는 冠帶라고 한다. 만물이 점점 번성하게 되고 아름다워지고 모습을 드러내는 것이 사람이 의관을 갖추는 모습과 같다. 일곱째는 臨官이다. 만물이 꽃을 피우기 시작했으니 사람이 관직에 나가는 것과 같다. 여덟째는 帝旺이라고 한다. 만물이 성숙되는 것이 사람이 인생의 절정기에 도달한 것과 같다. 아홉째는 衰이다. 만물의 모습이 힘을 잃는 것이 마치 사람의 기운이 점점 쇠퇴해지는 것과 같다. 열 번째는 病이다. 만물이 병이 들어 사람이 병드는 것과 같은 이치다. 열한 번째는 死. 사람이 죽는 것처럼 만물이 죽음에 이르는 것이다. 열두 번째는 墓 혹은 庫라고 한다. 만물이 역할을 다한 다음에 창고 속에 저장되어 있는 것이 사람이 삶을 끝내고 흙으로 다시 돌아가는 것과 같다. 흙으로 돌아간다는 것은, 새로운 생명의 기운을 받아서 다시 태어나는 것을 의미한다.148)

위 인용문에서는 인간이 태어나서 성장하고 병들어 죽고 다시 태어나는 생장수장의 과정을 12가지의 단계로 설명하고 있다. 이것은 자연의 현상을 관찰하고 그 변화양상을 인간사에 적용시킴으로써 인간과 자연의 관계성을 드러낸 것이다. 또한 『자평진전평주』에서는

氣의 변화 양상이 왕성하다가 쇠약해지고, 쇠약하다가 다시 왕성해지는 과정을 세분화하고 그 과정을 12가지 단계로 나누어 설명하고 있다.

> 지지는 12개월이며 천간은 장생에서 시작하며 태와 양에 이르기까지 12가지의 지위를 가지게 된다. 이는 기가 왕성해졌다가 쇠약해지고 다시 쇠약해졌다가 다시 왕성해지는 과정을 세분화한 것이며 이것은 12가지의 과정을 거친다고 본 것이다. 장생, 목욕 등의 명칭은 단지 과정을 형용하려고 제시한 단어에 지나지 않는다.149)

여기에서 천간은 지지가 가지는 기운의 강약에 따라 12가지의 다른 모습으로 자신의 존재를 드러낸다. 하나의 천간은 지지가 가지는 기운에 따라 자신의 모습을 바꾸고 이러한 과정은 크게는 오행이 기운이 생장수장의 모습으로 사계절로 나타나고 각각의 기운 또한 생장수장이라는 형체로 기운의 질서를 가진다. 또한 12운성의 명칭은 단지 과정을 형용하려고 제시한 단어에 지나지 않는다는 것은 간지의 운동성과 상징의 중요함을 다시 한번 일깨워주고 있다.

12운성은 천간의 기운 변화를 12가지의 시간 흐름에 따라 나타난 개념을 의미하며 천간이 지지의 순환과정 속에 겪는 기운의 변화 과정이다. 12운성은 그 용어에서 알 수 있듯이 12개의 별을 의미하며 십이 지지의 명칭이 별이 적용된 것을 살펴보면 다음과 같다.150)

십이운성은 '지리학'에서 다루었던 내용을 명리학에 응용한 것으로 보고, 일반적으로 장생, 목욕, 관대, 건록, 제왕을 왕성한 별의 자리로 보고, 쇠, 병, 사, 묘, 절을 약한 별의 기운으로 보고 태, 양은 보통 기운의 별로 본다.151)

이처럼 별의 움직임을 관찰하여 사주명리학에 적용한 12운성이 오늘날처럼 완벽한 형태로 자리 잡아 통용된 것은 원나라 말과 명나라 초의 인물로 추정되어지는 당금지의 『연해자평』에 이르러서였다. 당대에는 천문과 역법 점성학이 발달했으며 그러한 영향으로 점차 발전되면서 완성된 것으로 보인다.

갑목은 해에서 생하니, 목욕이 자에 있고, 관대가 축에 있으며, 건록이 인에 있고, 제왕이 묘에 있으며, 쇠가 진에 있고, 병이 사에 있으며, 사가 오에 있고, 묘가 미에 있으며, 절이 신에 있고, 태가 유에 있으며, 양이 술에 있다. 을목은 오에서 생하니, 목욕이 사에 있고, 관대가 진에 있으며, 건록이 묘에 있고, 제왕이 인에 있으며, 쇠가 축에 있고, 병이 자에 있으며, 사가 해에 있고, 묘가 술에 있으며, 절이 유에 있고, 태가 신에 있으며, 양이 미에 있다. 병화와 무토는 인에서 생하니, 목욕이 묘에 있고, 관대가 진에 있으며, 건록이 사에 있고, 제왕이 오에 있으며, 쇠가 미에 있고, 병이 신에 있으며, 사가 유에 있고, 묘가 술에 있으며, 절이 해에 있고, 태가 자에 있으며, 양이 축에 있다. 정화와 기토는 유에서 생하니, 목욕이 신에 있고, 관대가 미에 있으며, 건록이 오에 있고, 제왕이 사에 있으며, 쇠가 진에 있고, 병이 묘에 있으며, 사가 인에 있고, 묘가 축에 있으며, 절이 자에 있고, 태가 해에 있으며, 양이 술에 있다. 경금은 사에서 생하니, 목욕이 오에 있고, 관대가 미에 있으며, 건록이 신에 있고, 제왕이 유에 있으며, 쇠가 술에 있고, 병이 해에 있으며, 사가 자에 있고, 묘가 축에 있으며, 절이 인에 있고, 태가 묘에 있으며, 양이 진에 있다. 신금은 자에서 생하니, 목욕이 해에 있고, 관대가 술에 있으며, 건록이 유에 있고, 제왕이 신에 있으며, 쇠가 미에 있고, 병이 오에 있으며, 사가 사에 있고, 묘가 진에 있으며, 절이 묘에 있고, 태가 인에 있으며, 양이 축에 있다. 임수는 신에서 생하니, 목욕이 유에 있고, 관대가 술에 있으며, 건록이 해에 있고, 제왕이 자에 있으며, 쇠가 축에 있고, 병이 인에 있으며, 사가 묘에 있고, 묘가 진에 있으며, 절이 사에 있고, 태가 오에 있으며, 양이 미에 있다. 계수는 묘에서 생하니, 목욕이 인에 있고, 관대가 축에 있으며, 건록이 자에 있고, 제왕이 해에 있으며, 쇠가 술에 있고, 병이 유에 있으며, 사가 신에 있고, 묘가 미에 있으며, 절이 오에 있고, 태가 사에 있으며, 양이 진에 있다.152)

위 인용문의 설명은 오늘날 통용되고 있는 12운성의 형태와 거의 동일하다. 12운성에 관한 원초적 형태는 『회남자』「천문훈」의 오행 생장수장으로 나타나며, 이것이 『오행대의』에 설명되는 오행의 12辰 출몰 단계를 거치게 되고 『연해자평』에서는 10천간과 12지지가 연결되고 오늘날 사용되고 있는 12운성의 체계를 만들어졌다.

12운성 이론은 사람이 태어나는 순간부터 생장 소멸의 모든 단계를 거쳐 다시 새로운 생명 주기로 돌아가는 과정을 설명한다. 이는 단순히 시간의 흐름을 의미하는 것이 아니라, 그 속에서 변화하는 기운의 흐름과 상태를 나타내는 것이다. 자연의 순환에 따라 오행의 다섯 단계(왕·상·휴·수·사)로 기운의 상태를 설명하는 오행 이론과는 달리, 12운성 이론은 오행을 음양으로 구분하고, 10천간에 따른 12단계의 변화를 통해 기운이 어떻게 흘러가는지를 구체적으로 나타낸다. 이는 오행 왕상휴수사 이론의 발전된 형태로 볼 수 있다[153].

12운성에서 사용되는 명칭들은 자연계의 변화를 관찰하고 시간의 흐름에 따라 변화하는 기운을 표현하는 데 기초하고 있다. 각 단계는 잉태에서 출생, 성장, 성숙, 노쇠, 사멸에 이르게 되는 생로병사의 과정을 나타내고 있다. 이를 통해서 세상 만물의 생명 주기를 나타내고 있으며 이러한 자연계의 변화에 대한 상징적 표현들은 인간의 생로병사와 맞물려 있다. 따라서 인간은 자연의 일부로서 그 흐름을 함께한다는 12운성 이론은 중국 사유의 전통적 세계관을 반영하고 있음을 알 수 있다.

2) 12운성의 작용

사주팔자 해석에서 12운성은 일간뿐만 아니라 각 오행의 천간이 특정 지지를 만날 때 그 기운이 어떻게 변화하는지 보여줌으로써 기운의 강약을 판단할 수 있게 한다. 자연계의 기운이 음과 양으로 나뉘어 발생하고 성장하며 쇠퇴하는 과정은 12운성 이론에 고스란히 반영되었으며, 이를 통해 인간사의 모든 단계를 예측하는 기초로 삼았다.[154] 이러한 해석은 단순히 생명의 시작과 끝을 설명하는 데 그치지 않고, 삶이 묘지에 들어가더라도 다시 원초적 기운으로 돌아가

또다시 새로운 생명으로 탄생한다는 순환론적 자연관을 포함하고 있다. 이는 절대적 인격신의 개입 없이 자연의 순환 규칙을 통해 자발적으로 운행되는 우주관을 반영하고 있으며, 이는 중국 사유의 중요한 특징이라 할 수 있다. 이러한 사유는 인간을 자연과 분리된 독립된 존재로 보지 않고, 자연의 일부이자 사회적 존재로 인식하는 데서 그 의의를 찾을 수 있다.

간지를 통한 사주팔자 해석에서 12운성은 인간을 자연의 일부로 보고, 그 흐름에 맞춰 살아가는 생명체로 인식함으로써 자연과의 상호 의존성을 강조한 것이다. 또한 음양오행설과의 긴밀한 연관을 통해 자연의 기운을 보다 구체적으로 설명함으로써 인간사의 변화와 운명을 적극적으로 이해할 수 있는 가능성을 제시하였다. 이로써 12운성 이론은 단순한 운명 예측 도구가 아니라 자연의 원리를 체계적으로 파악하고자 한 중국 사유의 핵심 이론으로 자리 잡게 되었다.

열 개의 천간 에너지는 지지의 열두 가지 환경을 만날 때 지지의 기운에 따라서 자신의 모습을 나타낸다. 예를 들어 병(丙)라는 천간의 에너지가 지지에 인(寅)이라는 지지를 만났을 때와 오(午)나 혹은 자(子)라는 지지를 만났을 때. 천간이 가지는 에너지의 형태는 상이한 상징과 운동성으로 설명된다.

천간의 병 에너지는 인을 만났을 때는 생지에, 오를 만났을 때는 왕지에, 술을 만났을 때는 묘지에 이르게 된다. 이는 천간의 에너지는 지지의 자리에 따라서 힘의 작용이 다르게 나타나는 것이며 운동성 또한 모습을 달리한다. 예를 들어 병 일간일 경우는 일간 병 에너지의 형태를 설명할 수 있는 기준이 된다. 이러한 설명은 병오 일주와 병자, 병인 일주에 사용되기도 하고 월지를 기준으로 설명할 때도 용이하게 사용된다. 다음은 오늘날 통용되는 12운성표이다.

<표-6> 『연해자평』의 논천간생왕사절표

구분	甲	乙	丙	丁	戊	己	庚	辛	壬	癸
生	亥	午	寅	酉	寅	酉	巳	子	申	卯
浴	子	巳	卯	申	卯	申	午	亥	酉	寅
帶	丑	辰	辰	未	辰	未	未	戌	戌	丑
綠	寅	卯	巳	午	巳	午	申	酉	亥	子
旺	卯	寅	午	巳	午	巳	酉	申	子	亥
衰	辰	丑	未	辰	未	辰	戌	未	丑	戌
病	巳	子	申	卯	申	卯	亥	午	寅	酉
死	午	亥	酉	寅	酉	寅	子	巳	卯	申
墓	未	戌	戌	丑	戌	丑	丑	辰	辰	未
絶	申	酉	亥	子	亥	子	寅	卯	巳	午
胎	酉	申	子	亥	子	亥	卯	寅	午	巳
養	戌	未	丑	戌	丑	戌	辰	丑	未	辰

<표-7> 병인 일주의 12운성 (19세, 남자고등학생)

시	일	월	년
丙	丙	乙	丙
申	寅	未	戌

위 명식에서 일간 병(丙)의 기운은 인(寅)에 위치하여 생지(生地)로 나타나며, 년간 병(丙)은 술(戌)에 위치하여 묘지(墓地)로 해석된

다. 이는 12운성의 원리에 따라 일간의 병(丙) 에너지가 년간의 병(丙) 에너지보다 강하다는 것을 의미한다. 따라서, 병술(丙戌)은 비견(比肩)의 형태로 일간 병인(丙寅)과 관계를 형성하지만, 묘지에 위치한 년간 병술은 생지의 기운을 가진 일간 병인보다 약한 에너지를 가지므로, 경쟁의 구도에서는 병인이 우위를 차지한다고 해석할 수 있다.

명식에서 천간에 나타난 병(丙)의 기운은 각 지지의 기운에 따라 에너지 강약이 달라진다. 병술(丙戌)은 묘지(墓地)에 위치하여 에너지가 약하며, 병인(丙寅)은 생지(生地)에 위치하여 에너지가 강하다. 병신(丙申)은 병지(病地)에 위치하여 중간 정도의 에너지를 가진다. 따라서, 천간의 병인(丙寅)은 생지의 기운을 가지며 중심에 위치한 것으로 보아, 경쟁 관계에서 우위를 점할 가능성이 높다. 경쟁 구도와 명식의 특징을 살펴보면, 입시생이라는 상황에서 명식의 천간과 지지의 기운이 동일한 병(丙)을 포함하고 있어 경쟁 구도와 관련된 해석이 중요하다. 병술(丙戌), 병인(丙寅), 병신(丙申)이 모두 천간에 드러나 있으나, 12운성에 따라 에너지 강약이 다르게 나타난다. 중심적인 역할을 하는 병인(丙寅)은 생지의 기운으로 강한 에너지를 가지며, 경쟁 관계에서 중요한 역할을 한다.

사주 원국에서 재성, 즉 재물과 관련된 기운이 천간에 드러나 있지 않더라도, 지지의 세력에 따라 재성의 흐름을 해석할 수 있다. 술(戌), 신(申), 인(寅)의 지지는 서로 상호작용을 통해 재성의 흐름을 간접적으로 형성한다. 이는 지지의 세력을 통해 간접적으로 재물과 관련된 기운을 해석할 수 있다. 병(丙)의 기운은 각 지지의 기운과 연계하여 강약의 차이를 보인다. 생지에 위치한 병인(丙寅)이 중심에 서며, 경쟁 구도에서 우위를 차지하는 근거가 된다. 또한, 천간에 재성이 드러나 있지 않더라도, 지지의 술(戌), 신(申), 인(寅)에서 재성의 흐름을 간접적으로 읽어낼 수 있다. 이러한 해석은 명주의 경쟁력, 재물 흐름, 그리고 환경적 요인을 종합적으로 파악하는 데 중요한 단서를 제공한다.

<표-8> 병인 일주의 12운성 (42세, 직장인)

시	일	월	년
丁	丙	甲	癸
酉	寅	寅	亥

병(丙) 일간을 기준으로, 사주의 각 기운을 12운성의 원리에 따라 분석하면 다음과 같이 해석할 수 있다. 병 일간은 년간, 월간, 시간 각각에서 다음과 같은 12운성의 위치를 가진다.

년간 계(癸)는 亥에 위치하며, 이는 정관(正官)의 왕지(旺地)로 해석된다. 정관의 기운이 강하게 드러난 형태로, 일찍부터 규범과 직업적 안정성을 상징한다. 월간 갑(甲)은 寅에 위치하여 편인(偏印)의 기운을 가진다. 편인이 녹지(祿地)에 자리 잡고 있어 강한 에너지와 능력을 드러낸다. 월지와 일지의 寅은 금(金) 기운의 절지(絶地)로, 금의 흐름(돈의 흐름)이 원활하지 않을 수 있다. 금의 절지로 인해 사업적 활동에는 불리하지만, 직장인의 형태로 안정적인 삶을 유지하는 것이 유리하다. 시지는 酉에 위치하며, 이는 정재(正財)의 녹지로 작용한다. 재물과 경제 활동의 기반을 나타내지만, 병 일간 입장에서 酉는 사지(死地)에 해당하여 불리한 작용도 동시에 나타난다.

이러한 12운성의 해석은 단순히 일간의 강약을 판단하는 데 그치지 않고, 각 천간의 기운이 지지를 통해 어떻게 발현되는지를 분석하는 데 유용하다.

寅은 봄의 기운을 상징하며, 새로운 시작과 창조의 에너지를 나타낸다. 이는 화(火)의 운동을 통해 기운을 발산하고 단단한 것을 깨뜨리는 성질을 가진다. 그러나, 이 기운은 안정성과는 거리가 멀며, 둥글고 단단한 열매를 상징하는 안정적 구조와는 대비된다. 따라서, 금의 흐름이 약하고 불안정한 기운이 강한 경우, 사업보다는 직장인의 형태로 안정적인 기반을 추구하는 것이 바람직하다.

12운성은 천간 각각의 기운을 해석하는 데 매우 유용한 도구로 작용한다. 12운성은 단순히 일간의 에너지 강약을 평가하는 데 그치지 않고, 각 천간과 지지의 상호작용을 통해 기운의 발현과 조화를 분석하는 데 중요한 기준을 제공한다. 이 명식에서는 직업적 안정과 규율을 상징하는 정관의 기운이 강하게 작용하며, 금의 약한 흐름으로 인해 사업보다는 직장인의 형태로 살아가는 것이 유리하다는 결론에 도달할 수 있다.

<표-9> 신(辛) 일간 대운의 12운성

시	일	월	년
	辛	甲	
		寅	

위는 천간의 기운이 사주팔자 원국에 나타나 있지 않아도 지지의 조건에 따라 천간의 기운을 해석하는 경우의 예시이다. 지지의 형태를 기준으로 천간의 에너지를 해석하는 예이다.

　12운성은 대운에서 육친의 강약 측면을 설명할 수도 있어야 한다. 위의 명식에서 오(午) 대운이 왔을 때 12운성에서 午는 乙의 장생지가 된다. 오가 대운에서 온다면 을 기운이 가장 활발하게 움직일 수 있는 환경을 만들어주는 것이 된다. 신일주가 오를 보면 편관이며 12운성으로 병지로 설명해야 한다. 이러한 설명은 기본적인 일간에 대한 12운성의 해석이고, 을이라는 편재의 기운이 작동하고 있음을 설명해야 한다. 사주원국에서는 갑이 인를 만나 녹지에서 힘을 가지고 있다. 운에서 오가 올 때 갑이라는 정재가 사지에 들어가고, 사주팔자 원국에 드러나 있지 않은 편재 을은 오 대운을 만났기 때문에 장생지를 만나게 된다. 편재 운이 장생지로 에너지의 상승을 나타내므로 사업성의 금전 활동이 활발하게 일어날 수 있다. 편재의 크기는 금전의 양적인 부분이 확대될 수 있다고 보는 것이다.

　살펴본 바와 같이 12운성의 해석은 천간의 에너지가 지지에서 어떠한 활동과 작용의 형태를 가지는가를 해석하는 것이다. 일간의 기운뿐만 아니라 각 천간의 기운을 설명할 수 있고, 사주팔자 원국에 나타나 있지 않은 경우에도 지지의 형태를 기준으로 천간의 에너지 변화를 해석할 수 있다.

2

지지의 운동성

1) 지지의 환경과 지장간

지지의 환경은 사주팔자의 특성을 규정짓는 중요한 요소이다. 지지에 나타나는 글자는 그 사람이 살아가는 근본적인 환경과 관련이 있는데. 이것은 일종의 기반 역할을 하며, 그 사람의 행동 양식이나 습관, 직업적 성향에 영향을 준다. 지지에 따라 사람의 성격, 대인관계, 사회적 활동이 규정될 수 있으며, 이는 삶의 전반적인 특성을 형성하는 중요한 요소이다. 이러한 지지와 지지의 관계는 고정적이지 않고, 서로 영향을 주고받으며 변화한다. 지지간의 관계 변화는 일상적인 사건과 운명의 흐름을 결정짓는 중요한 요소로 여겨진다. 기존의 해석 방식은 특정 글자가 가지는 의미를 고정적으로 간주하고, 이를 길(吉) 또는 흉(凶)으로 분류하여 결과를 예측하는 접근법을 취해왔다. 그러나 이 과정에서 많은 경우 피상적인 결과만을 고려하고, 사건의 전반적인 맥락을 반영하지 못하는 한계를 드러내었다.

지지 간 관계를 해석하는 데 있어 발생하는 혼란은 지지 간 상호작용의 복잡성에서 비롯되며, 특히 운에서 오는 지지와 팔자 내의 지지 간 관계를 명확히 해석하는 데 어려움이 있다. 이러한 관계는 合, 形, 沖, 害로 불리며 지지 간의 운동성과 방향성을 만들고 역동적인 해석의 근간이 된다.

지지와 다른 지지와의 관계는 사주 해석의 중요한 설명의 요소이며 이러한 지지의 관계 해석은 격용신의 설명에 앞선다. 지지의 합은 사주원국에서 이루어지는 경우와 운에서 이루어지는 경우로 구분한다. 『자평진전평주』에서 다음과 같이 설명하고 있다.

> 地支의 六合, 三合과 더불어 六沖의 관계는 매우 重한데 팔자의 변화는 이에 따라 모두 생기는 것이다.… 삼합은 3개의 지지가 모두 모여야 局을 이루게 되는데, 만약에 겨우 寅午 혹은 午戌만 있으면 半 火局이고, 申子 혹은 子辰은 半 水局이 된다. 만약에 오직 寅戌, 혹은 申辰은 성국이 안 된다. 대개 삼합은 四正을 위주로 하기 때문이다.155)

위의 글은 지지의 합과 충의 작용이 팔자의 변화를 주도한다고 설명하고 있다. 이는 각각의 글자들이 가지고 있는 운동성으로 지지의 환경을 설명하는 것도 중요할 뿐만 아니라 지지에 드러나 있는 글자들의 운동성은 다른 지지의 글자들과 합을 하거나 충을 하는 관계에서 변화를 일으키고 있음을 설명하고 있다. 이것은 지지와 지지의 관계를 통해 사주팔자의 변화를 설명할 수 있음을 나타낸다. 이처럼 대운에서 지지의 합이 중요한 이유는, 지지가 합국을 이루게 되면 그 기운이 발용되어 실제로 작용하게 되기 때문이다.

합국은 대운의 흐름에서 특정 기운이 활성화되고, 사주 원국과의 상호작용을 통해 운세에 중요한 영향을 미친다. 이러한 지지의 작용은 지장간에서 작용하고 있는 천간 에너지의 변화양상을 살펴보는 것이 중요하다. 각 지지가 내포하고 있는 천간 에너지의 변화는 다른 지지가 지장간에 가지고 있는 에너지와 합하거나 충돌하면서 다양한 변화를 만들어간다.

지장간(支藏干)이란 지지에 숨겨져 있는 여러 천간의 기운을 말한다. 월지장간(月支藏干)이라고도 하며 월률분야는 월령(月令)인 1절기 30일간의 기후 변화에 따라서 천간의 기운을 배치한 것으로 절입일로부터 차례대로 여기(餘氣: 초기), 중기(中氣), 본기(本氣: 정기)로 나누게 된다.

<표-10> 지장간(支藏干)의 월률분야(月律分野)

월	子	丑	寅	卯	辰	巳	午	未	申	酉	戌	亥
초기	壬 10	癸 9	戊 7	甲 10	乙 9	戊 7	丙 10	丁 9	戊 7	庚 10	辛 9	戊 7
중기		辛 3	丙 7		癸 3	庚 7	己 10	乙 3	壬 7		丁 3	甲 7
본기	癸 20	己 18	甲 16	乙 20	戊 18	丙 16	丁 10	己 18	庚 16	辛 20	戊 18	壬 16

초기는 지나온 달의 기운이 완전히 사라지지 않고 남아 있는 것으로서 바로 앞 절기의 영향을 계속 받고 있는 것이다. 예를 들어 子월의 초기는 壬水인데 이는 지난달인 亥월의 본기가 사라지지 않고

작용하고 있다는 것을 보여주고 있다. 단 寅월의 여기는 戊土로서 丑월의 본기인 己土와 다르다. 이는 가을과 겨울의 음기운이 봄여름의 양기운으로 계절의 기운이 교체되기 때문에 寅월의 여기도 음양이 바뀌었다고 설명한다. 중기는 여기에서 본기로 흐르는 중간의 기로서 그 기운이 가장 약하며 다른 지지와 삼합하면 그 삼합오행으로 변하는 특성을 갖고 있다. 그러므로 각 계절의 기운이 가장 왕성한 子午卯酉월에는 자신의 오행 기운만을 가지므로 중기의 오행이 본기까지 이어진다. 午월은 양기(陽氣)를 조절한다는 의미에서 己土를 중기에 배속하였다. 본기는 그 달의 가장 근본이 되며 왕성한 기운으로 그 지지의 오행과 동일한 천간이 된다. 그러므로 본기가 그 월지에서 가장 중추적인 역할을 한다.156)

인사신해는 계절의 시작이다. 寅은 봄의 시작이고 巳는 여름의 시작, 申은 가을의 시작, 亥는 겨울의 시작이다. 이러한 규칙은 12운성에서 천간의 기운이 지지에서 그 형태를 나타낼 때 목운동은 亥에서 장생하는 것과 연결해서 설명할 수 있다. 甲은 지지의 본기 寅에서 자신의 기운을 가장 강하게 드러내고 있다. 甲은 寅월에 자신의 모습이 드러나지만 12운성에서 그 기운은 亥에서 조금씩 자신의 기운에 힘을 싣고 있다. 亥는 겨울의 시작이지만 봄의 목기운이 살아나고 있는 모습이다. 다시 지장간을 살펴보면 亥의 중기에서는 甲이라는 목기운 시작되고, 寅의 중기에서는 丙이라는 화기운이 시작되고, 巳의 중기에는 庚이라는 금기운이 시작되고, 申의 중기에는 壬이라는 수기운이 시작된다. 이러한 원리는 봄의 기운은 여름으로, 여름의 기운은 가을의 기운으로, 가을의 기운은 겨울로, 겨울의 기운은 다시 봄을 향해서 生하고 있다는 것을 나타낸다. 이러한 지지의 에너지 운동성과 방향성은 오행의 상생의 흐름을 나타내고 있다는 것을 의미한다. 이것은 인사신해의 기운이 가지는 변화의 운동성을 설명해주고 있다.

자오묘유는 지장간에서 온전히 자신의 에너지를 가지고 있다. 이것은 기운의 순일성을 설명할 수 있다. 진술축미는 하나의 기운을 마무리하고 마무리하는 기운과 상반되는 기운의 시작을 도와주는 작용을 한다. 辰은 계절의 합인 방합으로는 木기운을 나타내고, 삼합의 기운으로는 水운동의 墓地이다. 봄의 기운이 마무리 될 때, 여름의 기운을 열어주는 역할은 辰이 하는 것이다, 水기운의 묘지라는 것은 水기운이 더 이상 활동하지 않게 하는 것으로 물의 기운이 나타나지 않게 함으로써 여름의 기운을 시작하게 하는 역할과, 여름의 기운이 시작되었을 때 수기운이 손상되는 것을 막는 것이다. 이렇듯 辰의 기운은 수운동을 마무리하고 화운동을 열어주는 것이다.

이와 마찬가지로 未는 사오미 방합의 기운으로는 여름의 기운을 마무리하는 것으로 목운동의 삼합작용에서 목운동이 더 이상 작용하지 못하게 함으로써 申이라는 가을이 시작되게 하는 것이다. 이러한 원리로 진술축미는 이중성을 가지게 되고 사주팔자 해석에서 인사신해와 마찬가지로 변화를 주도하게 된다. 인사신해가 가지는 상생의 기운과는 다른 고정성과 변화성을 동시에 가지고 있다. 따라서 지지의 작용은 지지가 다른 지지와 작용할 때 다양한 변화를 하는 것이고, 지지의 변화는 사건의 형태를 설명할 수 있다.

2) 지지 간의 관계

지지의 합은 기운이 하나의 기운으로 편중될 가능성이 많으므로 사주팔자의 편중성을 가지게 한다. 다음의 명은 수 운동이 강해지면서 천간의 목 기운과 토 기운이 오행의 힘을 잃어버리게 된다. 이런 경우는 오행이 가지는 육친의 기운도 상실하게 된다.

<표-11> 수 운동 삼합 (57세, 주부)

시	일	월	년
壬	戊	甲	戊
子	辰	子	申

申子辰 수 운동이 지지에서 삼합을 이루고 있다. 월의 기운이 사주팔자의 기운을 좌우하는 것이라는 이론이 분명하게 나타난다. 수 운동의 편중성으로 나타나는 작용은 다음과 같다.

첫 번째 편중성으로 인한 타육친의 에너지가 제대로 작용하지 않는 것이다. 여자의 명으로 甲이나 乙 목 기운이 남편이다. 추운 겨울에 목 기운인 남편은 남편의 식상(활동성)인 화 운동을 할 수 없게 된다. 천간의 목 기운이 火 운동을 하지 못한다는 것은 남편의 입장에서는 이 여성과 결혼하면서 자신의 사회적인 활동의 범위가 활발하게 작용하지 않는 것을 의미하기도 한다. 년지의 申은 여성의 명에서는 자식으로 볼 수 있으며 자식의 기운은 위의 명에서 수 운동을 가중시키면서 결혼을 하여 자식이 태어나게 되면 사주 원국에 편중성은 심해지게 된다. 결혼을 하고 자식이 태어나면서 부부의 불화가 생기고 자신의 식신인 활동성과 건강을 잃게 되는 것이다.

위의 명조는 앞에서 언급한 편중된 명에서 육친의 작용이 무력해지는 것157)으로 설명할 수 있다. 합으로 생겨나는 편중성은 시대적 상황에 관계없이 개인의 삶의 불안적인 요소로 작용하는 것은 사실이며, 특히 여성이 명에서는 흉한 것으로 본다. 안정된 가정생활을 하지 못하는 것은 사실이지만 실제 상담에서는 불행의 요소들을 대체할 수 있는 여러 가지 대안을 제시할 수 있다

위의 사례는 결핍되어 있는 火기운이 필요한 것이고 목화의 기운인 새롭게 시작하는 건설, 문서의 기운을 가지는 것으로 부동산의 형태로 상당한 재산을 가지고 있으며, 편중된 기운은 음양의 조화가 이루어지지 않으니 모습이 추하다고 고전에 나타나 있으나 미인이다. 편중성의 문제는 건강의 문제, 우울증으로 나타나며 건강의 문제는 빈번하게 발생하다, 수기운은 돈의 기운이므로 수의 기운을 덜어내는 기부를 많이 하면서 사는 명이다. 편중성으로 발생하는 해로움을 그대로 해석하고 음양의 조화를 위한 일상의 활동들 또한 해석한다.

사주팔자 원국에서 혹은 운에서 간섭하는 인자가 올 때 刑, 沖, 害, 合으로 이루어지는 경우다. 그중에 刑과 害가 만들어내는 관계는 비교적 중한 것이 아니라고 본다. 『자평진전평주』에서는 合, 沖의 경우에 대해 다음과 같이 설명하고 있다.

> 十二支 中에 寅申巳亥의 沖이 가장 맹렬한데 오행의 生地이기 때문이다. 子午卯酉의 충은 成格도 하고 敗格하는데, 네 가지가

모두 敗地이고, 또한 旺地이기 때문이다. 忌神이 충하여 물러가면 성격하고 喜神이 沖을 보면 敗格이다. 墓의 충에 이르면 장애의 관계가 가장 적다. 그러나 반드시 주의하여야 하는 것은 人元用事 이것이다.158)

12지지는 에너지의 운동성에 따라 네 가지의 운동으로 분류한다. 인오술 화운동, 사유축 금운동, 해묘미 목운동, 신자진 수 운동이다. 이러한 네 가지 운동은 12운성의 천간 에너지의 변화와 자장간에서의 변화의 과정을 통해 자세하게 설명할 수 있게 된다.

인(寅)은 목(木)의 기운이지만 오(午)와 술(戌)을 만나서 화(火) 운동으로 작용한다. 인은 목 기운이지만 화 운동으로 가고자 하는 것이고 이것은 자연의 운동 과정을 보여준다. 봄의 기운은 여름으로 가고자 하는 것이고 땅을 뚫고 나온 기운은 나뭇잎의 기운으로 펼치려고 하는 것이다. 이러한 원리로 사(巳)는 화(火)의 기운이지만 유(酉)와 축(丑)을 만나서 금(金)의 기운을 만들고, 신(申)은 금 기운이지만 자(子)와 진(辰)을 만나서 수 운동을 만들고, 해(亥)는 수 기운이지만 묘(卯)와 미(未)를 만나서 목 운동을 만든다. 결국 인사신해의 기운은 각각이 가지고 있는 본래의 기운으로 사주팔자에서 작용하기도 하지만 자신이 가진 기운의 다음 기운으로 가고자 한다. 이러한 인사신해의 기운이 서로 충할 때는 무엇인가를 생(生)하는 기운이 충돌이므로 지장 간에 포함되어 있는 기운들이 동시에 충하는 것으로 볼 수 있다. 자오묘유의 충은 네가지 운동성의 가장 왕한 기운의 충이므로 원국에서 좋은 기운인지 원국에서 나쁜 영향을 주는 기운인지를 파악하는 것이 중요다고 본다. 진술축미는 충을 해야 변화의 기운을 쓸 수가 있으므로 묘지(墓地)가 가지는 고정과 변화성을 해석할 수 있다는 것이다.

사주원국이나 운에서 충(沖)이 발생할 경우, 이를 판단할 때 반드시 喜忌를 논해야 한다. 구체적으로, 원국의 희신(喜神)을 충하면 흉하게 작용하여 좋지 않은 결과를 초래하고, 원국의 흉신(凶神)을 충하면 길하게 작용하여 긍정적인 영향을 미친다. 또한, 묘고(墓庫)는 충을 통해 열려야 그 작용이 활성화되며, 이를 판단할 때는 원국의 구조와 상황에 따라 신중히 논의해야 한다. 충을 하면서 지지의 운동성이 방향을 바꾸는 경우를 해석할 수 있어야 한다. 따라서 충의 작용은 사주 원국의 희기와 조화를 이루는지에 따라 길흉이 결정되며, 이는 사주 해석에서 중요한 기준으로 작용한다.

<표-12> 자(子)와 오(午)의 충과 합 (41세, 여자 직장인)

시	일	월	년
壬	戊	庚	甲
子	寅	午	子

위의 명은 子와 午가 寅을 중심으로 두고 드러나 있다. 자오묘유는 네 개 운동성의 가장 중심에 있으면서 다른 기운을 生해 주는 즉, 운동성의 변화를 주도하는 기운은 약하다. 子는 신자진의 수국을 이룰 수 있지만 子가 丑으로 기운이 넘어갈 때는 寅의 기운을 도와줄 수 있다. 자와 오는 충의 기운이지만 자가 인의 옆에서 운의 흐

름에 따라서는 인의 기운을 도와주는 작용을 할 수도 있다. 午는 인성의 기운이고 인과 합을 했을 때는 인은 자신의 기운을 삼합의 기운으로 화 운동을 하면서 상생의 기운은 유지할 수 있다. 인과 자는 수생목으로 생의 역할을 할 수 없는 것이 인과 자의 격각(隔角)에 놓여 있어서 신이 와서 자와 무리를 지어서 수의 작용을 하려고 해도 인이 와서 신과 상충(相沖)하면서 수 운동을 하지 않도록 한다. 그러므로 자가 인을 상생(相生)하는 작용이 아닌 인이 오와 무리지어 자신의 수 기운이 변성되는 것을 막음으로써 자의 기운이 인을 돕는 오행의 생극설로 사주팔자를 해석하기에 무리가 있음을 보여준다.

이러한 관계를 자와 오, 인과 자, 인과 오의 운동성과 합과 충의 작용을 지지가 가지는 운동성으로 해석할 수 있을 때 간섭하는 인자들과 대운 및 세운을 해석할 수 있다. 격각의 기운으로 서로의 활동성을 통제하기도 하지만 자신의 운동성을 유지하려고 하는 작용도 동시에 하고 있다. 자와 신이 와서 합의 작용을 할 때 인의 작용으로 충의 작용으로 합이 방해가 되고, 진이 와서 자와 다시 합을 하려고 해도 인이 와서 작용함으로 인이 방해가 된다. 운에서 오의 작용이 활발해지고 인오술로 무리지어질 때 자의 역량이 훼손되게 되는 것이다. 오행의 상생상극의 논리보다 각 글자의 합과 충은 사주팔자 해석의 다양하고 세밀함을 제공할 수 있다. 이렇듯 합과 충의 작용은 지지의 다양한 사건을 해석할 수 있는 인자이면서 오행의 상생상극의 해석의 우위에 있음을 보여준다.

여성이므로 대운의 진행 방향이 역순이다. 대운에서 목화운동이 강화되고 화운동이 강화될 때 학업의 성적이 우수하고 직장 생활을 시작하는 운까지 무난한 생활을 했다. 상담 내용은 자신의 직장상사와의 관계에 대한 고민이었다. 천간은 자신이 살아가는 모습과 삶의 궁극적인 지향점이라고 할 수 있다. 천간의 모습이 제대로 자리를 잡고 있다고 하더라도 지지의 환경은 충의 작용이 강하다. 자오묘유 왕지의 기운들이 충하고 있으므로 순일한 기운들의 부딪힘이다. 자신의 기운이 밖으로 표출되는 운동성은 금수의 기운으로 강한 음기운이다. 직장의 윗사람 기운은 목화의 기운으로 자신을 표출하고 있다. 두 기운이 부딪히면서 오의 기운과 자의 기운은 운의 흐름에 따라 자신의 모습을 드러내거나 감추게 된다.

   대운의 기운이 수기운으로 가면서 월지의 기운은 수기운에 비해서 작용력이 약해진다. 수운동의 강세이다. 지지의 환경이 충으로 에너지의 방향성을 바꿀 때 일의 결정이나 활동의 영역이 변하기도 하지만, 위의 명식은 戊寅이라는 화기운 발산이 대운의 흐름으로 발휘되지 못하는 괴로움이 직장에서 나타나는 것이다. 수기운의 편중에서 우울증과 같은 심리상태를 해석하기도 하지만 이러한 자와 오의 충 또한 극단적인 두 기운을 오가면서 심리적 안정을 찾지 못한다.

3

운동성의 주체와 상호작용

일간은 사주 명식에서 태어난 날의 천간을 말하는데, 이를 '日元, 命主, 我, 我神'이라 말하기도 한다. 일간은 개인 그 자체이다. 따라서 그 명식을 대표하고 상징하며 인격이 돌아가는 곳이다. 달리 말해, 사주명리학의 간법을 살핌에 있어서는 모든 성신의 중심이고 근본적인 중추인 것이다. 그러므로 간법의 첫째는 일간을 중심으로 나머지 삼간 사지가 어떠한 작용을 하는가를 추구하는 것이라고 흔히 말한다.[159]

격용신론에서는 일간이 사주의 중심에 있어, 길흉 판단의 기준이 된다. 이론에 따르면, 일간의 왕쇠(왕성함과 쇠약함)나 강약은 태어날 때부터 이미 결정되어 있으며, 이후 대운과 세운의 변화에 따라 왕쇠와 강약이 조정된다고 본다. 이러한 변화는 현재의 일간에 영향을 미쳐 일간의 상태를 형성하며, 일간이 명확할 경우는 스스로 어려움을 극복하고 운명을 개척할 힘이 있고 이때는 다른 기운을 적극적으로 활용할 수 있다고 본다. 일간이 쇠약할 경우는 어려움을 돌파하거나 운명을 개척하기 위해 다른 기운의 도움이 필요하다고 본다. 여기서 용신이란, 일간이 운명을 개척하기 위해 필요한 보충적인 기운을 의미하며 용신은 일간이 부족한 기운을 채워줘 균형을 이루도록 돕는 역할을 한다.

사주명리학에서 사용하는 용신의 일반적인 의미는 일간이 사용[用]하는 신을 뜻한다. 사주팔자를 하나의 인격체로 간주했을 때, 용신은 팔자의 주체인 일간이 제 역할을 다할 수 있도록 하는 오행과 십신을 말한다. 즉 용신은 한 개인의 사주팔자가 지니고 있는 '음양의 균형'과 '오행의 구비와 조화' 등을 파악한 후, 팔자의 주체인 일간에게 필요한 오행과, 그리고 오행을 일간을 기준으로 해서 상생하거나, 상극하는 관계를 나타내는 십신이 그 역할을 한다. 일반적으로 용신은 성격, 직업, 재물, 명예, 권력, 지위, 건강, 질병, 사고, 시험, 승진, 퇴직, 취업, 결혼, 자녀, 애정, 성공, 실패, 이동, 기타 인생사의 여러 가지 길·흉·성·패의 해석에서 판단의 기준과 근거로써의 중요한 역할을 하고 있다. 따라서 대부분의 명리학자들이 사주팔자 중에서 일간에서 가장 중요한 역할을 용신이 하고 있다는 평가를 내리는 것이다.160)

사주명리학은 진·한나라 시기에 봉건적 농업 체제와 계급 사회가 확립되면서 형성되었다. 이 시기 사회는 안정된 질서를 요구했으며, 이러한 필요성이 음양오행 철학을 정치적·사회적 이데올로기의 근간으로 자리 잡게 되었다. 음양오행 사상은 사회 질서와 계급 구조를 설명하는 데 중요한 역할을 하며, 사주명리학이 이후 중국의 사상적 틀 내에서 발전할 수 있는 기초를 제공하였다. 이러한 시기에 동중서는 그의 저서 『춘추번로』에서 천인감응론을 체계화하였고, 이를 음양오행 철학과 결합하여 정치적 도구로 활용하였는데 천인감응론은 하늘과 인간이 서로 감응한다고 보며, 인간 사회와 자연 사이의 상관관계를 강조하는 이론이다. 천지와 인간의 상호 호응을 동중서는 하늘과 인간이 음양의 기운을 통해 상호작용한다고 보았다. 그의 사상에 따르면, 천지의 음기가 일어나면 인간의 음기도 이에 반응하고, 인간의 음기가 일어나면 천지의 음기도 이에 호응한다. 이는 하늘과 인간이 하나의 도(道)를 공유한다는 뜻으로, 이러한 사상은 사주명리학에서 인간과 자연의 상호 연관성을 설명하는 이론적 배경이 되었다.

동중서는 음양오행을 통해 음과 양을 선악의 대립으로 해석하고, 양존음비(陽尊陰卑)와 귀양음천(貴陽賤陰)이라는 이분법적 구조를 형성하였다. 양은 선, 하늘, 임금, 상위 계급을 상징하고 음은 악, 땅, 신하, 하위 계급을 상징하는 것으로 간주되었다. 이러한 이분법적 구조는 음양의 대립을 통해 사회 질서와 계급 구조를 설명하며 유교 사상의 근간을 이루었다. 동중서의 이 사상은 이후 사주명리학에서 인간의 성격과 운명을 해석하는 기본 틀로 자리 잡았다. 음양에 대한 이러한 관점은 사주팔자 해석에서 육친과 격용신을 해석하는 방식에도 영향을 미치게 되었는데 사주팔자 구조가 이데올로기적 틀 안에서 작동하게 되면, 지배자와 기득권층의 이익을 대변하는 해석이 강화되고, 그 틀에 포함되지 않은 개인은 소외될 수밖에 없었다.

격국은 사주 내에 존재하는 오행의 조합과 그 균형을 통해 개인의 성격과 운명을 판단하는 방식이다. 이러한 해석의 방식을 통해 사주팔자는 특정한 패턴을 지니며, 사주의 격국이 명확할수록 개인의 운명이 뚜렷하게 드러난다고 해석된다. 용신은 격국의 균형을 잡아주는 보완적 요소로서, 개인의 사주에서 필요한 기운을 채우는 역할을 한다. 용신을 통해 사주의 조화가 강화되며, 이는 개인이 삶에서 겪게 될 어려움을 극복하는 데 필요한 요소로 작용한다. 그러나 용신이 지나치게 고정적으로 해석될 경우, 개인의 삶이 특정 역할이나 운명적 경향으로 제한될 수 있다는 문제가 발생하기도 한다.

격국과 용신의 절대적 해석은 개인의 다양한 가능성과 잠재력을 충분히 반영하지 못하는 한계를 갖게 하며 격국과 용신 해석이 절대화되면 개인의 운명적 패턴이 고정되어 개인의 역할이나 성격을 하나의 틀에 가두게 되었다. 한가지의 통일되고 규격화된 격용신의 관계 명칭은 사주팔자 해석이 개인의 삶을 지나치게 운명론적 관점에서 설명하게 되며, 변화와 가능성을 배제할 위험이 있다.

격국과 용신 해석이 개인의 다양한 잠재력을 반영하지 못하고, 특정한 운명적 경향으로 인생의 가능성을 제한하게 될 수도 있다는 것이다. 또한 용신이 지나치게 고정적인 역할을 부여받게 되면, 개인은 특정한 역할이나 경향성에 맞춰 자신의 운명을 수용하게 되며, 이는 개인의 선택권과 가능성을 축소시킬 수도 있다.

이러한 일간 중심의 격용신 해석 방식은 개인의 복잡성과 변화를 충분히 반영하지 못하는 상황을 초래할 수도 있으며 개인의 사주팔자를 특정한 운명론적 틀에 맞춰 해석하게 함으로써, 개인을 억압적 구조 안에 가두는 결과를 낳을 수 있다. 이는 개인이 다양한 삶의 선택지와 가능성을 경험하지 못하고, 제한된 범위 내에서 자신의 운명을 받아들이도록 강요하는 구조로 작용할 수 있다.

여기에서 짚고 넘어가야 하는 문제는 음양오행의 기본 개념은 억압과 차별이 없는 자연적 질서를 추구하는 것이라는 점이다. 음과 양, 그리고 오행의 상호작용은 서로를 억압하는 관계가 아니라 균형과 조화를 통해 변화를 만들어내는 자연의 이치를 따르는 관계이다. 음양과 오행은 고정된 성별이나 사회적 역할을 강제하지 않으며, 자연의 흐름 속에서 서로를 존중하고 공존하는 원리를 반영한다. 이러한 원리는 인간 사회에서도 특정 성별이나 역할을 고정하지 않고, 유동적인 관계 속에서 자유롭게 변화하며 살아가는 삶의 원리를 제시하는 것이다.

또한, 우주 만물은 하나의 체계 속에서 상호 연관되어 존재하며, 서로 제약하고 영향을 주고받는 질서 체계를 형성하고 있다. 이러한 음양오행 철학은 직관적이고 연상적인 사고를 중시하는 중국인의 독특한 사유 방식으로 나타나며, 분리와 분석을 통해 세계를 이해하려는 사유 방식과는 차이를 보인다.161) 음양오행은 변화와 조화를 중시하며, 선악이나 남녀의 절대적 구별 없이 상호작용 속에서 존재하는 자연의 질서를 추구한다. 따라서 음과 양, 오행은 고정된 관계나 이분법적 구도에 갇히지 않고 상호작용을 통해 조화를 이루는 원리이다.

이러한 음양오행의 본질적 원리를 반영하여 사주팔자 해석이 억압적 구조에서 벗어나도록 하는 것이 필요하다. 육친 해석과 격용신 해석의 고정된 틀에서 탈피해 개인의 다양성과 변화 가능성을 더욱 자유롭게 해석할 수 있는 방향으로 나아가야 한다. 전통적으로 사용하는 오행의 상생상극 논리는 1차 체계로서 기본적인 해석을 제공하지만, 간지의 상징성과 운동성을 고려한 2차 체계는 더 깊고 복잡한 해석을 가능하게 한다. 간지의 상징적 의미와 시간적 운동성을 포함하는 2차 체계를 통해 개인의 사건과 삶의 방향을 보다 다양한 관점에서 해석할 수 있으며 인간 존재를 이해하며 개개인의 삶에 맞춘 해석의 가능성을 열어둘 수 있다.

일간 중심의 해석 방식은 나를 해석의 중심에 고정시키고, 타인을 주변적 요소로 간주하는 경향이 있었다. 이러한 고정된 틀은 특정한 가치 체계를 강화하고, 소외와 편견을 심화시키며, 다양한 가능성을 억압하는 결과를 낳기도 했다. 그러나 간지의 관계적 해석은 이러한 한계를 극복하고 새로운 가능성을 모색하는 데 유용한 접근법으로 여겨진다.

간지의 관계적 해석은 중심과 주변의 경계를 허무는 것이다. 간지의 관계적 해석은 일간뿐만 아니라 다른 간지를 해석의 주체로 삼아 다양한 관계와 상호작용을 탐구하는 방식이다. 이러한 방식은 해석의 중심을 고정된 한 지점에서 벗어나게 하며, 간지 간의 역동적 관계와 상징성을 통해 개인과 타인, 그리고 시간과 공간 속에서 발생하는 다양한 상호작용을 폭넓게 해석할 수 있게 한다.

기존 해석 방식이 일간을 중심으로 자신과 타인을 구분했다면, 관계적 해석은 간지 간의 상호작용을 통해 개인의 정체성과 타인과의 관계를 보다 입체적으로 이해하는 접근법이다. 이를 통해 사주팔자는 단순히 운명을 결정짓는 도구가 아니라, 자기 탐구와 철학적 성찰의 도구로 기능하게 된다. 결국, 사주팔자는 나와 타인의 관계를 통해 자신을 이해하고, 시간과 공간 속에서 존재의 변화를 성찰하는 과정으로 재구성될 수 있는 도구로 작용한다.

V 간지의 운동성에 근거한 사주팔자 재해석

1

육친 관계의 재해석

　본 연구 사례는 간지의 운동성에 근거한 사주팔자 재해석이다. 첫 번째 육친의 관계성 재해석에서는 육친이라는 관계의 명칭이 가지는 고정적 요소를 육친의 간지가 가지는 에너지의 운동성, 즉 간지의 활동과 작용에 근거해서 분석하였다. 두 번째 편중된 간지와 무자법의 해석은 사주팔자에서 드러나 있지 않거나 편중된 간지의 해석으로 사주팔자의 편중성이 실제 삶에서 어떻게 해석되는지 살펴보았다. 세 번째 운의 시간성과 사건의 해석에서 대운과 세운의 변화요소를 사주팔자의 간지에 적용하고 그 변화의 양상을 살펴보았다.
　본 장에서는 사주팔자의 육친이라는 고정적인 요소를 간지가 가지는 다양한 상징성과 운동성으로 재해석하고, 육친이 가지는 불안정성이 무엇이고 조후의 편중성으로 발생하는 육친 해석의 변화와 타육친과의 관계성을 설명하고자 한다. 육친이라는 관계의 명칭에 의존하지 않고 육친의 간지가 가지는 에너지의 운동성, 즉 간지의 활동과 작용에 근거해서 설명하고자 하다. 육친은 일간을 중심으로 다른 간지와의 오행의 상생상극을 나타내는 사주팔자 해석의 가장 기본적인 도구이다. 월지는 사주팔자 구조에서 중화를 관장하는 용신을 품고 있는 핵심적인 자리이며 가장 강한 기운을 가진 지지로 바라본다. 이러한 육친이나 월지는 사주팔자 해석의 고정적인 요소이지만 이러한 고정적 요소는 다른 간지와의 관계를 통해 변화하며, 다른 글자를 통해 자신의 모습을 명확하게 드러내기도 한다. 이러한 이유로 일간을 중심으로 하는 해석이 아닌 사주팔자의 모든 간지가 해석의 주체가 될 수 있다는 전제를 바탕으로 논의하고자 한다.

월지는 사주팔자를 해석할 수 있는 첫 번째 실마리라고 할 수 있다. 인간이 살아가는 지속적인 환경으로서 월지를 해석한다면 월지에서 작용하는 육친의 작용 또한 그 의미가 크다고 할 수 있다. 육친의 행위와 상징이 한가지의 의미만을 말하지 않음에도 불구하고, 육친이라는 관계의 명칭으로 자신을 규정하고 있는 오류를 범하고 있는 것은 아닌지 살펴보고자 한다.

1) 고정된 의미를 넘어서

월지에 나타나 있는 子와 午는 일간을 중심으로 육친의 형태로는 관성을 나타낸다. 子는 일간 丁과 음양의 합이 이루어지지 않는 편관이고, 午 또한 일간 辛과 음양의 합이 이루어지지 않은 편관이다. 편관을 두 명조에 대응했을 때 다음과 같이 해석할 수 있다.

<표-13> 자(子)월이 편관인 경우-1 (57세, 상담가)

시	일	월	년
	丁		
		子	

<표-14> 오(午)월이 편관인 경우-1 (54세, 자영업)

시	일	월	년
	辛		
		午	

편관 또는 칠살(七殺)은 사주에서 도전적이고 강한 에너지를 상징한다. 특히 권위, 경쟁, 위기 상황에서의 대응력과 같은 요소와 관련이 있으며 주로 외부의 강한 압력이나 도전을 의미하며, 이를 통해 상황을 빠르게 판단하고 위기를 돌파하려는 운동성을 나타낸다. 편관이 있는 사람은 강한 권위나 위기 속에서 리더십을 발휘하는 성향을 보이며, 특히 남성 사주에서는 자식과도 연관이 있다. 편관이 없는 경우는 도전적 상황에서의 대처 능력이 약하거나, 강한 권위나 통제를 느끼지 않는 안정적인 삶을 살 가능성이 크다. 육친으로서 편관의 의미는 일간을 중심으로는 상생상극의 관계를 설명하는 것이지만, 이러한 편관의 의미가 모든 간지에 동일하게 적용되지는 않는다. 위의 명에서 편관은 자(子)와 오(午)가 가지는 상징성과 운동성으로 다시 설명되어야 한다. 위의 자와 오는 육친의 해석으로 동일한 편관이지만 지지의 환경으로 자와 오는 전혀 다른 운동성을 가지고 있다.

그렇다면 육친으로서의 편관이 아닌 에너지의 운동성이 어떠한지를 살펴보자. 오행의 에너지 변화량을 보자면 화 기운과 수 기운이 가장 많이 발생하는 지지이다. 간지 에너지 중에서 火 기운의 변화량을 만들어낼 수 있는 인자는 丙, 丁, 巳, 午, 未로 볼 수 있고 水 기운의 변화량을 만들어낼 수 있는 인자는 壬, 癸, 亥, 子, 丑이라고 할 수 있다. 이러한 에너지와 짝 지웠을 때 기본적인 음양의 대전제는 남녀의 구분인데, 남자 명은 목화(木火) 운에 힘들게 사용하고, 금수(金水) 운을 수월하게 사용한다. 이것은 남자가 양의 기운이므로 음양의 대전제를 운의 흐름에서도 사용하는 것이다, 이것은 여자의 명에도 동일하게 적용되는데 이러한 음양의 대전제는 사주팔자 해석의 큰 틀이다.

  토의 운동성은 화 기운의 운동성이 펼쳐진 상태를 의미하며, 위로 오르거나 아래로 내리는 기운이 비교적 적은 범위 안에 머물러 있다. 반면, 목은 위로 솟구치는 에너지로서 어떠한 일의 원인이 되는 특성을 가진다. 이와 비교하여 화 기운은 목 운동의 결과적인 측면을 나타낸다. 이는 마치 봄이 와서 여름이 오듯, 만물이 펼쳐지고 꽃이 피며 수정하는 과정을 표현한다고 볼 수 있다.

  목이 화로 향한다는 것은 봄이 여름으로 변화하는 과정과 같다. 지지의 오(午)는 화 운동에서 결과가 뚜렷하게 드러나는 경향이나 속성을 지니고 있다. 목은 조건을 만드는 역할을 하고, 화는 그 조건에 따른 결과나 성과로 이해할 수 있다. 이러한 관점은 금과 수의 관계에서도 동일하게 적용된다. 수 운동은 결과의 에너지가 몰려 있는 상태를 의미하며, 자와 오는 에너지의 정점으로 볼 수 있다. 따라서 목과 화, 금과 수는 각각 원인과 결과, 조건과 성과의 관계로 해석될 수 있다.

자(子)는 12지지 중 첫 번째에 해당하는 기운으로, 음의 기운이 가장 강한 시점이다. 자는 동지를 기점으로 양의 기운이 다시 시작되는 시점에 위치하여 생명의 시작과 태동을 상징한다. 자는 생명이 잠재적으로 존재하지만 아직 외부로 드러나지 않은 씨앗과 같은 상태를 나타낸다. 자의 기운은 내면적으로 응축되어 있으며, 물의 기운으로 설명될 수 있다. 물은 생명을 담고 있으나 그 본질은 눈에 보이지 않듯이, 자의 에너지도 내면에 집중되어 있으나 그 영향은 나중에 드러난다. 이것은 외부로 드러나기 전 준비되는 생명의 상태로 볼 수 있다.

자의 기운은 정신적 활동과 관련된 직업적 성향이 강하다. 주로 내면적 에너지를 응축하고 분석하는 과정과 관련된 직업에서 발현된다. 주로 교육과 연구 활동에서 많이 나타난다. 지식과 정보를 수집하고 전달하는 역할을 맡는 직업군에서 강하게 드러난다. 인간관계에서도 내면적인 성향을 강하게 드러낸다. 자의 기운을 가진 사람들은 주로 깊이 있는 생각과 내면적 성찰을 중시하며, 외부와의 교류보다는 조용하고 안정적인 환경에서 인간관계를 맺는 경향이 있다.

오(午)는 양의 기운이 극에 달한 상태를 상징하는 중요한 지지로, 사회적으로 활발한 활동성과 명확성을 나타낸다. 오(午)는 말로 상징되며, 말의 활발한 성격과 움직임은 오의 에너지와 특성을 대변한다. 오의 시기는 양의 기운이 최고조에 이르렀고, 음의 기운이 서서히 시작되는 시점으로, 사회적 활동이 활발히 이루어지며 공적이고 명확한 역할이 요구되는 시기이다.

오(午)는 공간적으로 높은 곳을 상징하며, 사회적 위치에서 높은 자리에 있는 것을 의미한다. 오의 공간은 사람들이 많이 모이고 활발히 교류하는 장소로 해석되며, 특히 역세권과 같은 공간에서 오의 기운이 강하게 발휘된다. 오의 기운이 공간적으로도 활동성과 왕래가 많은 곳에서 잘 발현됨을 의미하며 오가 명확하고 투명한 역할을 수행하는 직업군에서 안정적인 위치를 선호한다는 점을 시사한다. 오의 기운은 변화보다는 안정적인 상태에서 명확한 역할을 수행하는 것이 중요하다.

이렇듯 자와 오가 지지가 편관이라는 같은 육친으로 사용된다 하더라도 상징과 에너지의 운동성으로 해석은 이렇게 상이하게 나타날 수 있다. 이러한 해석을 위 명조에서 활동 양상이나 직업 분야로 확장해서 사용할 수 있다.

2) 육친의 불안정과 지지와의 관계

<표-15> 자(子)월이 편관인 경우-2 (57세, 상담가)

시	일	월	년
	丁		
		子	申

<표-16> 오(午)월이 편관인 경우-2 (54세, 자영업)

시	일	월	년
	辛		
	未	午	

"내가 누구인가?"라는 물음에 답하려 할 때, 다른 사람과의 관계를 완전히 단절한 고립된 나는 존재하지 않는다. 일상 속에서 살아가는 나는 나 자신을 이해하기 위해 나를 둘러싼 환경과의 관계를 설명할 수 있어야 한다.

하나의 글자는 다른 글자와 만나면서 자신의 본래 모습을 드러내거나, 다른 기운으로 변화하기도 한다. 때로는 전혀 다른 성질의 글자와의 관계를 통해 새로운 운동성과 방향성을 만들어내기도 하며, 은폐된 기운들은 반대되는 운동성과 방향성을 가진 글자와 부딪히면서 우연히 드러나기도 한다. 이러한 과정에서 사주팔자의 흐름이 변화하기도 한다. 따라서 간지 간의 관계에서 발생하는 변화를 읽어낼 수 있어야만, 사주팔자의 해석에 다양성을 확보할 수 있다.

사주팔자 원국에서 육친과 오행은 불완전성을 가진다. 똑같은 편관이라 하더라도, 명조에 따라 자와 오의 작용 형태는 다르게 나타날 수 있다. 사주 원국인 명(命)에 오행의 기운이 나타난다는 것은 바꿀 수 없는 요소가 존재한다는 뜻이며, 육친이 나타난다는 것 또한 손상되거나 합을 이루더라도 그 존재가 사용된다는 것을 의미한다. 비록 완전하지는 않더라도, 그 존재 자체를 부인할 수는 없다.

하지만 지지의 관계에서는 변화가 발생할 수 있다. 예를 들어, 자

(子)는 년지에 있는 신(申)과의 관계에서, 오(午)는 일지에 있는 미(未)와의 관계에서 본래 가지고 있던 편관의 의미를 축소하거나 확대할 수 있다. 또한 이러한 관계는 오행 에너지의 방향성과 운동성에도 변화를 일으킬 수 있다. 이는 육친이나 오행이 의미가 없다는 것이 아니라, 불완전성을 지니고 있다는 것이다. 따라서 간지가 가진 운동성을 바탕으로, 다른 간지와의 관계, 그리고 운에서 오는 간지와의 관계에서 발생하는 변화의 속성을 읽어낼 수 있어야 한다. 이러한 해석을 통해 사주팔자 해석의 깊이를 더할 수 있다.

신(申)은 음(陰)과 양(陽)의 기운이 균형을 이루면서도 점차 음의 기운이 강해지는 상태를 상징한다. 신(申)은 자(子)와 합을 이루어 신자(申子)의 기운을 형성한다. 신(申)을 정(丁) 일간의 육친으로 해석하면 정재(正財)의 기운이 된다. 합의 작용은 금(金)의 기운이 수(水) 운동의 왕지(旺地)를 만나 금의 조건이 수의 결과를 만들어내는 것으로 볼 수 있다. 그러나 이러한 합의 작용은 신(申)이 가지고 있는 재성(財星)이라는 본성을 유지하지 못하게 하며, 편관(偏官)의 작용으로 나타나게 된다. 실제 현실에서 이러한 양상은 12운성의 논리로 설명할 수 있다. 예를 들어, 천간의 경(庚)이 자(子)를 만나 사지(死地)에 놓이는 것과 같이, 재성의 역할이 활발하게 작용하지 못하는 경우가 많다. 이것은 합의 작용이 본래의 기운을 억제하거나 변형시키는 결과를 가져오기 때문이다.

자(子)는 편관(偏官)이지만 앞서 설명한 육친적 편관의 특성이 뚜렷하게 드러난다고 보기는 어렵다. 이는 자(子)가 가진 고유한 속성 때문에 역동성이 부족할 수밖에 없으며, 그로 인해 경제적 이익이 부족할 가능성이 있다. 지지에 신(申), 유(酉), 술(戌), 해(亥), 자(子), 축(丑)의 글자가 있다는 것은 음운동의 기운을 나타내며, 이는 일간인 정(丁)의 양기운과 대음양 관계를 이루어 기본적인 음양의 조건은 갖추고 있다고 볼 수 있다. 그러나 신(申)과의 합으로 인해 재성이 무력화되며, 여자의 명조로 해석될 경우 배우자의 덕을 입더라도 음양의 부조화로 인한 편관의 속성은 여전히 존재한다고 해석해야 한다. 또한, 자(子)는 12운성으로 편재(偏財) 신금(辛金)의 장생지(長生地)가 되므로, 년지의 신(申)과 조화를 이룰 때 경제적으로 번영을 이룰 수 있는 요소로 작용할 수 있다. 이러한 조건들을 종합적으로 고려해 해석해야 한다.

오(午)는 미(未)와 육합하여 화(火) 에너지를 강화한다고 볼 수 있다. 일간이 신(辛)일 때 편관(偏官)의 속성으로 작용하지만, 동시에 인오술(寅午戌) 삼합의 인자를 견인하는 역할을 한다. 여기서 인(寅)은 정재(正財)이면서 귀인의 형태를 나타내며, 술(戌)은 양인(陽刃)이면서 정인(正印)의 형태로 무리지을 수 있다. 그러나 오(午)는 신(辛) 일간을 기준으로 12운성에서 병지(病地)에 해당하며, 작열하는 오월의 염천(炎天) 기운과 만나면서 자신의 기운이 쇠퇴하는 양상을 보인다. 오(午)는 시간과 장소를 상징하며, 미(未)의 편인(偏印) 속성을 받아들여 빛을 내거나 사회적 역량을 키우는 데 힘쓰는 모습으로 나타날 수 있다. 그러나 이러한 오미(午未)의 합은 명성이 높으나 이익은 적은, 즉 명고이박(名高利薄)한 상황을 초래할 가능성이 있다.

또한 식신(食神)의 형태는 신(辛) 일간이 계수(癸水)를 사용하는 데 있다. 그러나 오(午)라는 식신 절지(絶地)를 만나게 되면, 오미(午未)가 합하여 편관의 작용이 강해질 때 자신의 건강이나 능력을 충분히 발휘하지 못하는 제한적인 상황이 발생할 수 있다. 이처럼 오와 미의 관계는 화합과 갈등의 양면성을 가지고 있으며, 사주 해석에서 주의 깊게 다루어야 한다.

이러한 작용의 고단함은 미(未)가 정재(正財) 입고와 식신(食神) 입고를 동시에 가지고 있기 때문이다. 신(辛)의 정재는 천간의 갑(甲)이며, 갑은 목(木)의 기운으로 해묘미(亥卯未) 삼합의 작용을 한다. 그러나 미(未)는 재성(財星)의 역할이 제대로 조성되지 않아, 편관(偏官)의 기운을 그대로 활용하게 된다. 또한 식신(食神)의 묘지(墓地)는 생산적 방식이 없이 목적을 달성하는 형태로 나타나며, 이는 편인(偏印)의 기술이나 자격증을 가지고 살아가는 것을 긍정적으로 해석할 수 있다. 직장인으로 살아가는 것이 다소 괴로움을 수반하더라도 가장 무난한 삶의 형태로 볼 수 있다. 하지만 활동력을 상징하는 식신과 사회적·경제적 활동 및 그 영역을 나타내는 재성이 미(未)에 의해 입고되면서, 힘든 세월을 감당해야 하는 상황이 발생할 수 있다. 이는 오와 미의 상호작용으로 인해 현실적인 어려움과 사회적 고단함을 겪을 가능성을 내포한다.

이렇듯 자(子)를 편관(偏官)으로 사용하는 명식은 사주 원국에서 대음양의 조화를 이루며, 신자진(申子辰) 합을 통해 재성(財星)의 불안정성을 가지더라도, 신(申)이나 유(酉) 운에서는 재성의 활동을 활성화하는 역할을 할 수 있다. 반면, 오(午)를 편관으로 사용하는 명식은 오 편관이 미(未)라는 편인(偏印)과 합을 이루어 편관의 작용을 강화하는 이로움은 있지만, 식신(食神)과 재성(財星)이 제대로 작용하지 못하는 불편함을 감수해야 하는 상황이 나타날 수 있다. 따라서 지지의 글자는 다른 지지의 글자와의 관계를 통해 자신의 기운을 강화하거나 축소하며, 본래의 모습으로 작용하거나 변색되는 경우가 발생한다. 이는 사주의 해석에서 각 지지 간의 관계를 면밀히 살펴야 함을 의미한다.

따라서 사주팔자 해석에서 육친과 오행은 완전하지 않은 요소로, 각 글자가 지닌 기운과 관계성이 중요하다. 하나의 글자는 다른 글자와의 상호작용을 통해 본래의 속성을 강화하거나 변화시키며, 이러한 관계는 사주팔자의 흐름과 해석에 중요한 영향을 미친다.

자(子)는 편관으로 작용하지만, 그 역동성이 부족하여 경제적 이익이나 활동이 제한적일 수 있다. 그러나 신자진(申子辰) 합을 통해 재성의 불안정성을 다소 보완하며, 특정 운에서는 재성의 활동을 활성화할 가능성을 지닌다.

오(午)는 미(未)와의 육합을 통해 화(火) 에너지를 강화하지만, 식신(食神)과 재성(財星)이 제대로 작용하지 못하는 제약을 받는다. 이러한 관계는 활동력과 사회적·경제적 활동의 제약을 가져오며, 때로는 명성이 높으나 이익은 적은 결과를 초래할 수 있다. 미(未)는 정재(正財)와 식신(食神)의 입고를 동시에 가지지만, 재성의 역할이 조성되지 않아 편관의 기운을 강하게 활용한다. 이로 인해 사회적 역량은 편인의 기술이나 자격증을 통해 나타날 가능성이 높으며, 직장인으로 살아가는 것이 다소 무난한 선택이 될 수 있다.

결론적으로, 사주팔자 해석에서 각 글자와 지지의 상호작용은 본래의 기운을 변화시키거나 억제하며, 이는 육친과 오행이 가지는 불완전성을 보여준다. 따라서 각 글자 간의 관계성과 운에서 오는 변화를 세심하게 분석하는 것이 중요하며, 이를 통해 개인의 삶에서 나타나는 조화와 갈등의 양상을 더욱 깊이 이해할 수 있다.

3) 간지의 운동성으로 바라본 육친 관계

<표-17> 자(子)월이 편관인 경우-3 (57세, 상담가)

시	일	월	년
辛	丁	甲	戊
亥	卯	子	申

<표-18> 오(午)월이 편관인 경우-2 (54세 자영업)

시	일	월	년
丁	辛	甲	辛
酉	未	午	亥

<표-17>에서 년과 월의 신자(申子)는 수(水) 운동의 삼합 인자를, 일시의 해묘(亥卯)는 목(木) 운동의 삼합 인자를 가진다. 여성의 명조에서는 대운이 亥→戌→酉→申→未→午→巳→辰으로 진행되며, 특

히 酉와 申운에서 재성이 활발하게 작용할 가능성이 크다.

신유(申酉)는 지지의 상징으로 재물과의 인연을 설명하지만, 생장 수장의 흐름으로 보면 젊은 시절에 재성이 강해지는 것은 에너지를 확장해야 할 시기에 오히려 수축하는 운과 마주한다는 점에서 역동적인 어려움을 시사한다.

인간이 살아가는 모습은 대체로 을(乙), 정(丁), 신(辛), 계(癸)의 형태로 나타난다. 젊은 시절 금전의 대운이 찾아온다 하더라도, 대운의 흐름과 일시의 목(木) 운동이 재성을 절지(絶地)로 만들고, 이를 무력하게 한다. 따라서 젊은 시절에 금전적 성공과 편관의 권력성보다는 수(水) 운동을 통해 교육, 종교, 철학 연구 등 조직 사회에서 활동하는 것이 더 적합하다고 볼 수 있다. 또한, 대운이 식상(食神)의 운으로 흐를 경우, 관성(官星)의 기운이 더욱 약화된다. 사주팔자 해석에서 개인이 경험하는 운의 흐름과 상호작용을 깊이 고려해야 함을 시사한다.

대운이 무오(戊午)에 머무를 때, 목(木)과 화(火)의 기운은 양(陽)의 기운으로 확장되며 활발히 작용한다. 자(子)의 편관(偏官)은 오(午)를 만나면서 신(申)과의 격각이 발생하고, 신의 역할이 약화된다. 이로 인해 자(子)에 머물러 있던 에너지가 오(午)와 충(沖)하면서 운동 방향성이 바뀌게 된다. 실제 운에서 사(巳)가 와서 해(亥)를 충하거나, 오(午)가 와서 자(子)를 충하는 경우, 변화가 발생하며 새로운 구조가 형성된다. '충'한다는 것은 운동성의 방향이 달라지는 것을 의미하며, 감추어져 있던 에너지를 외부로 방출하는 힘을 가지는 운으로 변한다고 해석할 수 있다.

사주 원국에서 강하게 작용하는 기운은 자(子)의 편관을 중심으로 하지만, 대운의 흐름에 따라 오(午)의 에너지 형태로 삶의 방향이 결정된다. 이 과정에서 재물의 인자는 크게 작용하지 않을 수 있으나, 개인의 재능을 발휘하며 교육을 직업의 형태로 삼는 것이 적합하다고 볼 수 있다. 이처럼 대운과 원국의 상호작용은 사주의 흐름과 개인의 삶의 형태를 결정하는 중요한 요소로 작용한다.

시간의 신(辛)은 지지의 묘와 해의 합으로 무력하게 된다. 격용론을 중심으로 해석한다면 대운의 해석은 대체로 길흉으로 판단하게 된다. 하지만 간지의 운동성으로 대운을 해석하면 대운에서의 간지의 속성이나 에너지의 방향성을 살피는 것이 중요하다. 시지(時支)의 해(亥) 정관 또한 묘와 합을 해서 새로운 것을 끊임없이 만들어내는 양상이므로, 월지의 자 편관의 에너지는 사주원국이 가지는 큰 틀의 해석이고 지지의 해석과 대운의 해석은 시간이 흐르면서 바뀌는 삶의 변화양상을 설명할 수 있다.

<표-17>의 辛 일간은 월에 午 편관이 시간에 투간하면서 편관격으로 해석된다. 남자의 명으로, 대운의 흐름은 巳, 辰, 卯, 寅, 丑, 子, 亥의 순서로 진행된다. 편관은 주로 군조직, 법무, 치안 등 사회적 성격이 강한 역할로 해석되며, 무서움과 권위의 속성을 가진다. 하지만 午라는 기운은 목(木)의 기운을 조건으로 하고, 午에서 결과를 만들어내며 에너지가 펼쳐지는 형태이므로 강한 압력으로 해석하지 않는다. 특히 을목(乙木)이 午에서 장생(長生)한다는 점은 산천초목이 무성하고 장대함을 의미한다. 관(官)의 기운이 식상(食傷)과 합(合)을

이루는지, 인성(印星)과 합을 이루는지, 혹은 편관과 합을 이루는지에 따라 해석이 달라진다. 관이 편인(偏印)과 합을 이루는 경우 자격이나 문서 형태로 관의 기운을 활용할 수 있다.

양(陽)의 기운이 극단적으로 치우쳐 있는 육양(六陽)의 기운 속에서 인(寅)과 합을 이루게 되면 인오술(寅午戌)의 삼합(三合) 기운이 형성된다. 월간의 갑목(甲木)은 지지에서 午와 未를 만나는데, 午는 갑목의 사지(死地)이며 未는 갑목의 묘지(墓地)이다. 辛일간의 관점에서 편관격이지만, 재성의 지지가 강한 기운을 가지지 못하는 경우 인오술 화국(火局)의 대운이 들어오면, 갑목 재성과 午 편관의 기운이 사주 원국을 극단적으로 끌고 간다. 예를 들어, 경인(庚寅) 신묘(辛卯) 세운에 辛은 절지(絶地)에 해당하며 큰 교통사고로 사지 손상을 입는 일이 발생할 수 있다. 금(金)의 기운은 폐, 장, 뼈, 피부를 나타내며, 卯에서 절지(絶地)가 형성되면 사고의 충격이 더 커질 수 있다. 하지만 목숨을 구할 수 있었던 이유는 화염 속에서도 卯가 계수(癸水)인 식신(食神)의 생지(生地)였기 때문이다. 이와 같이, 사주 해석은 대운과 원국의 조화, 기운의 흐름에 따라 매우 세밀하게 분석될 필요가 있다.

未는 천간 갑(甲)의 묘지(墓地)로, 갑의 활동이 멈추는 지점이다. 동시에 午의 一陰과 未의 二陰이 申을 생(生)하는 역할을 하는 이로움이 있을 수 있으나, 오와 합해서 화의 기운이 강화되고 결국 未는 생신(生申)의 역할을 하면서도 申이 일간(日干)의 식신(食神)을 생(生)할 수 있는 조건을 차단한다. 寅 대운이 오면서 午와 未가 합(合)하여 화국(火局)을 형성하게 되는데, 이는 지지 글자들이 상호작용하며 대운과의 관계 속에서 세운의 사건·사고 영향을 피할 수 없게 되는 구조를 만든다.

하지만 寅 대운에서 丑으로 빠져나가는 것은, 丑 대운에서 寅으로 들어가는 것보다 위 명식에서는 유리하게 작용한다. 丑 대운이 들어와 未와 충하면서, 丑의 지장간 중 癸수가 투출하고, 未 지장간 중 乙목이 투출하면서 식신생재(食神生財)의 작용이 일어난다. 丑과 未의 충은 새벽 시간과 한낮 시간의 충돌을 의미하는데, 이러한 반대의 시간충은 실제로 밤과 낮을 동시에 사용하는 직업 형태와 연관성을 가질 수 있다.

자오충 또한 극단적인 양(陽) 기운과 음(陰) 기운의 충돌로, 丑未충과 함께 밤과 낮을 동시에 사용하는 직업군과 관련이 있다. 이는 시간의 대비가 극명하게 드러나는 형태로, 사주에서 시간적 대비를 통해 직업적 성향이나 환경적 특성을 분석할 수 있는 단서를 제공한다.

격용신의 해석은 사주 원국의 전반적인 구조와 흐름을 이해하는 데 핵심적인 역할을 한다. 용신은 사주의 균형과 조화를 유지하기 위한 도구로, 원국의 안정성을 도모한다. 육친(六親)의 해석은 사주 내 각 글자가 지닌 역할과 상호 관계를 분석함으로써, 인간관계와 사건의 구체적인 흐름을 예측하는 데 기여한다. 이 두 가지 해석 방법은 사주의 전반적인 구조뿐 아니라, 인간이 처한 환경에서의 사건과 관계를 이해하는 데 있어 상호 보완적인 역할을 한다.

격용설의 관점에서 위 두 명식은 편관격으로 분류된다. 정(丁) 일간의 경우, 일간의 기운을 보조하는 목(木)을 용신으로 볼 수 있다.

반면, 신(辛) 일간은 관인상생(官印相生)의 토(土)를 용신으로 해석할 수 있으나, 조후(燥候)의 관점에서 보면 조열한 사주에서는 수(水) 기운이 용신이 될 수 있다. 용신은 사주의 균형을 이루고 운의 전반적인 흐름을 개선하는 중요한 도구로 작용한다. 하지만 용신의 운이 들어와 사주의 균형이 잡히더라도, 매 순간 변화하는 사건과 관계를 세부적으로 해석하는 데에는 한계가 있을 수 있다.

간지(干支)는 한 개인이 살아가는 환경과 밀접하게 연결되어 있다. 사주팔자를 구성하는 여덟 글자는 각기 다른 관계와 사건을 담고 있으며, 이를 통해 개인의 환경적 요인을 분석할 수 있다. 일간(日干)이 개인을 대표한다고 여겨지지만, 사주팔자의 모든 글자는 각각 해석의 주체가 될 수 있으며, 상호작용을 통해 다양한 사건과 환경적 변화를 나타낸다.

사주팔자 해석은 단순히 운명을 점치는 도구가 아니라, 자신과 타인을 이해하는 과정 그 자체이다. 간지의 운동성과 변화 요소를 분석함으로써 개인은 자신이 처한 환경과 관계를 더 깊이 이해할 수 있다. 이를 통해 새로운 관계를 형성하고, 자신의 존재를 재발견하는 과정이 이루어진다.

사주팔자 해석은 개인의 삶에서 변화와 관계를 이해하고 통찰하는 중요한 도구이다. 이를 통해 자신을 이해하고 타인과의 관계를 확장하며, 나아가 더 나은 삶의 방향을 모색할 수 있는 혜안을 제공한다. 사주팔자의 여덟 글자는 단순한 상징이 아니라, 개인의 환경과 사건, 관계를 담은 살아 있는 요소로서 인간 존재와 삶의 본질을 탐구하는 데 있어 중요한 의미를 지닌다.

2

간지의 편중성과 무자(無字) 재해석

1) 편중된 간지

<표-19> 금기운 관성으로 편중된 경우(15세, 여중생)

시	일	월	년
辛	乙	辛	庚
巳	丑	巳	寅

<표-20> 수기운 상관으로 편중된 경우 (45세, 화가)

시	일	월	년
丁	庚	己	庚
丑	子	丑	申

<표-19>와 <표-20>은 오행과 육친이 편중된 경우이다. <표-19>는 지지의 환경이 巳와 丑으로 이루어져 있다. 월 기운 巳는 일간인 乙 입장에서는 상관의 형태를 지닌다. 사의 기운은 양 기운이 여섯 개

인 육양지처(六陽之處)로 양의 기운이 극대화되어 있는 경우이다. 상관의 기운은 활동무대, 자신의 표현인데 에너지가 모여있는 형태이므로 상관으로 쓸 때는 규모가 크거나 위험하거나 속도가 빠른 것들로 해석할 수 있다. 에너지의 편향성으로 위험한 인자를 식상으로 쓰고 있는 것이다.

하지만 사의 상관이 일지의 축을 만나서 금 운동을 하게 될 때는 상관 본래의 화 운동으로 작용하기 어렵게 된다. 사유축의 합은 기본적인 운동성의 결과는 음기운으로 가는 것이고 여성의 명이 음의 기운과 짝 지워져서 쓰지 못하는 불편함을 겪는다. 축은 편재의 형태를 가지지만 금 운동을 하면서 관성의 움직임이 강하게 드러날 수 있다. 축의 간섭으로 未나 戌이 와서 편재의 속성으로 토의 작용을 하는 경우는 丑戌未 삼형살의 기운이 재성의 형태로 쓰일 수 있으며, 수술, 형벌, 제조가공과 같은 압력을 가해서 형태를 변형시키는 글자의 작용을 경제적 활동으로 해석할 수 있다.

丑을 일지에 둠으로써 을의 식신인 丁이 축 묘지를 만난다. 을이 축을 만났을 때는 조후적인 요소가 을의 활동력을 활발하게 열어두었는지를 참고해야 하는데 가까이에서 좋은 조후의 소통이 있는지를 먼저 살펴야 한다. 을의 활동력은 지지에서는 巳와 午 천간에서는 丙과 丁의 소통이 되느냐를 보고 식상이 가지는 건강과 활동성을 해석해야 한다. 따라서 축의 작용으로 건강, 활동성, 관성의 입고로 사회적인 활동이 불안해지는 환경이 조성된다. 巳가 화 운동의 활동성으로 작용하지 않고 사유축으로 변성되면 위의 명은 천간의 辛金 작용으로 乙의 식상인 丙을 丙辛합하여 화 운동을 제어할 수 있다.

결과적으로 오행적으로 금의 기운이 편중되어 있고, 육친은 편관의 기운이 편중되어 있다. 금(金)은 모든 것을 수렴하고 정리하는 성질을 가지며, 결단력과 결과물을 상징한다. 금이 강한 사람은 원칙을 중요시하고 단호하게 결정을 내린다. 금이 많을 때는 그 에너지가 과도하게 발휘되어 결단력과 강한 주관이 나타난다. 금이 강한 사람은 결단력 있고 단호하며, 자신의 의견을 굽히지 않는 경향이 있으며 타협 부족으로 비춰질 수 있다. 금이 많으면 목(木)의 기운이 약해지며, 이는 창의력과 유연성의 부족으로 이어질 수 있다. 간담 기능이 약화될 수 있으며, 금의 기운이 간과 담의 기운을 억제하여 소화기 질환이 발생할 수 있다. 또한 화의 기운도 금의 기운이 강화되면서 약화된다. 화가 부족할 때 사람은 에너지와 활력이 부족해지고, 내향적이며 소극적인 성향을 보일 수 있다. 화는 생명 에너지의 발산과 변화를 주도하는데 화가 부족하면 기(氣)의 순환이 느려지거나 정체되어, 신체 내부에서 병리적인 문제를 초래할 수 있다.

육친으로는 편관의 편중성이다. 외부의 권위나 압력을 상징하며, 이러한 편관이 너무 강한 기운으로 식상의 기운을 누르고 있는 형상이다. 식상의 가장 기본적인 해석은 먹는 것과 활동하는 것, 자신의 재능을 세상 밖으로 보이게 하는 것이다. 태어나서 선천적으로 간의 기능이 나빠서 수술을 하였고 중학생인 지금까지도 추적 치료를 하로 해석할 수 있다. 이러한 과도한 스트레스를 상관의 기운인 巳로 해소할 수 있어야 하는데 일지의 丑 영향으로 식신의 기운은 발휘되지 않고 있다. 학생에게 편관의 세력은 규범, 학교, 학교 생활에서 지켜야 하는 규칙, 학교조직의 스트레스 등으 소모적이고 파괴적인 기존의 질서를 무너뜨리는 기운이 극단적인 다이어트로 나타나게 되었다. 먹는 기능을 식상의 기운으로 해석할 수 있는데, 편관의 기운이 금인 경우 지나친 자기 절제와 통제를 먹는 활동을 제어하는 다이어트로 나타나게 된 경우이다. 먹는 것의 통제는 상관과 편관의 작용으로 나타나고, 간의 기능이 나쁜 것과 탈모가 유독 심한 것은 을목 기운이 자라나지 못하는 것으로 해석할 수 있다.

<표-20>은 오행으로 수 기운의 편중이고 육친으로는 식상의 편중이다. 수(水) 기운은 오행 중에서 유동성, 지혜, 결실, 생명력을 상징하는 중요한 요소이며 수는 실제 물처럼 유동적이고 변화에 능한 속성을 지닌다, 수가 많은 사람은 융통성이 뛰어나며, 지혜와 총명함이 돋보인다. 이들은 새로운 환경에 빠르게 적응하고, 상황을 정확히 판단하며 문제를 창의적으로 해결하는 능력이 탁월하다. 또한, 정착보다는 새로운 환경을 탐색하고 변화에 적응하는 데 익숙한 성향을 보이며, 종종 해외로 이주하거나 자주 이사하는 경향이 있다.

수는 감정을 상징하며, 수가 과다하면 정신적으로 예민해지거나 불안정해질 수 있다. 이는 우울증이나 감정 기복으로 이어질 가능성이 있으며, 수의 에너지가 지나치게 강할 경우 중독 문제로 나타날 수도 있다. 수가 많은 사람은 감정적으로 혼란을 겪기 쉽고, 약물 중독이나 알코올 의존 등에 취약한 경향을 보인다. 또한, 수가 과다하면 자식의 잉태와 관련된 문제도 나타날 수 있다. 특히 화(火)가 부족하고 수가 많을 경우 자식을 늦게 두거나 자식 사이의 간격이 길어지는 경향이 있다. 이는 활력이 부족하여 생식 속도가 늦어지는 현상과 관련이 있다.

식상은 재물의 생산 수단과 의식주의 해결을 상징하며, 사람이 살아가는 데 필요한 물질적 자원을 자연스럽게 생산하는 능력을 의미한다. 이는 오행에서 인성이 생성한 에너지를 바탕으로 재물을 창출하고 유지하는 역할을 하며, 새로운 것을 만들어내는 힘을 발휘한다. 특히 식신은 특별한 노력 없이도 재물과 자원을 자연스럽게 끌어들이는 기운을 나타낸다. 식신이 재물을 만나는 수단으로 작용하며, 삶에서 필요한 물질적 자원을 얻는 과정이 자연스럽고 원활함을 의미한다.

경(庚)이 자(子)를 만나면 육친상으로 상관이다. 금수상관(金水傷官)은 대체로 전문적인 기술을 쓰는 직업군으로 살아가는 경우가 많다. 금의 기운이 수의 기운으로 자신을 드러내는 것은 음의 기운이 음의 기운으로 표현되는 것으로 음양의 조화성을 잃어버린 것이다. 조화성을 잃어버린 것은 조후를 잃은 것으로 흉한 것으로 해석되었다. 하지만 조화를 깨트리는 것이 상관이므로 전문성은 더 많이 부여되는 것이다. 기본적으로 음과 양이 짝을 이루는 것을 길하다고 보지만 경이 자를 보는 것은 편중성을 가지기 때문에 전문성의 형태를 설명할 수 있다. 자신의 기운을 드러내는 것에 집착을 보이며 일의 형태에 관한 편중성이 발생한다.

경이 자를 보면 12운성으로 사지(死地)이다. 죽는다는 것은 다른 기운으로 다시 태어나는 것으로 자신의 기운을 묘지로 넣고 다른 기운이 새롭게 시작되는 것이다. 경의 축이 묘지로 사유축 금 기운이 축을 만나면서 더 이상 금 운동을 하지 않게 되고 목 운동의 시작으로 가게 된다. 자와 축은 일간이 죽고 금 운동을 더 이상 할 수 없는 편중성을 제공하는 것이다. 결국 일간이 죽는 자리에서 자신의 능력을 발휘하는 형태로 전문성과 순수성을 살피는 것이다.

축월이라 움직임이 거의 없는 자리에서 활동하는 형상이다. 축은 음의 기운이 많아 양의 기운이 펼쳐지기 어렵다. 하늘과 땅이 어둡고 속도가 느리며 역동적 변화가 어렵다. 축에서 인으로 넘어갈 때 변화의 양상이 가장 커지는 것이다. 축월은 자의 기운을 넘겨받은 상태에서 새벽으로 넘어가는 시간이다. 자와 같이 눈에 띄지 않는 곳에서 움직이고 있다. 교육, 철학, 종교, 대민봉사. 의약에서 활동하고, 신살로서는 12운성에서는 묘지와 화개의 영역에 들어간다. 華蓋는 '화려한 것으로 덮어두었'다는 것이고, '무엇을 정리정돈하는 것'이다. 새로운 것을 시작하거나 생산하는 수단으로 쓰이는 것이 아니라 보이지 않도록 정리하고 다시 포장하는 것이며 장식하는 것이기는 한데 화려하게 장식하는 것이 아닌 재활의 의미로서의 장식이 된다. 다시 재생산하는 것은 의약과 교육으로 볼 수 있다.

학생을 가르치는 일을 하는 여성이며 화가이다. 지지의 환경을 자신이 살아가는 환경으로 볼 수 있는데 어두운 시간과 좁은 공간, 변화가 크지 않는 환경에서 살아간다. 영국에서 유학하는 동안 영국의 습한 날씨로 건강이 악화되었고 우울증을 심하게 앓았다. 먹이고 기르는 힘이 강하므로 자식은 세 명이다. 자식의 글자가 지지의 환경을 차지하고 있고 음의 영향력이 큰 것으로 해석할 수 있는데 子와 丑은 시간(時干)의 丁火 정관의 묘지와 절지로 작용한다. 결국 조후가 무너진 명에서 월의 작용이 상관의 역할을 하게 될 때 상관과 반대가 되는 정관의 기운을 용신으로 삼아 써야 한다고 하지만 결국 글자가 있다고 하더라도 제대로 된 기능을 할 수 없게 된다. 여성의 명으로 자식을 생산하게 되면 남편을 사주 원국에서 보존할 수 없게 되는 것이다. 자식을 낳고 남편을 잃게 된다.

편중성의 해석은 단순히 길흉의 문제로 접근할 수 없다. 사주팔자의 여덟 글자로 이루어진 구조 안에서, 편중된 기운은 필연적으로 제한적으로 쓰일 수밖에 없다. 편중되어 있다는 것은 특정 기운이 과도하게 치우쳐 있다는 것을 의미하며, 이는 사주팔자 내에서 또 다른 형태의 편중성을 유발한다.

이러한 경우, 사주에서 활발히 움직이는 기운을 그대로 해석해 주는 것이 중요하며, 이로 인해 특정 요소가 부족하거나 결여된 무자(無字) 해석이 발생하게 된다. 이는 사주팔자의 해석에서 일간(일주)을 중심으로 삼는 전통적인 접근법에서 벗어나, 사주 전반에 걸친 기운의 흐름과 상호작용을 중심으로 분석해야 함을 시사한다. 결국, 편중성의 해석은 사주 원국 전체의 조화와 불균형을 이해하는 데 있어 중요한 단서가 되며, 사주팔자 해석의 주체가 일간을 넘어서 간지 전체로 확장되는 해석의 방법론을 제시하는 것이다.

2) 무자(無字)

사주팔자에 나타나지 않은 글자의 해석을 살펴보고자 한다. 원국에 드러나 있지 않다고 하더라도 운의 흐름에서 지장간에 숨겨진 에너지가 어떠한 조건에서 어떠한 형태로 발현되는지를 살펴보고자 한다.

<표-21> 정묘 일주의 무자(無字) 해석 (61세, 회사원)

시	일	월	년
	丁		
巳	卯	巳	辰

<표-22> 경술 일주의 무자(無字) 해석(35세. 여성)

시	일	월	년
	庚		庚
辰	戌	辰	午

<표-21>에서는 금 기운과 수 기운은 드러나 있지 않다. 지지의 환경은 辰, 巳, 卯이다. 진은 신자진 수 운동의 묘지이며 사는 사유축 금 운동의 생지이다. 묘는 해묘미 목 운동의 왕지이다. 천간과 지지의 대음양은 지지의 환경을 기준으로 금수 운동이 강화되어 있는 형태이다. 삼합의 기운으로 본다면 금 운동과 수 운동의 활동을 설명할 수 있지만 오행의 기운으로는 금과 수가 드러나 있지 않다. 삼합은 사회적인 활동의 형태를 설명할 때 운동성의 기운으로 나타난다. 오행의 모습에서는 금 기운과 수 기운이 나타나 있지 않으므로 육친으로는 재성과 관성이 드러나 있지 않은 모습이다.

월지의 사 겁재(劫財)를 가지고 있으며 이러한 기운은 자신의 화 기운이 월지에 뿌리를 내린 모습이다. 겁재는 재물을 빼앗는 상대나 강력한 경쟁자를 의미한다. 겁재는 강한 경쟁심과 도전을 상징하며,

사회적 상호작용에서 경쟁적인 관계를 나타낸다. 겁재의 巳에 재성이 지장간으로 암장되어 있다. 즉, 丁火 기준으로 경금(庚金) 재성이 사유축 금 운동의 생지(生地)로 나타나 있다. 巳는 나의 돈을 빼앗아 가는 겁재지만 끊임없이 일정한 금액, 월급과 같은 돈을 생성하는 재성의 생지인 것이다. 가장 안정적인 자산이 이루어질 때가 정재가 장생할 때라고 할 수 있다. 직장인의 형태로 살아간다면 무난한 명이라고 할 수 있다. 드러나 있는 재성이 없다 하더라도 재성의 생지를 설명하는 것이다. 이러한 설명은 오행의 해석이 아닌 간지가 가지고 있는 에너지의 운동성으로 해석하는 것이다. 간섭하는 운의 해석으로는 대운이 午未申酉戌亥子로 흐르면서 재성의 운을 상승시킨 것으로 본다. 또한 재성을 생성하는 사의 기운은 양기운이 여섯 개인 육양지처(六陽之處)로 양의 기운이 극대화되어 있는 경우이다. 독을 가진 뱀의 상징을 가지고 있어서 강하고 금의 형태를 가진 직장을 가지기도 한다. 자동차, 금속, 철강 등을 다루기도 한다.

水는 사주원국에 드러나 있지 않지만 일지 卯는 12운성에서 丁의 편관인 子水를 生하는 생지에 놓이게 된다. 정화의 기준으로 일지에 묘 편인은 식신을 극하는 것으로 흉한 것으로 보기도 한다. 이것은 오행의 상생상극의 원리를 설명하는 것이지만 12운성이라는 에너지의 운동성으로 설명하면 묘는 자의 생지이며 원국의 관성을 생하는 중요한 위치에 있다.

년지의 辰은 오양지처(五陽之處)로 丁의 상관이다. 陽의 기운이 강하게 작용하는 글자인데 丁 일간은 양기운이 강한 상관을 쓰고 있어서 굉장한 힘과 에너지를 가진 형태로 본다. 모든 것을 드러낼 수 있는 힘을 가진 것이고, 신자진 수 운동의 묘지로 임수(壬水)를 쓰지 못하게 하고, 신금(辛金) 편재를 12운성으로 묘지로 넣는다. 이렇듯 진은 자신의 모습을 강하게 드러내고 있다. 하지만 용의 모습을 한 辰은 변화가 많은 지지로 子를 만났을 때는 水의 모습으로 변색되고, 卯를 만났을 때는 목 기운으로, 酉를 만났을 때는 육합으로 금 기운으로 변색되면서 토의 기운을 잃고 다른 운동성으로 나타낸다. 직장과 자식의 운은 대운과 세운에서 긍정적으로 간섭하는 인자가 왔을 때 이루어진다.

따라서 지지의 글자를 오행의 관계성으로만 단순화시켜 해석하지 않고 지지의 운동성으로 설명하게 되면 사주팔자의 숨어 있는 기운들을 적용시켜 해석할 수 있다. 지지의 글자는 글자로서의 운동성뿐만 아니라 다른 지지와의 관계를 통해서 또 다른 기운들을 드러낼 수 있다.

<표-22>는 여성이다. 오행의 글자는 수 기운과 목 기운이 없다, 육친으로는 식상과 재성을 가지지 못한 형태이다. 목 기운은 계절의 상징으로 봄에 해당하며, 생명력, 창의력, 발전, 성장, 그리고 새롭게 무언가를 시작하는 힘과 관련된다. 사주에서 목이 없는 경우, 목의 기운이 가져다주는 생명력, 창의성, 계획성, 발전성이 약하다는 것을 의미한다. 목은 일정한 방향성을 가지고 뻗어나가는 성질이 있는데 사주에 목이 있으면 목표를 세우고 그 방향으로 꾸준히 나아가려는 성향을 가진다. 목이 없는 사주는 적극성과 긍정적인 사고가 부족할 수 있다. 특히 계획을 세우고 미래를 준비하는 힘이 약하며, 설계나 창작 기획 능력이 부족할 수 있다. 이는 발전적인 삶의 태도가 결여

되고, 과거의 패턴에 머물러 있거나 새로운 것을 시도하는 것에 대한 두려움이 있을 수 있다. 위의 명에서 목 기운은 재성의 기운이다. 辰속에 乙 정재가 암장되어 있다. 정재는 고정된 형태의 재산으로, 안정된 직장이나 정기적으로 발생하는 월급과 같은 수입을 상징한다.

辰과 戌은 편인의 모습이다. 오행으로서의 토 기운으로 진과 술을 설명할 수 있는가에 대해서는 어느 정도의 의문을 가져야 한다. 진은 위의 명에서 설명이 되었다. 戌은 사주원국에서 土 기운이다. 술은 편인의 속성을 가지고 申酉의 기운을 지나오면서 酉 양인(羊刃)의 기운을 유지하고 있다. 제대로 된 토의 기능을 하는 것은 未 이며, 술은 인오술의 화 운동을 마감하는 자리로 인과 오를 만났을 때는 화 운동을 할 수 있으며, 신유술 방합(方合)의 형태를 가질 때는 금 운동을 한다. 묘와 육합을 할 때는 화 운동을 하게 되므로 온전하게 토 기운으로 작용하는 것이 아니다. 이렇듯 토 기운은 자신의 토의 모습으로 자신을 드러내는 것이 아니라 삼합과 방합, 육합 등 다른 글자와의 관계를 통해서 변색된다.

수 기운인 식상을 사용할 수 없다는 것은 새로운 것을 만들어내는 제조업이나 실제 손을 쓰면서 무엇인가를 만들어내는 경제적 활동을 하는 것은 불리하다. 하지만 술이 가지는 양인의 힘과 편인이 가지는 자격증을 통한 기술로 살아간다. 수 기운을 거두는 진과 화 기운을 가두는 술이 지지환경에서 계속 부딪히면서 안정적인 지지의 환경을 가지지 못했다. 오 작용이 강하게 일어날 때는 수 기운 식신 작용이 더욱 약화되기 쉽다. 갑진년 진 세운에 식신의 기운인 수 운동이 약화되고 시험관 시술로 아기를 가지려고 하지만 사주 원국의 수 기운이 약화되어 있고, 세운에서 식상이 약화되는 두 가지의 불리함을 가진다. 여성의 명에서 자식은 육친으로 식상의 운이고 식상의 운을 약화시키는 인성이 강할 때 임신하기 힘들고 식상의 운이 강해질 때 결혼을 하거나 자식을 생산할 수 있다.

사주팔자에서 나타나지 않은 글자, 즉 무자(無字)의 해석은 사주 해석의 중요한 영역 중 하나이다. 원국에 드러나 있지 않은 글자나 기운은 운의 흐름 속에서 특정 조건과 환경에 따라 다양한 형태로 발현될 가능성이 있다. 이러한 무자의 해석은 사주팔자 내 결핍된 요소가 인간의 삶과 성격, 환경에 어떻게 작용하는지를 탐구하는 데 초점을 맞춘다.

사주팔자에서 특정 오행(五行)이나 육친(六親)이 결핍된 경우, 이는 해당 에너지가 부족함을 나타낸다. 이 결핍은 단순한 부재를 넘어 취약성으로 작용하며, 개인의 삶에서 그 결핍을 보충하려는 강한 동력을 유발한다. 무자의 결핍은 인간의 내적 동기와 성격, 그리고 외부 환경과의 상호작용 속에서 드러난다. 결핍된 에너지는 그 부족을 채우기 위한 운동성을 발생시키며, 이는 개인이 살아가는 환경에서 자연스럽게 균형을 이루려는 방향으로 작용한다. 예를 들어, 사주에서 특정 육친이 부재할 경우, 해당 영역에서 약점이 발생할 수 있으며, 이는 그 결핍을 보완하려는 행동이나 삶의 방향으로 이어질 가능성이 크다.

사주팔자에 없는 글자의 에너지는 대운이나 세운의 흐름에서 채워질 수 있다. 결핍된 글자와 동일한 기운이 대운에 등장하면, 개인은 비교적 수월하게 그 결핍을 보충할 기회를 얻는다. 이때, 대운은 결핍된 에너지를 보충하는 환경적 요소로 작용하며, 개인의 삶에서 균형을 이루는 중요한 전환점이 될 수 있다. 예를 들어, 사주에 금(金)이 결핍된 경우, 금의 기운이 포함된 대운이 들어올 때, 개인은 결핍으로 인해 발생했던 약점을 극복하거나 새로운 성취를 이루는 계기를 마련할 수 있다. 이 과정에서 무자의 에너지는 단순히 결핍의 보완을 넘어 새로운 동력으로 작용하여 개인의 삶의 질적 변화를 가져올 수 있다. 무자의 결핍은 단순히 운명적 약점을 의미하는 것이 아니라, 인간의 행동과 성격, 그리고 삶의 방향성을 결정짓는 중요한 요소로 작용한다. 특정 에너지가 결핍된 사람은 그 부족을 채우기 위해 무의식적으로 노력하며, 이는 개인의 특성, 직업적 선택, 대인관계 등 다양한 영역에서 나타난다.

사주팔자에서 무자의 해석은 단순히 없는 것을 아쉬워하는 것이 아니라, 그 결핍이 삶과 환경에 어떤 영향을 미치는지를 이해하고 이를 보완하려는 움직임을 파악하는 데 중점을 둔다. 결핍된 에너지는 인간의 내적 동력과 외부 환경과의 상호작용을 통해 균형을 이루려는 방향으로 작용하며, 이를 해석함으로써 개인의 성격적 특징과 삶의 방향성을 더욱 깊이 이해할 수 있다. 따라서, 무자의 해석은 사주의 결핍과 균형의 원리를 파악하고, 대운과 세운의 흐름 속에서 결핍된 에너지가 어떻게 발현되고 보완되는지를 분석하는 중요한 도구로 활용되며 보다 나은 선택과 방향성을 제시하는 데 기여할 수 있다.

3) 두 사람 사주의 간지 상호작용

사주 간의 간지 관계 해석은 위의 사주팔자 해석과는 구별된다. 지금까지의 명식을 해석하는 기본적인 방법은 하나의 사주팔자를 두고 그 구조 안에서 간지들이 가지는 관계를 해석하는 것이었다. 간지의 관계를 통해 개인이 살아가는 환경을 해석하고 관계하는 육친과의 관계를 해석하는 방법이었다. 본 장에서는 하나의 사주팔자와 또 다른 사주팔자와의 관계 해석 즉, 궁합을 보거나 개인과 개인의 관계성을 해석하는 방법에 대해 알아보고자 한다. 간지가 가지는 에너지의 운동성이 타인의 간지 운동성과 어떤 연관성을 가지는지를 설명하겠다.

사주원국에서 모자라는 기운은 타인의 기운으로 채우려고 한다. 특정 오행의 결핍은 개인의 성향과 행동에 직접적인 영향을 미친다. 사주팔자에서 특정 오행이 부족하면, 사람은 그 부족함을 채우기 위해 보충하려는 본능적 노력을 하게 된다. 결핍된 오행은 삶의 방향과 직업적 선택에 반영된다.

지지(地支)는 사주의 근본적인 기운을 나타내며, 개인이 처한 환경적 영향을 이해하는 데 핵심적인 역할을 한다. 지지에서 특정 오행이 강하게 작용할 경우, 그 사람은 해당 오행과 관련된 환경에서 강한 적응력을 보이고, 관련된 직업에서 성공할 가능성이 높다. 지지에 강하게 나타나는 오행은 개인이 자연스럽게 선호하거나 능숙하게 다룰 수 있는 영역을 나타낸다. 결핍된 오행을 보완하려는 노력은 긍정적일 수 있으나, 다른 오행과의 조화를 이루지 못하면 어려움이 발생할 수 있다. 따라서 지지 환경과 음양의 균형을 신중하게 해석해야 한다.

　오행의 결핍이 항상 부정적인 것은 아니다. 결핍된 오행을 보충하려는 노력은 개인의 성장과 성취에 긍정적인 영향을 미칠 수 있다. 이는 사람의 의지와 행동을 자극하여 새로운 기회를 탐색하게 만드는 원동력이 되기도 한다. 그러나 결핍된 오행이 지나치게 강조되면, 다른 오행들과의 균형이 깨질 수 있다. 사주팔자에서 결핍된 오행을 보완하려면, 단순히 부족한 오행을 채우는 것만이 아니라, 전체적인 음양과 오행의 조화를 고려한 해석이 필요하다.

<표-23> 텍스트 간의 관계-1 (아내)

시	일	월	년
	乙		
戌	丑	寅	戌

<표-24> 텍스트 간의 관계-1 (남편)

시	일	월	년
	庚		
戌	午	午	戌

<표-23>은 여성이다. 태어난 계절은 인월, 즉 아직 추운 시기로, 월지에 인목(寅木)을 두고 있다. 이 시기의 을목(乙木)은 조후(燥候)의 기준에서 화(火)의 기운이 절실히 필요하다. 화는 을목에게 식상

(食傷)으로 작용하며, 이는 일(활동력)과 자식을 잉태하는 생명력의 기운을 상징한다.

이 명주에서 인월의 지장간에 암장되어 있는 병화(丙火)와 술의 지장간에 암장된 정화(丁火)는 투출하지 못한 상태이다. 따라서 원국에서 식상 기운이 부족한 것으로 해석된다. 그러나 대운에서 목(木)과 화(火)의 양(陽) 기운이 들어오게 되면, 자식을 잉태할 수 있는 조건이 형성될 가능성이 커진다. 반면, 명주의 대운이 수(水)와 금(金)의 기운으로 흐르게 되면서, 이는 자식 잉태와 관련해 어려움을 겪을 수 있는 환경을 조성한다.

남편의 명식(<표-24>)에서는 지지 환경이 강한 화국(火局)으로 형성되어 있다. 화는 경금(庚金) 일간에게 자식의 기운으로 해석된다. 그러나 자식의 기운이 과도한 경우, 현실에서는 자식을 잉태하기 어려운 상황으로 이어질 수 있다. 이는 과도한 화의 기운이 명주의 균형을 깨뜨리고 조후의 불균형을 심화시킬 수 있기 때문이다.

부부의 명식을 조합하여 보면, 여성의 부족한 식상 기운을 남편의 화 기운으로 보완할 수 있다는 해석이 가능하다. 이는 일정 부분 설득력을 가지며, 서로의 결핍된 기운을 상호 보완하려는 에너지 조율의 가능성을 보여준다. 그러나 남편의 사주 원국은 지지에 강한 화국으로 형성되어 있어, 조열(燥熱)이 심화된 상태이다. 이러한 조열한 기운은 남편 개인의 사주에서 조후의 균형을 깨뜨리고, 여성 명주와 결합할 경우 조화를 이루기보다는 새로운 불균형을 초래할 가능성이 있다. 특히 여성의 인목(寅木)과 술토(戌土)가 남편의 오화(午火)와 합을 이루게 될 때, 이는 여성 사주 원국의 기운 흐름에 추가적인 불균형을 발생시킨다. 결과적으로, 부부 간의 기운 조화가 이루어지지 못하며, 자식 잉태와 같은 특정 목표를 이루는 데 장애가 발생할 수 있다.

이와 같은 사례는 사주팔자 해석에서 조후의 균형과 기운의 조화가 얼마나 중요한지를 잘 보여준다. 명주 개인의 사주 원국뿐만 아니라, 부부 명식 간의 상호작용을 종합적으로 분석하여 결핍된 기운의 보완 가능성과 그로 인한 영향을 고려해야 한다. 이를 통해 사주팔자 해석은 단순히 명주 개인의 운세를 예측하는 것을 넘어, 인간관계와 환경적 요소의 복합적인 영향을 이해하고 조율하는 데 중요한 도구로 활용될 수 있다.

다음의 사주팔자는 부부이며 서로의 명에서 모자라는 기운을 채워주는 설명을 하겠다.

<표-25> 텍스트 간의 관계-2 (남편)

시	일	월	년
	丁		
巳	卯	巳	辰

<표-26> 텍스트 간의 관계-2 (아내)

시	일	월	년
	丁		
亥	卯	子	申

<표-25>는 남성의 명식으로, 사주원국에서 나타나지 않은 글자를 해석하는 과정은 음양의 원리를 바탕으로 설명된다. 한 가지 기운이 약하다는 것은 그 기운의 반대되는 인자가 없는 것이 아니라, 상대적으로 약화되어 있음을 의미한다. 강한 기운은 약한 기운을 통해 자신의 속성을 드러내며, 이러한 관계 속에서 은폐된 기운을 해석하는 것은 숨겨진 존재를 드러내는 작업이라고 할 수 있다. 은폐된 기운을 분석하는 과정은 결핍된 기운을 보충하려는 긍정적인 활동으로 해석할 수 있다.

남성에서 재성과 관성은 중요한 해석의 요소로 작용한다. 재성(財星)은 식상(食傷)을 통해 재물을 만들어내는 기운으로, 육친으로는 아버지와 아내를 상징하며, 사회적 활동 범위와 관련이 있다. 관성(官星)은 직업의 형태, 사회적 지위, 규제, 자식의 속성과 관련된다. 巳(사)는 사유축(巳酉丑) 금 운동을 하며 경금(庚金)의 생지(生地)로 작용하고, 辰(진)은 신자진(申子辰) 수 운동을 이루며 수(水) 기운의 묘지(墓地)에 해당한다. 묘는 12운성에서 자(子)의 생지로, 이는 편관(偏官)의 생지에 해당한다. 금(金)과 수(水)의 기운은 대운에서 금수(金水) 음운동이 진행될 때 자신의 속성을 뚜렷이 드러낸다.

대운의 흐름은 경오, 신미, 임신, 계유, 갑술, 을해, 병자로 이어지며, 壬申(임신) 대운에서 직업을 가지며 결혼을 한다. 申(신)은 금(金) 기운으로, 丁(정) 일간에게는 정재(正財)인 경금(庚金)의 뿌리로 작용한다. 또한, 신은 신자진(申子辰) 수 운동의 생지(生地)로, 천간의 壬(임)이 드러나면서 재성과 관성이 동시에 발현되는 운이다. 이 시기는 남성에게 재물과 사회적 지위, 그리고 배우자와의 관계가 강화되는 시점으로 해석된다.

  <표-26>의 여성과 상호작용은 다음과 같다. 년지는 申(신)으로, 이는 남성 명식의 정재(正財)이며, 남성의 년지인 辰(진)과 합(合)을 이루어 수 운동을 형성한다. 여성에게 辰(진)은 상관(傷官)의 기운으로, 자식을 나타내는 글자다. 남성은 원숭이 띠(申)를 통해 신자진 삼합으로 배우자와 자식을 형성하며, 여성은 辰(진)을 받아들여 수 기운(남편)을 활성화시킨다. 이러한 지지 간의 합을 통해 남성 명식에서는 아내와 자식의 기운이 활발해지고, 금수(金水)의 에너지가 강화된다. 반면, 여성 명식에서는 남편의 사주 원국에서 비롯된 진(辰)을 자신의 자식으로 받아들이며, 동시에 남편의 수기운을 더욱 활발히 작용하게 만든다.

  사주팔자의 해석은 간지(干支)가 지닌 에너지의 운동성과 그 방향성을 기반으로 이루어져야 한다. 남성과 여성 명식 간의 상호작용은 단순히 글자의 조합이나 육친이나 격용신에 의존하는 것이 아니라, 각각의 기운이 어떻게 서로 영향을 주고받으며 조화를 이루는지를 분석하는 과정이다.

  결론적으로, 남성 명식의 재성과 관성이 대운의 흐름 속에서 드러나며 삶의 주요 전환점을 만들고, 여성 명식과의 합을 통해 결핍된 기운을 보완하는 과정은 사주 해석의 중요한 원리를 보여준다. 이를 통해 사주팔자의 간지가 가지는 운동성과 운동의 방향성은 개인의 삶과 인간관계, 환경적 영향을 통합적으로 이해하고 예측할 수 있는 도구로 활용될 수 있다.

3

간지로 보는 시간의 작용

사주팔자는 개인의 타고난 명(命)과 이를 둘러싼 운(運)의 상호작용을 통해 해석된다. 타고난 명이 사주팔자의 기초가 된다면, 운은 그 명이 현실에서 어떻게 발현되는지를 결정짓는 중요한 요소로 작용한다. 아무리 격국이 뛰어나더라도 운의 흐름이 이를 지원하지 못하면 발현되지 않을 수 있으며, 반대로 운이 명을 돕는다면 잠재적인 기운이 현실에서 강력하게 드러날 수 있다. 본 장에서는 사주팔자 해석에서 명과 운의 상관관계, 그리고 운의 흐름이 사주팔자에 미치는 영향을 사례를 통해 논의하고자 한다.

1) 타고난 명과 흘러가는 운의 관계

사주팔자에서 격국은 개인의 기운과 성향을 결정짓는 중심축이다. 특정 오행이 격을 이루어 강하게 자리하고 있다면, 이는 그 사람의 타고난 능력이나 환경적 조건을 나타낸다. 물론 이러한 격국의 기운이 현실에서 발현되는 정도는 운의 흐름에 따라 좌우된다고 본다.

다음은 격에 의해 자신의 고유한 성질을 가지는 경우의 설명이다.

<표-27> 명의 고유성과 운의 관계-1 (30세, 직장인)

시	일	월	년
丁	庚	壬	乙
亥	辰	午	亥

56	46	36	26	16	6
戊	丁	丙	乙	甲	癸
子	亥	戌	酉	申	未

월지에 정관을 시간에 투출시킨 정관격이다. 오(午)는 활동적이고 투명한 역할을 요구하는 직업군에서 그 기운이 강하게 발휘된다. 午의 에너지는 정직하고 명확한 성격을 지니고 있으며, 이는 사회적 역할과 공적 활동에서 중요한 의미를 가진다. 특히 금융 기관, 기업 활동, 의료, 공직에서 오의 기운이 잘 발현되며, 이들은 투명성과 활동성이 중요한 직업군이다. 오의 기운은 금융 기관에서의 상 행위와 밀접하게 연관된다. 명확한 창구 업무, 은행 업무 등에서 오의 기운이 강하게 발휘되며, 이는 투명하고 정직한 상행위에서 중요한 역할을 수행한다. 오의 기운은 방사선과, X-ray와 같은 인체 내부를 들여다보는 활동과도 연관된다. 이는 인체 내부를 투과해서 보는 활동에서 오의 기운이 강하게 발현되며, 투명성과 명확성을 필요로 하는 직업군에서 중요한 역할을 한다.

여자의 명으로 을유 대운에 조직사회에 참여하게 된다. 월지에 오가 정으로 관성으로 월지의 세력을 정확하게 가지고 있는 형태이다. 반드시 월에 있는 것이 시간에 투출하지 않더라도 일이나 시에 있는 것이 투출되어 있는 것도 같은 효과를 가진다는 전제를 가진다. 을은 오에 생지로, 임은 해에 녹지의 형태로 격을 취하고 있다. 대운 유가 올 때 정관의 장생지에 놓이게 되면서 직장 생활을 시작한다. 대운의 유는 양인과 일지에 합을 하는 모습으로 대운에서는 정관의 형태를 유지하려는 모습이다. 관의 운에서는 겁재의 작용으로 불리한 부분을 함께 해석해 준다.

경자 신축 임인 계묘의 세운의 흐름에서 계묘의 상관운을 지나면서 직장의 이동을 가지게 된다. 세운의 흐름에서 간지 변화를 겪는 과정에서 계(癸) 상관운이 왔을 때 사주원국의 정관인 정(丁)을 충하면서 직장 이동을 하게 된다. 묘는 해묘미의 목운동으로 기존에 가지고 있던 것들, 만들어진 것들을 다시 해체하려고 하는 모습이다. 계묘(癸卯) 세운의 간지는 이러한 작용을 한다. 하지만 대운이나 세운에서 갖는 간지의 운동성은 제한적인 것이며 격 자체에서 추구하고 있는 기운은 운에서 훼손되지 않으면 고유한 방향성으로 유지하고 지탱하려고 한다.

<표-28> 명의 고유성과 운의 관계-2 (63세, 직장인)

시	일	월	년
丙	辛	壬	壬
申	巳	寅	寅

57	47	37	27	17	7
戊	丁	丙	乙	甲	癸
申	未	午	巳	辰	卯

　위의 명은 남성의 명으로 정관격이다. 월지 인 지장간 병화 정관이 시간에 투출했으며 일지에 사 정관이 또한 시간의 병화 정관을 도우고 있다. 사주원국에 나타나지 않았으나 정인 무(戊)가 인(寅) 장생지를 가지고 있는 형태이며 갑(甲) 정재 또한 인에 도움을 받을 수 있는 모습이다. 재성과 관성의 형태가 반듯하고 명료하다는 것은 자신이 가지고 있는 고유성을 꾸준히 유지하고 지탱하고자 하는 힘이 강하다. 대운의 흐름 또한 사오미 운으로 흐르면서 관의 형태를 유지하고 있다. 사오미 운은 선명하게 자신의 모습을 드러내는 지지이며 에너지의 활동성이 강하게 작용하는 구간이다. 인사신 삼형살을 가지면서 에너지 변화 요소가 강한 직장에서 생활한다.

　이렇게 뚜렷한 자신의 고유성을 가지는 사주팔자는 운의 간섭이 온다 하더라도 자신의 성향을 고수하면서 살아가고, 운에서 재성이나 상관의 간섭이 있다 하더라도 제한적으로 운을 사용할 가능성이 높다. 물론 대운에서 원국의 고유한 성향을 훼손하는 인자가 올 때는 기운의 꺾임과 훼손을 그대로 해석하면 된다.

2) 대운의 조건과 사건의 해석

대운(大運)은 개인의 인생에서 10년 주기로 큰 변화를 일으키는 운의 흐름을 나타낸다. 대운을 사용할 때는 지지의 흐름을 중요한 요소인데 지지의 흐름은 계절의 변화를 보는 것이며 사주팔자의 중요한 인자를 해치지 않는 것을 중요하게 생각한다. 인묘진을 봄의 기운으로, 사오미를 여름의 기운으로, 신유술을 가을의 기운으로, 해자축을 겨울의 기운으로 삼는다.

대운에서 간지(干支)는 각각 고유한 에너지를 가지며, 명의 기운과 상호작용한다. 천간(天干)은 외적으로 드러나는 기운을, 지지(地支)는 내적인 환경적 영향을 나타낸다. 이 둘의 조합은 특정 시기에 개인의 삶에서 발생하는 주요 변화를 예측하는 근거가 된다.

운의 간지가 가진 운동성은 특정 시기에 명과 어떻게 상호작용하는지를 결정짓는다. 예를 들어, 운에서 화(火)의 기운이 강한 시기에는 에너지와 열정이 강조되며, 이는 명에서 화가 필요한 경우 긍정적으로 작용할 수 있다. 그러나 화가 지나치게 강해지거나 명에서 화를 억제하는 요소가 부족하다면 부정적인 결과를 초래할 수도 있다. 이러한 간지의 운동성은 운이 명과 결합하여 만들어내는 새로운 변화를 예측하는 데 중요한 단서를 제공한다. 따라서 사주팔자가 정적인 구조가 아니라, 시간의 흐름에 따라 끊임없이 변화하는 동적인 체계임을 보여준다.

<표-29> 대운의 조건과 사건의 해석 (21세, 대학생)

시	일	월	년
庚	丁	庚	甲
戌	丑	午	申

57	47	37	27	17	7
甲	乙	丙	丁	戊	己
子	丑	寅	卯	辰	巳

<표-29>는 여성의 명식으로, 무진(戊辰) 대운에서 진(辰)이 다른 지지와 만날 때 변화하는 현상을 설명하고자 한다. 대운의 해석은 사주 원국의 고유한 구조와 지지가 가지는 계절적 속성 및 형태를 중심으로 이루어진다. 이를 분석할 때, 먼저 계절의 변화를 기준으로 삼고, 그다음 각 지지가 가지는 운의 속성을 살펴야 한다.

진(辰)은 대운에서 외부적으로 오양(五陽)의 특성을 띤다. 오양의 위치에 도달하면, 진은 자신의 형태를 가장 많이 변화시키고, 이러한 변화 과정에서 본래의 속성에 변성이 일어나기도 한다. 진의 본질적인 속성은 토(土)로, 이는 안정성과 중심을 상징하지만, 대운의 흐름과 외부 환경의 영향을 받을 때 그 속성이 변화할 수 있다.

진(辰)은 세운이나 사주팔자 내에서 신(申)과 자(子)의 간섭을 받을 때 본래의 토(土) 속성을 잃고 다른 방향으로 변화한다. 신자진 (申子辰) 합은 토(土)의 본성을 버리고 수(水) 기운으로 전환된다. 이러한 변화는 대운의 흐름에서 환경적 요인이나 사건의 영향을 받는 과정으로 볼 수 있다. 반면, 사(巳), 오(午), 미(未) 운에서는 진

(辰)이 다시 토(土)로서의 본연의 속성을 회복한다. 사오미(巳午未) 시기에는 토가 화(火)의 기운을 받아 활발히 작용하며, 중심을 잡고 안정적인 역할을 한다. 이러한 토 작용은 대운의 흐름에서 개인의 안정성과 기반을 강화하는 방향으로 작용할 수 있다.

대운을 해석할 때 계절적 변화를 기준으로 보면, 진(辰)은 봄에서 여름으로 넘어가는 시점에 위치하여 변화의 기운이 강하다. 이는 대운의 흐름에서 진이 주변 환경과 상호작용하면서 새로운 속성을 받아들일 가능성이 크다는 것을 의미한다. 진(辰)은 변화와 적응을 통해 자신의 역할을 확장하려는 속성을 가진다. 그러나 신(申)과 자(子)의 간섭이 있을 경우, 본래의 토 기운은 약화되거나 상실될 수 있다. 반대로 사(巳), 오(午), 미(未)와 만나면 본래의 토 기운이 강화되고 안정적으로 작용하게 된다.

무진(戊辰) 대운에서 진(辰)의 변화는 대운의 흐름과 만나는 지지에 따라 크게 달라진다. 진은 본래 토(土)의 속성을 가지지만, 신자진 합으로 인해 수(水) 기운으로 전환될 수 있으며, 반대로 사오미 화국에서는 다시 토로서의 본성을 회복한다. 이러한 변화는 대운의 계절적 흐름과 운의 속성에 따라 다르게 나타나며, 이를 통해 사주 주인의 삶에서 안정과 변화의 과정을 통합적으로 이해할 수 있다. 따라서 진(辰)의 대운은 단순히 토(土)로만 해석되지 않고, 주변 환경과의 상호작용과 계절적 변화 속에서 그 의미를 재조명해야 한다. 이는 사주 해석의 유연성과 통찰을 요구하는 중요한 사례로 볼 수 있다.

결국 겉모양과 내용이 다른 작용이 나타나게 되는데 이것은 辰,

戌, 丑, 未에서 항상 나타나는 현상이다, 사주원국에서 이미 축과 술을 가지고 있으니 항상 운명의 변곡점을 많이 가지고 살아가는 형태이다. 육친으로 축과 술은 식상의 작용을 하면서 형살의 형태로 나타난다. 의식주 활동과 사회적인 활동을 유발하는 행위들, 타인과의 관계에 있어서 표현력, 언어와 행동의 운동성이 편이하고 균일하게 진행되는 것이 아니고 형살의 의미를 그대로 적용해서 상처가 나면서 이루어지는 형태이다.

戌이 가지고 있는 이중성과 대운에서 작용하는 진이 가지고 있는 이중성이 만나면서 에너지의 변화를 많이 겪는다고 할 수 있다. 이러한 구간은 백호나 괴강의 신살 작용을 함께 적용시킨다. 丁火가 午달에 자신의 힘을 가진 형태에서 진 상관의 기운으로 살아가는 것은 자신을 다양하게 표현하는 것이라고 할 수 있다. 辰은 辛金과 壬水의 묘지(墓地)이다. 정 일간에게 신금은 사회적인 활동의 영역과 식신을 통해 경제적인 성취를 이루는 지점이고, 임수는 사회적인 역할이나 명예, 규범과 같은 것이다. 위 명식은 학생의 신분이었으나 자신을 억압하고 규제하는 학교를 자퇴한다. 상관의 작용이 강하게 나타나는 것이기도 하고, 오달의 정화가 신축(辛丑)년 축을 만나서 자신의 힘이 약해지는 묘지를 만난 이유이기도 하다.

사주원국에서 자신의 강한 기운을 사용해서 재성을 만들어내는 형상이다. 식상의 대운에서 인성의 기운을 밀어내는 작용을 하게 되지만 년간(年干)의 갑의 기운이 임인 계묘의 세운에서 작용하게 된다. 진 대운이 寅과 卯라는 목의 기운 즉, 공부할 수 있는 인성운을 만나서 검정고시로 대학에 입학한다.

따라서 대운의 지지 글자는 사주 원국의 지지 글자와 작용해서 진이 가지고 있는 본래의 성질을 나타내기도 하지만 운의 변화에 따라 전혀 다른 형태의 운동성으로 작용하기도 한다. 언어치료를 전공하는 것은 식상이 먹는 것, 말하는 것, 몸을 움직이는 것 등으로 설명되는데 이러한 육친의 활동성 혹은 운동성인 식삭이 형살과 백호살로 나타나 있기 때문에 의료와 치료, 새롭게 재생시키는 것으로 직업이나 전공의 인자로 삼는 것이다. 이러한 신살의 해석은 간지가 가지는 오행의 운동성과 육친의 운동성과 함께 해석되어야 한다. 신살의 해석은 신살의 의미 그대로 적용하면 된다.

3) 세운과 육친 변화 해석

세운(歲運)은 1년 단위로 변화하는 운의 흐름을 말하며 특정 시기에 발생할 수 있는 사건을 예측한다. 이러한 예측은 그 시기에 개인에게 유리한 선택을 할 수 있도록 돕는다. 개인이 그해에 겪는 행복이나 고난은 세운에 따라 결정되는 경우가 많으며 세운의 해석을 통해 단기적인 상황 변화를 예측하고 대비할 수 있다.

세운에서는 간지의 음양과 육친의 변화를 통해 기운이 건강한가, 활동력의 조화가 이루어졌는가 등을 보는 것이다. 대운에서는 활동의 속성이나 직업적인 분류와 같은 큰 틀을 본다면 세운은 사건적인 요소를 해석하게 된다. 이러한 사건은 육친의 의미와 작용을 통해 설명할 수 있다. 다음의 명은 갑진(甲辰)년 세운을 만나서 어떠한 일들을 겪는지를 살펴본다.

<표-30> 세운과 육친 변화 해석 (54세, 교사)

시	일	월	년
丙	壬	辛	辛
午	辰	卯	亥

<표-30>의 진(辰)은 양기운이 5단계이며 인묘진을 지나온 목운동이 활발한 모습이다. 진술축미는 토(土)의 형태를 가지고 있지만 에너지의 질서는 다르다. 진은 인묘진을 지나온 목기운이 강한 토이며, 신자진 수운동이 더 이상 작용하지 않는다. 물의 흐름을 막고 화운동이 원활하게 시작되는 것을 돕는다. 이것은 토기운이 가지는 이중성으로 술은 신유술 금운동을 지나오면서 화운동이 더 이상 일어나지 않게 하며 수운동이 시작될 수 있도록 돕는다. 지지는 다른 지지와 관계하면서 고유의 성질이 계속 변하게 된다.

태어난 월이 묘달이라는 사양지처의 계절을 가지면서 년의 해와 해묘 반합과 묘진 합으로 목운동이 작용하게 된다. 연월일이 모두 목운동으로 움직이고 임일간에게 목기운은 상관이 된다. 목운동과 상관 육친의 편중이라고 볼수 있다. 진술축미는 항상 조건에 따라 운동성이 달라지고 지지의 환경을 바꿀 수 있다. 위의 명식은 일지 진은 월과 년의 해묘와 작용하여 관성의 작용을 하지 못하게 된다. 사주원국에 금의 기운은 인성의 작용으로 자격증, 학위등의 형태를 취하여 사주원국의 균형을 맞추려고 한다.

관의 작용이 미약한 경우는 공적인 직장에서의 생활이 어려운 경우가 많고, 상관의 기운과 합을 하는 경우 식상 작용의 직업군으로 살아가는 경우가 많다. 교사로 살아가는 것은 봄의 수기운이 땅을 뚫고 목운동으로 모습을 드러내는 것이고 목기운은 새로운 것을 만드는 만들어가는 기운이다. 갑진년 동일한 글자 진이 작용하면서 관의 작용이 무력해진다.

직장의 기운이 임인과 계묘년을 지나면서 안정되지 못했으며 건강 또한 나빠지고 갑진이라는 상관이 드러나면서 작장을 그만두게 된다. 같은 글자가 세운에서 겹쳐오면서 자형의 작용을 하고 진이라는 기운에서 인성의 기운이 무력해진다. 세운의 작용은 사건의 발생과 해결의 양상을 설명하기에 적합하다.

VI

사주 해석의 확장적 의미

1

자기 이해

　사주팔자 해석은 단순히 길흉을 판단하거나 미래를 예측하는 도구가 아니라, 인간 존재와 삶의 본질을 탐구하는 철학적 과정으로 이해될 수 있다. 해석학은 기호와 상징을 중심으로 인간이 자기 자신과 세계를 이해하도록 돕는 이론이며, 이를 사주팔자 해석에 적용하면 그 해석의 폭과 깊이를 확장할 수 있다. 사주팔자는 우주와 인간의 에너지 흐름을 상징적으로 담아낸 텍스트로 볼 수 있으며, 이 텍스트를 해석하는 과정은 인간의 존재와 삶의 방향성을 파악하는 데 기여한다.

　해석학에 따르면, 이해와 설명은 해석의 핵심 과정이다.162) 인간의 자기 이해는 직접적으로 이루어지지 않으며, 기호와 상징, 즉 텍스트 해석이라는 우회적인 과정을 통해 이루어진다고 주장했다. 이러한 관점은 사주 해석에 있어서도 중요한 의미를 지니는데 간지라는 기호와 상징이 단순한 운명의 예측 도구가 아니라 자기 이해와 타인 이해를 위한 토대가 된다고 보는 것이다.

　사주팔자는 텍스트이고 그 핵심 단위는 간지이다. 간지는 상징과 에너지를 지니고 있으며, 사주 텍스트 안에서 운동성과 방향성을 통해 개인의 삶을 설명한다. 간지는 단순한 상징으로만 고정되어 있지 않으며, 해체를 통해 새로운 가능성을 열어준다. 해석학에서는 고정된 해석에 머물지 않고, 상징과 기호를 통해 새로운 세계를 만나는 과정을 통해 자기를 이해해야 한다고 말하는데,163) 이는 사주팔자 해석에서 간지를 고정된 틀에서 벗어나 해석해야 한다는 점과 일맥상통한다.

나라는 존재는 고정된 주체가 아니라 형성되는 존재이다. 인간은 끊임없이 변화하고, 다양한 관계 속에서 새롭게 자신을 발견하게 된다. 이러한 관점은 사주 해석에서도 마찬가지이며 사주는 고정된 해석의 틀에 갇힌 것이 아니라, 간지들이 끊임없이 서로 관계를 맺고, 새로운 사건들을 만들어가면서 자신의 존재를 형성하게 된다. 즉, 간지의 상징성을 단순히 명사적인 고정된 해석으로 볼 것이 아니라, 동사적인 운동성과 시간성을 통해 이해해야 하며 간지의 상징을 해석하는 것은 새로운 존재로 자신을 형성해 나가는 것이다.

사주팔자의 구조는 음양오행이라는 역동적인 체계에 기초한다. 음양오행은 그 속에서 발생하는 운동성과 방향성을 통해 끊임없이 변화하고 있다. 간지의 관계적 해석은 이러한 역동성을 고려하여 이루어져야 하며, 정적인 기호로만 이해되어서는 안 된다. 음양오행은 우주의 질서와 기운의 흐름을 설명하는 도구이며, 간지는 그 흐름을 상징적으로 표현하는 기호이다. 이때, 간지는 고정된 명사가 아니라, 동사처럼 끊임없이 움직이고 변화하며 그 과정에서 다양한 의미의 층을 형성하게 된다. 간지의 상징을 해석하는 것은 이러한 운동성과 변화 속에서 그 의미를 파악하는 과정이다.

사주팔자 텍스트 해석에서 전통적으로 추구해 온 방식은 통합된 해석을 찾으려는 시도였다. 이러한 통합적 해석에 대한 접근은 텍스트가 지닌 복수성, 다원적 해석의 가능성을 배제하는 것이다. 텍스트는 고정된 의미만 갖고 있지 않으며 시간과 맥락에 따라 다양한 방식으로 읽힐 수 있다. 텍스트의 본질을 고정된 구조로 제한하지 않고 해석의 여지를 열어두는 새로운 방식의 접근을 제안하고자 하는 것이 간지의 관계를 통한 해석인 것이다.

"텍스트의 구축은 없다."164)라는 주장은 텍스트에 고정된 의미가 없음을 시사하며, 텍스트가 다양한 해석 가능성을 지닌다는 점을 강조한 것이다. 이러한 해석의 가능성은 사주 해석에도 적용되며 전통적인 해석 방식이 텍스트의 통일된 의미를 찾고자 했다면 이러한 해석은 끊임없이 그 의미가 변화할 수 있는 유동적인 성격을 가지고 있다. 따라서 텍스트 분석의 목표는 하나의 진리나 궁극적 의미에 도달하는 것이 아니라, 해석의 다양한 가능성을 탐색하는 것이다. 이러한 해석 과정에서 텍스트는 고정된 결론을 제시하지 않으며, 계속해서 열려 있고 변화하는 존재로 남아야 한다.

간지를 통한 해석은 기존의 구조적 접근과는 다른 방식으로 텍스트의 작은 부분들을 면밀히 살펴볼 수 있다. 이는 텍스트 내부에서 미세한 의미의 차이와 반복을 포착하고, 이를 통해 새로운 해석의 가능성을 모색하는 작업이다. 전통적인 분석이 텍스트를 일정한 구조로 묶으려는 경향이 있는 반면, 간지를 통한 해석은 텍스트 내부의 복잡한 의미 흐름을 추적하여 고정된 해석을 피하고자 하는 것이다.

간지 해석은 텍스트의 고정된 의미를 찾기 위한 것이 아니라, 해석의 새로운 가능성을 여는 과정이다. 이러한 과정은 사주팔자를 지나치게 구조화하지 않고, 다양한 해석의 가능성을 남겨둔다. 이는 사주 해석이 단일한 결론에 도달하는 것을 피하고, 텍스트가 가진 복수의 의미와 다양한 해석의 가능성을 존중하는 방식으로 이루어져야 한다. 따라서 텍스트 분석은 텍스트를 단일한 구조로 통합하려는 시도에서 벗어나야 한다.

사주팔자를 하나의 텍스트로 해석하는 것은 그 안에 담긴 기호의 의미와 함께, 더 깊이 있는 에너지의 흐름과 변화의 방향성을 파악하는 과정이다. 이는 마치 문학 작품을 해석할 때 단순한 글자들의 조합 이상으로 그 내면의 상징과 의미를 분석하는 것과 유사하며 사주팔자에서 등장하는 각각의 간지(干支)는 고유의 의미와 함께 그 자체로 생명력과 운동성을 가지며, 이러한 운동성은 시간이 흐름에 따라 변화하는 에너지의 흐름을 나타낸다. 따라서 사주팔자는 정적인 텍스트가 아니라, 동적인 흐름을 가진 구조로 이해될 수 있으며 사주팔자 해석은 인간의 삶을 고정된 운명으로 제한하는 것이 아니라, 다양한 가능성을 가진 에너지의 변화를 해석하는 방법이다.

간지 해석에서 중요한 것은 상징성과 은유적 해석이다. 간지의 상징은 고정된 개념이 아닌, 자연 현상과 인간의 삶 속에서 드러나는 복잡한 에너지 흐름을 반영하는 은유적 표현이며 이는 단순한 도식화나 고정된 개념을 넘어, 더 깊은 진리에 도달하기 위한 해석의 도구로 기능하다. 예를 들어, 갑목(甲木)은 봄에 처음 싹을 틔우는 에너지를 상징하며, 을목(乙木)은 이 에너지가 좌우로 퍼지면서 확장되는 운동성을 나타낸다. 이러한 해석에서 갑목과 을목은 단순한 '목(木)'이라는 오행적 의미를 넘어, 각각의 고유한 운동성과 방향성을 지닌 상징으로 작용하는데 이를 은유적으로 해석할 경우, 갑목은 새로운 시작과 자기 주장의 상징이 되고, 을목은 확산과 조화의 상징으로 볼 수 있다.

따라서 간지를 해석할 때는 오행의 명사적 해석의 틀에서 벗어나, 은유적 해석을 통해 간지가 지닌 본래의 의미와 에너지 흐름을 파악하는 것이 중요하다. 이는 간지가 단순히 오행의 한 부분으로만 해석될 수 없는 더 깊은 상징적 진리를 내포하고 있다는 것을 보여주며, 은유적 해석은 고착된 해석 방식을 벗어나, 더 풍부하고 복합적인 해석을 가능하게 한다. 이렇듯 간지가 자연 현상에서 나타나는 다양한 에너지 흐름과 상징을 이해하는 데 중요한 방법론이다.

이러한 해체주의적 관점에서 간지를 해석하는 방식은 고착화된 의미를 해체하고, 그 속에 담긴 다양한 에너지 흐름과 변화를 새로운 시각에서 드러내려는 시도이다. 해체주의적 은유는 기존의 해석 방법을 부정하는 것이 아니라, 그 방식을 확장하여 간지가 지닌 복합적 의미를 더 풍요롭게 이해하게 한다. 이러한 해석은 간지가 단순히 길흉을 가리는 도구가 아니라, 인간의 삶 속에서 발생하는 다양한 사건과 변화를 상징하는 역할을 한다고 보는 것이다. 오행의 상생과 상극 관계는 전통적인 해석에서 중요한 역할을 하지만, 은유에서는 이 관계를 더 유동적이고 변형 가능한 상호작용으로 보는 것이며, 상생상극 관계는 단순히 하나의 에너지가 다른 에너지를 돕거나 극하는 것이 아니라, 에너지가 상호 간섭하고 변화시키는 복합적 과정으로 해석될 수 있다.

사주팔자 해석에서 간지의 상징을 해석하는 것은 단순히 운명을 예측하는 것이 아니라, 인간 존재의 다양한 측면을 드러내고 이해하는 과정이다. 이는 간지가 상징하는 에너지의 흐름과 방향성을 통해 개인의 삶을 설명하고, 이를 통해 새로운 주체를 만들어가는 과정으로 이어진다. 따라서 사주팔자 해석은 해석학과 마찬가지로, 끊임없이 변화하고 새로운 가능성을 열어가는 철학적 탐구 과정으로 볼 수 있다.

하이데거는 인간만이 자신의 존재에 대해 질문을 던질 수 있는 현존재(Dasein)라고 보았으며165), 인간은 그 스스로 자신의 존재 이유와 방식에 대해 고민할 수 있다고 말한다. 이러한 사상은 사주팔자 해석의 본질과 밀접한 연관성을 가진다. 사주팔자 해석은 단순한 운명 예측이나 길흉 판단에 그치는 것이 아니라, 인간의 존재를 설명하는 도구로 기능할 수 있으며 사주팔자의 각 요소인 간지는 개인의 삶에서 일어나는 사건과 경험을 통해 그 사람의 존재와 삶의 궤적을 드러낼 수 있다.

이를 바탕으로, 존재 물음과 사주팔자 해석의 연관성 및 간지가 어떻게 개인의 존재를 드러내는 도구로 기능하는지에 대해 논의할 수 있게 된다. 하이데거에 따르면 많은 존재 중 인간만이 자신의 존재에 대해 질문을 던질 수 있는 존재자이다. 인간은 자신의 존재 이유와 방식에 대해 존재 물음을 던지며, 이를 통해 스스로의 존재를 성찰한다.166) 인간은 구체적인 상황과 시간 속에서 자신의 존재에 대해 물음을 던지고, 구체적인 상황과 시간 속의 관계를 통해서 그 답을 찾아가는 존재이다.

  이러한 존재 물음을 사주팔자 해석에 적용해 보면, 인간은 삶에서 일어나는 사건들과의 관계 속에서 존재의 의미를 드러내며, 사주 해석은 텍스트 안의 시간의 흐름과 관계 맺음 속에서 드러나는 존재의 본질을 탐구하는 과정이다. 사주의 간지는 시간의 흐름과 관련된 상징적 기호로, 인간이 시간 속에서 경험하고 겪는 사건을 설명하는 도구이다. 사주에서 간지는 단순한 시간의 흐름을 상징하는 것이 아니라, 그 사람의 삶에서 일어나는 사건들을 해석하고 그 존재를 드러낸다.

  간지는 각각 고유의 상징과 운동성을 가지고 있으며, 사주팔자 텍스트 안에서 다른 간지와 관계를 맺음으로써 그 의미가 확장된다. 예를 들어, 특정한 간지가 다른 간지와 만나 상생하거나 상극할 때, 이는 단순히 기운의 흐름을 설명하는 것이 아니라, 그 사람의 삶에서 실제로 일어나는 사건들을 나타내는 역할을 한다. 이때 중요한 것은 간지가 고정된 의미를 가진 것이 아니라, 운동성과 변화를 통해 현실에서 발생하는 사건들을 설명하는 데 사용된다는 점이다. 간지 해석은 현실에서 벌어지는 사건들이 그 사람의 존재를 형성하고, 삶의 궤적을 드러내는 방식으로 작동한다.

  간지의 시간성은 사주 해석에서 매우 중요한 요소로 작용한다. 이는 존재가 고정되지 않고, 시간 속에서 지속적으로 변화한다는 개념과 깊은 관련이 있으며 존재는 시간 속에서 드러나고 사라지는 과정으로 설명되는데, 사주에서 간지는 바로 이러한 시간성 속에서 개인의 삶과 정체성을 해석하는 도구로 사용된다. 즉, 간지는 단순한 운명을 예언하는 기호가 아니라, 존재의 변화와 시간적 흐름을 탐구하는 도구인 것이다. 이러한 해석은 하이데거의 존재론에서 말하는 존재의 은폐와 드러남처럼, 간지도 단순한 고정된 의미를 넘어 변화와 시간 속에서 드러나는 새로운 의미를 찾아야 한다는 철학적 방법론과 일맥상통한다.

사주는 시간 속에서 끊임없이 변화하는 인간의 존재를 설명할 수 있는 도구이다. 사주팔자 속의 간지는 서로 관계를 맺으며, 시간의 흐름 속에서 사건들을 발생시키며 그 사건들은 단순한 에너지의 흐름을 넘어서, 한 인간의 존재를 설명하는 중요한 요소다. 사주 해석에서 중요한 것은 일간이라는 해석의 주체에서 멀어지는 것이다. 즉, 해석자가 사주팔자를 단순한 고정된 운명으로 받아들이는 것이 아니라, 비판적 시각에서 사주팔자를 통해 자기 자신을 더 깊이 탐구하는 도구로 활용하는 것이다. 사주팔자는 자신에 대한 질문을 던지고, 그 답을 찾는 철학적 탐구의 도구로 작용해야 하며, 이 과정에서 개인은 자신의 본질적 존재와 정체성을 더욱 깊이 탐구할 수 있다.

이러한 해석의 변화는 사주 해석의 주체를 변화시키는 것이다. 해석의 주체를 고정되어 있게 하는 것은 해석의 중심과 주변을 나누고, 특정한 가치 체계를 고정시키는 경향이 있었다. 이러한 해석은 소외와 편견을 강화하며, 다양한 가능성을 억압한다. 이러한 이분법적 사고를 해체하고, 새로운 가능성을 발견하는 것이 간지의 관계적 해석의 핵심이다. 따라서 사주팔자 해석에서 중요한 것은 간지와 간지 간의 관계를 해석하면서 이분법적 구조를 벗어나는 것이다. 고정된 해석 틀에서 벗어나, 간지가 가진 다양한 상징성과 운동성을 통해 새로운 해석의 길을 열어가는 과정이 중요하다. 고정된 주체란 일간을 중심으로 타인과의 관계를 설정하는 것이다.

<표-31> 일간이 해석의 주체가 되는 예시

시	일	월	년
	나		
		타인	

기존 해석의 기본 방식은 일간을 해석의 주체로 삼는 것을 해석의 기본으로 삼는다. 이에 반해 간지의 상징성과 운동성으로 해석할 경우 모든 간지는 해석의 주체가 될 수 있으며 다양한 관계의 해석을 할 수 있게 된다. 이러한 사주 해석은 타인과의 관계를 통해 자신을 알아가는 과정이다. 이는 간지는 한 개인의 삶과 변화를 시간이라는 틀 안에서 이해하는 중요한 도구라는 것을 의미한다. 사주 해석은 인간이 시간 속에서 경험하는 변화와 발전을 분석하며, 그 과정에서 자기 정체성을 탐구하는 중요한 과정이다.

사주 해석에서 중요한 것은, 사주팔자를 단순히 나의 운명을 결정짓는 틀로 해석하지 않고, 사주를 통해 나 자신에 대한 깊은 질문을 던지고 자기 자신을 탐구하는 도구로 활용하는 것이다. 이는 사주를 단순한 길흉의 예측 도구로 보는 것을 넘어서, 비판적이고 창의적인 시각에서 자신의 본질을 탐구하는 도구로 활용하는 것을 의미한다. 사주 해석은 단순히 미래를 예측하는 도구가 아니라, 존재의 변화와 본질을 탐구하는 철학적 해석 도구로 기능할 수 있으며, 이를 통해 우리는 자기 자신에 대한 깊은 이해를 얻을 수 있다.

간지의 다층적이고 유동적인 상징을 통한 해석은 단순히 고정된 기호로서의 의미를 넘어, 개인의 내면적 상태와 삶의 방향성을 깊이 이해하고, 이를 통해 자기 이해와 자기 위로를 이루는 과정이다. 간지는 특정 육친(부모, 배우자, 자녀 등)이나 상황을 상징하는 것으로 이해되었지만, 이는 간지가 지닌 다양한 의미와 가능성을 제한하는 것이다. 간지의 관계 해석은 새로운 의미를 형성할 수 있는 유동성을 지닌다. 이러한 해석은 해석학에서 언급된 기호와 상징을 통해 자기 이해를 우회적으로 이루어간다는 관점과 일치하며, 간지의 해석을 통해 개인은 자신의 내면과 삶의 이야기를 재구성할 수 있다.

간지를 통해 자신의 삶을 이해하는 과정은 곧 자신의 삶을 서사화하는 과정과 연결된다. 해석학은 인간이 자신의 정체성을 이야기를 통해 형성한다고 보았다. 이는 간지를 통해 사주를 해석하는 과정과 밀접하게 연관되면서 개인은 자신의 삶을 단순한 사건들의 집합으로 보지 않고, 통합적인 이야기로 이해할 수 있다. 간지를 통해 개인은 자신의 성향, 삶에서 반복적으로 나타나는 패턴을 발견하게 될 것이고 이를 바탕으로 자신의 과거를 재해석하고, 현재의 선택과 미래의 방향성을 서사화하는 데 활용할 수 있다. 간지를 통한 서사화 과정은 단순히 운명에 대한 예측이 아니라, 자신의 삶을 능동적으로 이해하고 재구성하는 과정이다.

이러한 자기 이해의 과정을 통해 변화된 자신을 만나게 되고 자신이 처한 상황이나 반복되는 문제들을 간지의 상징을 통해 해석함으로써, 자신을 받아들이고 수용하는 과정을 경험할 수 있다. 이러한 경험은 특정 간지가 상징하는 갈등이나 어려움이 단순히 부정적인 것으로 고정되지 않고, 그것이 삶의 성장 과정에서 중요한 역할을 한다는 점을 깨닫게 될 때, 개인은 자신의 삶을 긍정적으로 재해석하고 위로를 얻게 될 것이다.

<표-32> 자기 이해 (57세, 여성)

시	일	월	년
辛	丁	甲	戊
亥	卯	子	申

천간은 드러나 있는 에너지의 형태로, 이는 일간이 지향하는 것들이나 타인에게 드러나는 모습, 혹은 이루고자 하는 욕망을 상징한다. 천간은 기운의 형태이기 때문에 이러한 외적인 특성을 보여준다. 반면, 지지는 에너지가 발현되는 장소로, 사건의 형태와 속성, 그리고 살아가는 기본적인 환경을 나타낸다. 지지는 사주팔자의 내면적이고 실질적인 환경을 형성하며, 사건이 일어나는 구체적인 배경이 된다.

정 일간이 식상으로 사용하고 있는 글자는 년간의 무토(戊土)다. 월지의 자는 편관에 해당한다. 일반적으로 식상(食傷)은 일간의 활동 형태로, 의식주를 만드는 기본적인 에너지로 볼 수 있다. 반면, 편관(偏官)은 일간의 기운을 제어하는 기운으로, 상극의 논리를 통해 일간을 억제하거나 조율하는 역할을 한다. 특히 월에서 편관은 일간뿐만 아니라 일간의 활동 형태인 식상의 운동성을 제어하는 데 주로 작용한다. 천간의 무토는 강력한 화 기운으로 인해 자신의 모습을 드러내지만, 정체된 형태로 더 이상 확장하지 못한다. 상관은 말을 하고, 자신을 드러내며, 움직이고, 밖으로 나가는 것을 의미한다. 식상은 모든 오행에서 나타날 수 있으나, 화의 식상과 금의 식상은 운동성과 방향성에서 차이가 있다.

월지의 자를 편관이라는 관계의 명칭으로 해석하기보다는, 자의 상징과 운동성을 중심으로 이해해야 한다. 자는 정체되어 있는, 움직임이 없는, 또는 움직이기 시작하는 에너지를 가진다. 자의 에너지는 내면에 집중되어 있으며, 천간의 무토에서 드러나는 펼쳐지는 기운을 억제하고 있다. 비록 자유로운 영혼의 에너지가 천간에 뚜렷하게 드러나 있다 하더라도, 일간이 살아가는 방식은 자의 모습을 따르게 된다. 따라서, 이 명식은 정신적 활동과 관련된 직업으로 살아가는 형태를 나타낸다.

묘는 목운동으로 세상 밖으로 나가고자 하는 운동성을 지니고 있다. 육친으로는 편인의 기운에 해당한다. 인성의 기운은 하나의 기운이 다른 기운을 도와 새롭게 태어나게 하는 작용을 한다. 육친의 해석에서, 인성의 기운은 일간의 기운을 생하게 하므로 어머니로 해석된다. 이는 어머니가 나에게 생명을 주는 존재이기 때문이다. 또한, 인성의 기운을 공부, 자격증, 학위 등으로 설명하는 이유는, 공부가 나를 새롭게 태어나게 하는 역할을 하기 때문이다. 목숨을 가진 생명체로 태어나는 것은 어머니를 통해 이루어지지만, 살아가면서 새로운 존재로 거듭 태어나는 과정은 인성을 통해 가능하다. 이러한 이유로 인성은 개인이 성장하고 변화하며 새롭게 탄생할 수 있는 중요한 요소로 해석된다. 묘라는 인성은 해(亥)와 관성으로 합을 이루며,

이를 통해 목운동을 활발히 진행시킨다. 이는 개인의 삶에서 새로운 기회와 가능성을 만들어내는 중요한 기운으로 작용한다.

따라서, 월지 자의 상징성을 바탕으로, 상담을 통한 관련된 일을 통해 삶을 이어갈 가능성이 높다. 결국, 이러한 삶은 수 운동성이 가진 치유와 생명에 관한 이야기가 삶의 중심이 될 것이며, 이러한 에너지는 새로운 생명을 살리는 목운동과 화운동으로 실현될 것이다.

이러한 자기 이해의 과정을 통해 변화된 자신을 만나게 되고 자신이 처한 상황이나 반복되는 문제들을 간지의 상징을 통해 해석함으로써, 자신을 받아들이고 수용하는 과정을 경험할 수 있다. 이러한 경험은 특정 간지가 상징하는 갈등이나 어려움이 단순히 부정적인 것으로 고정되지 않고, 그것이 삶의 성장 과정에서 중요한 역할을 한다는 점을 깨닫게 될 때, 개인은 자신의 삶을 긍정적으로 재해석하고 위로를 얻게 될 것이다.

2

타자 이해

사주팔자에서 간지는 인간 존재를 시간적 흐름 속에서 해석하는 상징적 도구로 작동하며, 그 의미는 고정된 것이 아니라 시간과 상황에 따라 변화하면서 새로운 의미를 창출한다. 간지는 단순히 정적인 기호가 아니라, 시간적 맥락 속에서 관계 맺음과 변화를 통해 개인의 삶을 설명하는 도구로 기능하는 것이다. 간지는 개인의 존재를 설명할 수 있는 중요한 기호이다. 간지들은 서로 관계를 맺으면서 새로운 사건들을 발생시키고, 그러한 사건들은 곧 그 사람의 존재를 형성한다.

<표-33> 관계 해석을 통한 타자 이해 (21세, 대학생)

시	일	월	년
庚	丁	庚	甲
戌	丑	午	申

57	47	37	27	17	7
甲	乙	丙	丁	戊	己
子	丑	寅	卯	辰	巳

간지(干支)는 단순한 상징적 기호가 아니다. 간지는 각각 고유의 상징과 운동성을 가지고 있으며, 사주팔자 텍스트 안에서 간지는 관계를 통해 현실에서 일어나는 사건들과 그 사건들이 개인의 삶에 미치는 영향을 상징적으로 드러낸다. 이러한 관계와 변화는 개인의 성격, 행동 양식, 삶의 궤적을 형성하며, 간지를 통해 개인은 자신의 삶을 서사화하고 새로운 가능성을 발견할 수 있다.

<표-33>은 여성이며 대학생으로, 월지의 기운이 자신의 일간인 정화(丁火)의 녹지(祿地)에 놓여 있다. 지지는 살아가는 환경이자 삶의 현장을 의미하며, 사주 해석에서 중요한 부분이다. 오(午)와 축(丑)은 각각의 기운에 더해 신살의 해석을 포함해야 하며, 이러한 신살 해석은 사건 해석에 중요한 도구로 활용된다. 오는 일음(一陰)의 지지로서, 양의 기운으로 둘러싸여 있지만 일음의 기운이 시작되는 지점이다. 오는 양기운이 강하며, 축을 만나면 원진의 관계를 형성한다. 오는 비견(比肩)의 기운으로, 본인에게는 친구, 형제, 동료를 상징한다. 비견은 개인의 힘을 나타내기도 하지만, 동시에 나의 것을 빼앗아 가는 이중적인 의미를 가진다.

이러한 원진 관계와 비견의 기운은 타인과의 관계에서 갈등과 조화가 공존하는 양상을 나타내며, 개인의 삶에서 중요한 사건의 원인이 되기도 한다. 강한 화 기운이 토 기운으로 움직일 때, 이는 식신과 상관의 기운이 작용한다고 볼 수 있다. 지지에는 토 기운이 두 가지 형태로 나타나는데, 축(丑)과 술(戌)이다. 축은 식신의 기운으로, 사유축(巳酉丑) 금의 기운이 묘지(墓地)에 놓여 있다. 술은 상관

의 기운을 지닌다. 자신의 기운을 드러낼 때, 음양의 합이 이루어지는 경우, 그 표현의 형태가 관(官)을 상하게 한다는 의미를 가진다. 축과 술은 육친으로서 식상의 작용을 하며, 형살의 형태로 나타난다. 이는 의식주 활동과 사회적 활동을 유발하는 행위들, 그리고 타인과의 관계에서의 표현력, 언어와 행동의 운동성이 편안하고 균일하게 진행되지 않으며, 형살의 의미처럼 상처를 유발하며 이루어지는 형태임을 의미한다. 이 경우, 타인과의 대화에 불편함을 느끼거나, 타인과 관계를 맺는 상황에 두려움을 느낄 수 있다.

지지의 환경은 식상의 형살과 식신과 비견의 원진으로 나타난다. 형살은 기운의 합이나 충처럼 사건이 해결되거나 결정, 마무리, 혹은 새로운 시작을 예견하는 것이 아니라, 상처를 안고 관계를 이어나가는 형태로 볼 수 있다. 원진은 스트레스가 지속되고 해결이 어려운 관계를 의미하며, 이러한 관계적 불편함이 지속되는 환경으로 해석된다. 따라서, 이 명식의 지지는 편안하고 안정적인 상태를 유지하기보다는, 불편함과 상처를 유발하는 기운을 품고 살아가는 괴로움을 반영한다. 또한, 일간의 기운이 12운성에서 묘지(墓地)에 있다는 것은 자신의 기운이 묘지에 머물러 약화된 상태를 의미한다. 이러한 현상은 개인의 말과 행동이나 타인과의 관계의 시작이 매끄럽지 못하고, 스스로 위축감을 느끼는 상황을 나타낸다. 이러한 지지의 환경에서 타인과의 관계를 어려워하며 학교생활을 이어가다가, 결국 신축년(辛丑年)에 자퇴를 결정하게 되었다.

식상의 관계가 원진과 형살로 나타나면서, 친구들과의 관계에서 어려움을 겪었다. 자신의 말이나 행동이 식상의 기운으로 드러나는 데, 이러한 형태는 대개 타인과의 관계가 원만하지 못한 경우로 이어진다. 특히, 비견인 오(午)와의 관계에서 힘들어했던 이유는, 비견이 친구를 상징하며, 월지에 위치한 비견의 기운이 매우 강하기 때문이다. 사주 원국에서 비견과의 관계를 해석할 때, 비견의 힘이 강한지, 나의 힘이 강한지를 따지게 되는데, 월지에 자리한 비견의 힘은 묘지에 놓여 약한 상태의 일간보다 강하다. 이로 인해 친구와의 관계에서 위축감을 느끼고, 원만한 관계를 형성하지 못했다. 이러한 교우관계에서의 스트레스는 심화되었으며, 일지의 축(丑)이 반복적으로 겹쳐 나타날 때 결국 자퇴로 이어졌다.

무진 대운에서 진(辰)과 사주 원국의 술(戌)이 충돌하면서 불안감과 불면증으로 고생하게 되었다. 진은 양(陽)의 기운을 다섯 품고 있고, 술은 음(陰)의 기운을 다섯 품고 있다. 이러한 진과 술의 충돌은 음과 양의 기운이 끊임없이 부딪히는 상황을 만들어내며, 밤과 낮이 혼재된 상태처럼 이중적인 기운을 동시에 감당해야 하는 괴로움을 초래한다. 이는 마치 밤과 낮의 경계가 사라진 것과 같아 감정의 기복이 음과 양을 넘나드는 상태로 나타난다. 분주한 마음을 스스로 다스릴 수 없는 상태에 빠지게 되었으며, 이러한 감정의 혼란과 이중성은 삶에 큰 어려움을 가져왔다.

이러한 불안정한 관계를 겪는 운에서도, 개인은 일상이라는 시간을 견딜 수 있는 힘을 찾아야 한다. 심리치료를 진행하는 중, 다시 시작한 것은 검정고시였다. 이는 공부를 다시 시작하며 대학 입학을 목표로 삼은 것이다. 임인(壬寅)과 계묘(癸卯)의 기운이 다가온다는 것은, 다시 공부할 수 있는 인성(印星)의 기운이 활성화되고 있다는 것을 의미한다. 식상의 대운에서는 인성의 기운을 밀어내는 작용이 발생할 수 있지만, 년간(年干)의 갑의 기운이 임인과 계묘의 세운에서 긍정적으로 작용한다. 특히, 진 대운이 인과 묘라는 목의 기운, 즉 공부와 관련된 인성운을 만나면서 검정고시를 통해 대학 입학이라는 결과로 이어진다.

사주 원국은 식상이 재성을 만들어내는 데 기운이 집중되어 있지만, 이러한 기운은 개인의 에너지를 소진시키는 경향이 있다. 따라서 자신의 기운을 보완하는 인성, 즉 공부나 자격증과 관련된 기운을 활용하는 것이 유리하다. 자격증을 갖춘 기술자의 형태로 살아가는 삶이 이러한 명식에 적합하다.

이 명식에서 어머니의 모습은 갑이 12운성의 절지(絶地)에 놓여 있어 불완전한 상태로 나타난다. 어머니로 상징되는 인성의 기운은 원래 일간을 도와주는 기운이지만, 월지의 오(午)의 기운으로 인해 갑이 월지에서 사지(死地)에 놓여 약화된다. 어머니 입장에서 딸이 불편하게 느껴지는 것은, 어머니를 나타내는 갑의 입장이 절지와 사지의 환경 속에서 제대로 힘을 발휘하지 못하기 때문이다. 이는 명식에서 글자가 존재하더라도 제 역할을 하지 못하는 상황으로 나타난다.

결론적으로, 이러한 해석은 개인이 자신의 환경과 기운을 이해하고, 이를 보완할 수 있는 방향으로 나아가는 데 중요한 태도를 가지게 한다. 자신의 기운을 억압하는 것은 관성의 기운이므로, 강한 압력을 견뎌야 하는 직장의 형태는 피하는 것이 좋다. 대학 전공으로 의료 분야를 선택한 것은 일지의 백호살을 신살로 받아들인 결과로 해석할 수 있다. 따라서 직장의 형태가 관성의 모습으로 나타나지 않고, 식신과 재성의 형태로 직업을 선택하는 것이 바람직하다. 년주의 갑신 현침살과 일지의 정축 백호살은 관성을 찾는 주요 지표로 작용한다. 특히 여성의 사주에서는 관성이 남편과 직장의 형태를 의미한다. 오와 신의 격각으로 인해 신(申)과의 관계가 무난하지 않으며, 축(丑)과 오(午) 사이의 관계로 인한 불편함 또한 오래 지속될 가능성이 있다. 이러한 관계의 불편함은 직업적 변화와 남편과의 관계에서 발생하는 부조화로 나타날 수 있다. 따라서 이러한 관계의 불편함을 해석하고 설명하여, 개인이 자신의 상황을 이해하고 조화로운 삶의 방향을 찾을 수 있도록 돕는 것이 중요하다.

이러한 지지 간의 관계를 해석하고 자신의 모습을 마주할 용기를 가진다면, 자신의 지지 환경, 즉 살아가는 에너지의 운동성과 패턴을 이해할 수 있다. 이를 통해 개인은 자신이 처한 환경에서 변화하고 성장할 수 있는 요소를 발견할 수 있다. 이러한 해석이 가능한 것은 운의 흐름은 고정된 것이 아니라 순환하기 때문이다.

3

공동체 이해

<표-34> 공동체에서 관계 해석-1 (13세, 남학생)

시	일	월	년
	丙	辛	己
	辰	未	丑

<표-35> 공동체에서 관계 해석-2 (16세, 여학생)

시	일	월	년
	癸	甲	壬
	卯	辰	辰

<표-34>는 미월의 병화이다. 지지의 환경은 축, 미, 진이다. 축은 상관의 형태인데 축 지장간 안에 계수가 있어서 상관과 정관이 섞여 있는 모습이다. 육친을 운동성으로 설명하면 상관은 몸으로 부딪히고, 강하게 말하고, 규칙을 깨는 행동을 하는 것이다. 내가 나를 표현하는 방식인데 문을 열고 밖으로 나가려는 동작과 문을 걸어 잠그고 웅크리는 동작을 함께 하는 것이다. 사유축 금운동을 하는 것이

축이므로 편재가 입고되는 현상이다. 경제적인 활동을 하는 사람들은 식신을 통해 얻은 1차 결과물들, 즉 재물과 같은 것들을 숨기는 작용이라면 학생은 과제나 해야 할 일들, 결과물이 나와야 하는 활동들을 하지 않는 것이나 활동력이 약한 것이다. 년에 상관이라는 것은 이미 허물어져 있는 것이며, 경제적인 혜택을 누리기 힘들고 경제적인 활동성도 약해지는 것이다.

월의 미는 상관이다, 진술축미는 묘지의 작용으로 더 이상 활동하지 않는 에너지와 육친의 작용을 반드시 설명할 수 있어야 한다. 미는 해묘미 목운동의 묘지이며 병화에게는 편인 작용의 입고이다. 자기를 표현하는 인자가 가장 많이 드러나 있는 모습이다. 정관 계수의 묘지이다. 이러한 작용으로 상관의 활동성은 상당히 강하게 나타난다. 월지는 부모 형제의 자리이다. 상관의 속성을 그대로 확장하면 부모의 자리가 안정되지 않은 것이니 가족관계가 복잡하거나 불화하는 경우가 많다.

일지의 진은 식신의 기운이다. 진은 임(壬)과 신(辛)의 묘지이다. 임수는 편관으로 편관 입고는 나를 강하게 제어하는 기운이 사라졌다는 것으로 규범과 규제가 사라졌다는 것이다. 직장을 얻어야 하는 시기라면 힘든 과정을 거쳐가야 하고, 학생이라면 학교의 규칙을 지키거나 학생의 신분에서 해야 할 일을 수행하기가 어려울 수도 있다. 진에서 경제적인 활동을 하지 않는 것이며, 관성의 작용도 미약해지므로 뚜렷한 방향성이 없이 살아가는 형태이다.

<표-35>는 갑진년 운에 같은 글자가 재차 반복되면서 육친상의 괴로움을 겪는다. 사주 원국이 가지고 있는 가족과의 불화가 심해지고,

학교 생활은 더욱 힘들어졌다. 가장 문제가 되는 것은 식상의 형태가 지지의 환경을 모두 차지하고 있으며, 식상이 묘지의 글자로 다양한 육친의 활동성을 막고 있는 형태이다. 자살 시도와 자해가 빈번하게 발생되고 있다.

또한 자살 시도와 자해가 갑진년에 발생했다. 진이 두 번 연달아 나타나는 자형의 작용과 신금이 묘지에 입고한다. 봄에 태어난 비의 모습이다. 일지의 묘와 진이 합하여 실제 육친의 모습은 정관이지만 진이 가지는 이중성이 발생한다. 결국 기존의 틀을 허무는 상관의 기운이 강하게 발동하고 세운에서는 천간의 기운이 어느 방향으로 어떠한 운동을 하고 있는지를 살펴야 하는데, 목운동은 새롭게 시작한다는 창신의 의미가 있지만 위의 명에서는 기존의 방식을 허무는 작용을 한다. 상관의 작용이 강하게 나타날 때는 나에게서 빠져나가는 모든 기운 즉, 말과 행동의 과한 변화를 설명한다. 건강의 이상을 주로 설명하는데 이러한 경우는 스스로 건강을 해치는 것이다.

위 두명은 10대 학생이며 심리 상담과 치료를 받고 있다. 공통적으로 자신을 도와주고 생하여 주는 기운의 부재가 문제가 된다. 타고난 성향의 편중성과 난폭함 등이 문제가 되기도 하지만 이런 경우는 가족, 좁은 의미에서 부모의 역할이 미약하고, 자신을 돌봐주는 울타리가 사라진 경우이다. 두 명은 부모의 보살핌을 실제 받지 못하고 있는 실정이다.

청소년기는 개인의 심리적, 사회적 성장에 있어 중요한 시기로, 이 시기에 겪는 다양한 문제들은 학교와 가정이라는 두 주요 환경과 밀접하게 연관되어 있다. 본 논문은 사주팔자를 기반으로 학생들이 겪는 학교 적응 문제, 왕따 및 폭력 문제, 가정불화 등을 심층적으로 분석하고, 이러한 해석이 상담과 공동체 이해에서 가지는 중요성을 논의하고자 한다. 특히, <표-34>와 <표-35>라는 두 학생의 사례를 중심으로, 사주팔자가 학생 문제의 원인과 해결 방안을 제시할 수 있는 유용한 도구임을 설명한다.

사주팔자는 개인의 타고난 성향과 환경적 요소를 분석할 수 있는 도구로, 학생이 처한 가정과 학교 환경에서의 상호작용을 이해하는 데 도움을 줄 수 있다. 두 사례를 통해서 본 학생 문제의 주요 원인은 다음과 같다.

첫째, 가족 환경의 부재이다. 두 사례 모두 부모의 보살핌과 보호가 결여된 상황에서 발생한 문제들이다. 부모는 자녀에게 생조(生助)의 기운을 제공해야 하지만, 이러한 역할이 미약하거나 부재한 경우 학생은 심리적으로 불안정해지고, 폭력적 행동이나 자해로 이어질 수 있다.

둘째, 학교 적응의 어려움이다. 상관 기운은 과잉된 자기 표현과 규칙의 파괴를 의미한다. 이는 학교라는 규율 중심의 환경에서 적응 문제를 야기하며, 왕따나 폭력 문제로 이어질 수 있다. 두 사례에서 공통적으로 나타나는 상관의 과도한 작용은 학생의 사회적 관계 형성을 방해하며, 결과적으로 학교 생활에 부정적인 영향을 미친다.

상담에서 사주팔자의 역할은 학생의 타고난 성향과 환경적 영향을 분석하여, 문제의 원인을 파악하고 해결 방안을 모색할 수 있는 유용한 도구이다. 학생의 사주팔자를 통해 결핍된 기운과 과잉된 기운을 분석하여 심리적 불안을 해소하는 데 도움을 줄 수 있다. <표-34>와 <표-35>의 경우, 부모와의 관계 회복과 보호 기운을 강화하는 것이 상담의 중요한 목표로 제시될 수 있다. 또한 학교와 가정이라는 공동체가 학생 문제를 해결하기 위해 협력할 수 있도록, 사주팔자는 학생의 행동과 성향을 이해하는 기반을 제공한다. 예를 들어, 왕따 문제는 상관의 과도한 작용으로 인해 발생하는 경우가 많으므로, 이를 완화하기 위한 교육적 접근이 필요하다.

사주팔자를 통한 해결 방안을 다음과 같이 제시할 수 있다.

첫째, 가정에서의 보호와 지원이다. 부모는 학생에게 생조(生助) 기운을 제공하는 핵심적인 역할을 한다. 가족 상담을 통해 부모의 역할을 강화하고, 학생에게 심리적 안정감을 제공해야 한다.

둘째, 학교에서의 적응 지원이다. 학교는 상관의 과도한 기운을 완화하기 위해 규칙 중심의 접근 대신 학생의 자발적 참여를 유도하는 프로그램을 도입할 수 있다. 학생의 강점을 발견하고 이를 발전시킬 수 있는 맞춤형 교육이 필요하다.

<표-34>와 <표-35>의 사례는 학생들이 겪는 학교 적응 문제, 가정불화, 자해와 같은 문제들이 사주팔자의 구조와 깊은 연관이 있음을 보여준다. 이러한 문제를 해결하기 위해서는 학생의 타고난 성향과 환경적 영향을 심층적으로 이해하고, 이를 바탕으로 맞춤형 상담과 공동체의 지원을 제공해야 한다. 사주팔자는 이러한 과정에서 중요한 도구로 활용될 수 있으며, 학생 문제 해결뿐 아니라 공동체의 이해와 협력을 증진하는 데 기여할 수 있다.

사주팔자에서 명은 타고난 기운으로 구성되며, 이는 변화하지 않는 고정된 요소로 간주된다. 반면 운은 시간의 흐름에 따라 변동하며, 타고난 명이 현실에서 발현되는 과정을 결정짓는다. 이러한 상호작용은 사주팔자 해석에서 명과 운을 분리할 수 없는 이유이다. 운은 타고난 명에서 필요한 오행이나 에너지를 제공함으로써 명의 기운을 강화하거나 약화시킬 수 있다. 예를 들어, 명에서 특정 오행이 결핍되었을 때, 운이 해당 오행을 보충하면 개인의 삶에서 긍정적인 변화가 일어날 가능성이 높아진다. 반대로, 운의 흐름이 명의 기운을 상충하거나 억제하면 어려움이 발생할 수 있다. 움을 겪는 경우의 설명이다.

사주팔자에서 명과 운은 상호 의존적인 관계를 이루며, 운의 흐름은 명의 기운이 현실에서 어떻게 발현되는지를 결정짓는 핵심적인 요소이다. 간지가 가진 고유한 운동성은 명운의 상호작용을 이해하고, 특정 시기의 변화를 예측하는 데 중요한 근거를 제공한다. 따라서 사주팔자 해석에서는 명과 운의 조화를 고려하며, 유동적인 관점에서 접근하는 것이 필요하다.

4

사주 해석의 새로운 패러다임

　이 책은 전통적인 사주팔자 해석 방법이 현대 사회의 복잡성과 다양성을 충분히 반영하지 못한다는 한계에서 출발하였다. 기존의 해석은 주로 일간 중심에 의존하며, 개인의 길흉화복을 판단하는 데 초점을 맞추어왔다. 그러나 현대 사회는 사회적 관계와 개인의 정체성이 유동적으로 변화하는 특성을 지니며, 이는 사주팔자 해석이 단순히 운명 예측을 넘어 인간 존재와 관계를 심층적으로 탐구할 수 있는 도구로 발전해야 함을 요구한다. 이에 따라 이 책에서는 간지(干支)의 상징성과 운동성에 기반한 해석 방법을 제안하였다. 사주팔자를 텍스트로 보고, 이를 통해 개인의 정체성, 사회적 관계, 그리고 시간적 사건의 맥락을 다층적으로 해석하는 새로운 해석의 방법론을 제시하였다.

　이 책은 다음 세 가지 과제를 중심으로 진행되었다. 첫째, 간지의 상징성과 운동성을 활용한 해석이 개인의 존재와 삶을 설명하는 도구로 작용할 수 있음을 입증하고자 하였다. 둘째, 해석의 주체를 기존의 일간에서 간지 전체로 확장함으로써, 현대인의 다층적인 관계를 반영할 수 있는 새로운 접근법을 제시하고자 하였다. 셋째, 간지의 운동성과 방향성을 통해 시간의 흐름 속에서 발생하는 사건과 변화의 맥락을 효과적으로 설명할 수 있음을 실증적으로 보여주고자 하였다.

이러한 연구 과제는 다음과 같은 연구 방법을 통해 진행되었다. 먼저, 문헌 조사를 통해 기존의 해석 방식을 검토하고, 이러한 해석이 현대 사회에서 적용되는 과정에서 나타나는 문제점을 분석하였다. 이어서, 간지의 상징성과 운동성에 근거한 사주팔자의 재해석과 관련된 다양한 사례를 연구하였다. 사례 연구에서는 기존의 일간 중심 해석 방식에서 벗어나, 사주팔자를 구성하는 여덟 간지를 각각 해석의 주체로 삼았다. 이를 통해 간지의 상징성과 운동성에 기반한 새로운 해석을 시도하였다. 연구 과정에서는 천간의 운동성, 지지의 운동성, 그리고 해석의 주체를 일간에서 간지 전체로 확장해야 하는 필요성에 대해 논의하였으며 이러한 이론적 틀을 바탕으로 구체적인 사례를 분석하였다.

이를 통해 이 책에서는 다음과 같은 결론을 도출하였다. 첫째, 간지를 통한 사주팔자 해석이 개인의 정체성을 설명할 수 있는 상징적 도구로 기능할 수 있음을 확인하였다. 간지는 단순한 기호가 아니라, 사주팔자 텍스트 내에서 상호작용하며 다양한 의미를 형성하는 중요한 요소로 작용한다. 이에 간지 각각이 지닌 고유한 상징성과 텍스트 내 운동성이 개인의 존재를 해석하고 설명하는 데 중요한 역할을 할 수 있음을 입증하였다. 간지가 독립적이면서도 상호작용적 특성을 통해 개인의 삶과 정체성을 다각도로 탐구할 수 있는 도구임을 확인하였다.

둘째, 간지를 통한 사주팔자 해석이 복잡하고 다양한 관계를 설명할 수 있음을 확인하였다. 기존의 일간 중심 해석 방식은 주체를 고정시킴으로써 관계 해석의 한계를 가졌으나, 이 책에서는 사주팔자의 여덟 간지 각각이 해석의 주체가 될 수 있음을 논의하였다. 이를 통해 해석의 주체를 다양화하고, 오행 중심 해석에서 간지 중심 해석으로의 전환 가능성을 제시하였다. 또한 간지 간의 관계를 통해 현대 사회의 복잡한 인간관계를 유연하게 반영할 수 있는 새로운 접근법을 제시하였다. 간지 중심 해석은 현대인의 다층적인 사회적 맥락을 효과적으로 담아낼 수 있다는 가능성을 보여주었다.

셋째, 간지를 통한 사주팔자 해석이 시간의 흐름에 따른 사건과 변화를 설명할 수 있음을 입증하였다. 간지의 운동성과 방향성을 활용하여 시간의 흐름 속에서 발생하는 사건들, 운의 방향성, 그리고 이에 따른 간섭 요소들을 분석함으로써, 변화하는 시간성과 사건의 맥락을 효과적으로 해석할 수 있다는 가능성을 확인하였다. 이는 간지가 시간의 흐름 속에서 발생하는 변화와 인간의 삶의 궤적을 설명하는 데 있어 유용한 해석 도구로 기능할 수 있음을 시사한다.

이러한 연구는 사주팔자 해석의 독창성을 가지며 다음과 같은 학술적 의의를 가진다.

첫째, 간지를 해석의 중심에 둔 사주팔자 해석의 새로운 관점을 제시하였다. 간지를 단순한 기호적 도구로 보는 관점을 넘어, 간지가 지닌 상징적 의미와 운동성을 중심으로 간지 간의 상호작용에서 발생하는 에너지 흐름을 간지 간의 관계 해석의 토대로 삼았다.

둘째, 사주팔자 해석의 주체를 확장하였다. 기존의 일간 중심 해석 방식을 탈피하여, 사주팔자의 여덟 개 간지가 각각 해석의 주체가 될 수 있음을 제안하였다. 이를 통해 해석의 주체 다양화와 맥락적 관계 해석이 가능해졌다.

셋째, 사주팔자의 텍스트적 재해석을 시도하였다. 사주팔자를 고정된 운명 예측의 도구가 아니라, 개인의 삶과 관계, 그리고 시간적 사건을 해석할 수 있는 유동적이고 맥락적인 텍스트로 보았다.

간지가 가진 상징성과 운동성을 통한 사주팔자 해석은 개인의 운명 해석에서 확장하여 현대인의 복잡한 정체성과 다층적인 사회적 관계를 설명하는 유용한 도구로 작용할 수 있다. 따라서 간지를 중심으로 한 새로운 해석 방식을 상담, 교육, 조직 내 관계 분석 등 다양한 실용적 영역에서 적극적으로 활용해야 한다. 기존 연구는 주로 일간 중심의 해석이나 전통적 육친 해석에 초점이 맞춰져 있었다. 앞으로의 연구는 간지 전체를 해석의 주체로 삼아, 간지의 상호작용, 운동성, 그리고 시간 속에서의 변화 가능성을 포괄적으로 탐구해야 한다. 특히 간지 해석이 사회적 관계, 공동체 이해, 심리적 문제 해결에 어떻게 적용될 수 있는지에 대한 구체적이고 다양한 사례 연구가 필요하다.

이 책에서는 학교 내 폭력, 왕따, 자살 시도와 같은 민감한 사회적 문제를 다루며, 사주팔자 해석이 개인의 문제를 넘어 사회적 문제로 해석의 범위를 확장될 수 있음을 보여주었다. 앞으로 사주팔자 해석을 통해 사회적 갈등 해소 및 관계 회복에 기여할 수 있는 구체적인 실천 방안과 적용 사례를 개발해야 한다고 본다. 사주팔자 해석의 현대적 확장을 위해서는 명리학뿐만 아니라 철학, 심리학, 사회학, 교육학 등 다양한 학문적 관점과의 융합 연구가 필요하다. 이를 통해 사주팔자 해석이 현대 사회의 다양한 삶의 맥락을 설명할 수 있는 학문적 해석 틀로 자리 잡도록 해야 한다.

이러한 해석의 확장은 전통적 해석 방식과 현대적 방법론의 조화라는 바탕에서 이루어져야 한다고 본다, 전통적인 사주 해석 방식의 장점과 간지 중심 해석의 유연성을 조화롭게 통합할 필요가 있다. 이를 통해 기존의 해석 방식을 보완하고, 현대적 요구를 반영한 새로운 융합 해석 틀을 개발함으로써, 전통과 현대가 상생할 수 있는 방향을 모색해야 한다.

사주팔자는 살아있다

References

[원전]

『窮通寶鑑評註』
『說文解字』
『說文解字翼徵』
『三命通會』
『淵海子平』
『子平眞詮』
『子平眞詮評註』
『淵海子平評註』
『五行大義』
『李虛中命書』
『滴天髓』
『滴天髓闡微』
『春秋繁露』
『淮南子』

[단행본]

김기, 『음양오행설의 이해』, 문사철, 2016.
김일권, 『동양천문사상 하늘의 역사』, 예문서원, 2007.
김휘택, 『폴 뤼쾨르의 설명과 이해관계의 이중 검증』, 프랑스문화예술연구 제30집, 2009.
롤랑 바르트 지음, 김웅권 옮김. 『S/Z』. 연암서가, 2015.
루즈니 지음, 김연재 옮김, 『명리학의 이해 1』, 사회평론, 2018.
류성태, 『중국철학사의 이해』, 學古房, 2016.
리처드 나스벳 지음, 최인철 옮김, 『생각의 지도』, 김영사, 2004.
Lynn Margulis 지음, 이한음 역, 『공생자 행성』, 사이언스북스, 2007.
마르셀 그라네지음, 유병태 옮김, 『중국 사유』, 한길사, 2015.

萬民英, 김정안 옮김, 『三命通會適要』, 문원북, 2016.
몽배원 지음, 김용섭 옮김, 『중국철학과 중국인의 사유방식』, 철학과 현실사,
　　　2005,
벤자민 슈워츠 지음, 나성 옮김, 『중국고대 사상의 세계』, 살림, 2004.
申六泉, 『사주명리학대사전』, 갑을당, 2013.
양명수, 『폴 리쾨르의 해석의 갈등 읽기』, 세창미디어, 2017.
야마다 게이지 지음, 박성환 역, 『중국과학의 사상적 풍토』, 전파과학사,
　　　1994.
야먀다 게이지 지음, 김석근 옮김, 『주자의 자연학』, 통나무, 1991.
이승재, 『사주명리학의 과학적 탐구』, 미래터, 2020,.
이정환, 『사주입문』, 김영사, 2008.
任鐵樵, 김기승·김현덕 옮김, 『適天髓闡微』, 다산글방, 2017.
張垈年 지음, 김용섭 옮김, 『중국의 지혜』, 대구한의대출판부, 2019.
정우진, 『감응과 한의학』, 의철학 연구, 2010.
정우진, 『감응의 철학』, 소나무, 2016,.
칼 심스 지음, 김창환 옮김, 『해석의 영혼 폴 리쾨르』, 앨피. 2003.
폴 리쾨르 지음, 박병수· 남기영 옮김, 『텍스트에서 행동으로』, 아카넷, 2002.
프리초프 카프카 지음, 김용성 이성범 옮김, 『현대물리학과 동양사상』.
　　　범양사, 1975.
한동석, 『우주변화의 원리』, 대원출판, 1966.

[학위논문]
김규성, 「王充 命定論의 연원과 체계」, 동방문화대학원대학교, 박사학위논문.
강성인, 「회남자의 음양오행학설과 사주명리의 연관성 연구」, 동방대학교
　　　박사학위논문, 2016.
김기,　 「음양오행설의 주자학적 적용 양상에 관한 연구」, 성균관대학교
　　　박사학위논문, 2012.
김승종, 「자평진전 적천수 궁통보감의 길흉 해석 방법에 대한 비교 연구」,
　　　국제뇌교육대학원대학교 박사학위논문, 2022.
김준호, 「日干 중심의 用神과 『子平眞詮』의 格局用神에 관한 연구」,

　　　　　대구한의대학교 박사학위논문, 2018.
김혜경, 「『朴瑄壽『設文解字翼徵』의 干支惀 硏究 -許愼의『設文解字』와 比
　　　　　較를 통해-」, 영남대학교 박사학위논문, 2009,
박헌구, 「적천수천미의 중화사상 연구」, 원광대학교대학원 박사학위논문,
　　　　　2012.
박외숙, 「사주명리학 고전에 나타난 육친의 원리와 관계에 대한 연구」,
　　　　　경기대학교 박사학위논문, 2023.
소재학, 「五行과 十干十二支 理論成立에 관한 硏究」, 동방문화대학원대학교
　　　　　박사학위논문, 2008.
송상섭, 「명리학의 육친론 연구」, 원광대학교 박사학위논문, 2022.
송지성, 「『명리정종 연구』」, 공주대학교 박사학위논문, 2014.
심계철, 「명리학의 연원과 이론체계에 관한 연구」, 한국문화연구원
　　　　　박사학위논문, 2003.
안승석, 「董仲舒의 政治思想에 關한 硏究」, 대구한의대학교 박사학위논문,
　　　　　2015.
윤상흠, 「명리 용신론의 비판적 연구」, 원광대학교박사학위논문, 2021.
윤선하, 「간지의 시공간적 의의 연구」, 원광대학교 석사학위논문, 2023.
윤창열, 「간지와 운기에 관한 연구」, 대전대학교 박사학위논문, 1987.
임진오, 「음양오행간지의 현대적 활용에 관한 연구」, 원광대학교 박사학위논
　　　　　문, 2023.
이윤미, 「간지학과 자연법칙을 중심으로월령의 특성 연구」, 공주대학교
　　　　　석사학위논문, 2015.
정경숙, 「간지의 명리학적 활용에 관한 연구」, 대구한의대학교
　　　　　박사학위논문, 2024.
조영근, 「간지자형의 명리학적 해석 연구」, 원광대학교 석사학위논문, 2015.
지문국, 「12운성의 명리학적 의의에 관한 연구」, 공주대학교 석사학위논문,
　　　　　2012.
최산태, 「지장간의 천간구성과 일수배속 연구」, 동방문화대학원대학교
　　　　　박사학위논문, 2022.

[학술 논문]

강성인, 「천지인 삼재사상(三才思想)에서 인원(人元)에 관한 고찰: 지장간 (支藏干)의 구성원리를 중심으로」, 『정신문화연구』 제39권 제4호, 한국중앙연구원, 2016.

박현정, 「비트겐슈타인과의 비교 속에서 살펴본 하이데거의 '존재 의미'」, 『하이데거연구』 제18집, 한국하이데거학회, 2008.

박현정, 「하이데거 사유에서 존재의 유한성」, 『현대유럽철학연구』, 제42집.

박찬국, 「하이데거의 철학사적 위치와 의의에 대한 고찰」, 한국하이데거학회, 2008.

이기언, 「폴 리쾨르 해석학과 자기이해」, 『불어불문학연구』 79집, 2009.

이종관, 「갑골문에 나타난 십간과 십이지 형태에 관한 연구」, 『인문사회21』, 제7권 제4집, 2016.

Endnotes

1) 지그문트 바우만 지음, 이일수 옮김, 『액체현대』, 2022, 14-18쪽.
2) 윤상흠, 『명리 용신론의 비판적 연구』, 원광대학교대학원박사학위논문, 2021, 118-120쪽.
3) 사주팔자 용어 자체는 사주명리학에서 말하는 고유명사이다. 하지만 일반적으로 사주팔자라는 단어에 대해서 부정적 견해가 많은 편이다. 사주명리학이 주로 길흉화복을 다루는 점복으로 인식되고, 미신적인 요소와 결합되면서 전문적 학문 영역에 미치지 못한다는 생각도 있는 듯하다. 하지만 사주팔자는 명리학에서 인간의 명을 설명하는 기본 개념이다. 따라서 본고에서는 사주팔자를 텍스트로 보고, 각 글자의 상호작용을 중심으로 하는 관계론적 사주팔자 해석을 하고자 한다.
4) 박현정 「비트겐슈타인과의 비교 속에서 살펴본 하이데거의 '존재 의미'」, 『하이데거 연구』 제18집, 한국하이데거학회, 2008, 184-188쪽.
5) 하이데거는 인간만이 자신의 존재에 대해 질문을 던질 수 있는 현존재(Dasein)고 보았으며, 인간은 그 스스로 자신의 존재 이유와 방식에 대해 고민한다고 하였다. 이러한 하이데거의 사상은 사주팔자가 단순히 인간의 운명이나 길흉을 판단하는 도구가 아니라, 인간 존재의 본질을 탐구하고 설명하는 정교한 도구로 해석될 수 있다는 관점에서 사주팔자 해석의 본질과 밀접한 연관성을 가진 것으로 보인다.
6) 사주는 년,월,일,시의 네 개의 기둥을 말하는 것으로 일주는 일간과 일지로 구성된다. 사주의 해석은 기본적으로 일간을 중심으로 하는 해석이다.
7) 김한식, 「상징과 은유의 해석에 대하여-폴 리쾨르의 해석학을 중심으로」, 『프랑스 어문교육』, 2018, 177-180쪽.
8) 리쾨르는 텍스트 해석을 통해 다시 자기 삶을 들여다보고 스스로 변화하는 것을 통해서 자기 이해에 도달하여야 한다고 말하였다. 하지만 사주팔자의 해석의 경우 본인이 자신의 사주팔자를 해석하기 어렵기 때문에 대리자를 통해 해석의 내용을 알게 된다. 따라서 사주팔자 해석은 상담의 영역이 되기 쉽다.
9) 이기언, 「폴 리쾨르의 에두르기 철학 자기이해의 문제를 중심으로」, 『불어불문학연구집』, 84집, 2010, 422-426쪽.
10) 리처드 니스벳 지음, 최인철 옮김, 『생각의 지도』, 김영사, 2004, 34-38쪽.
11) 프리초프 카프카 지음, 김용성, 이성범 옮김, 『현대물리학과 동양사상』,

범양사, 1975, 108-113쪽.
12) 정우진, 『감응과 한의학』, 의철학 연구, 2010, 20-23쪽.
13) 정우진, 『감응의 철학』, 소나무, 2016, 191-192쪽.
14) 박성환 역, 『중국과학의 사상적 풍토』, 전파과학사, 1994, 159-163쪽.
   "패턴을 중국어로 이(理)라고 한다. 기(氣)의 변화가 이(理)므로 패턴은 결국 일기의 변화다. 세계의 변화는 일기의 변화와 같고, 기는 현상의 배후에 있는 고정불변의 것이 아니다. 그러므로 다음과 같은 결론에 이른다. 기와 그 유동의 패턴을 추구하는 것이 중국 존재론의 과제였다."
15) 감응과 패턴과 유별의 관계는 결국 관계 중심적 사유를 나타냈고, 음양오행을 통해 존재를 드러내는 간지의 체계는 사주팔자 해석이 일간 중심에서 간지와 간지의 혹은 지지의 관계를 통한 관계 중심적인 해석의 필요성을 말해주고 있다.
16) 『國語』, 「越語」下, "因陰陽之恒, 順天地之常, 柔而不屈, 强而不剛 陽至而陰, 陰至而陽. 日困而還, 月盈而匡",
17) 프리초프 카프라 지음, 김용정·이성범 옮김, 『현대물리학과 동양사상』, 범양사, 1999, 195쪽.
18) 김기, 『음양오행설의 주자학적 적용 양상에 관한 연구』, 성균관대학교 박사학위논문, 2012, 17쪽.
19) 몽배원 지음, 김용섭 옮김, 『중국철학과 중국인의 사유방식』, 철학과 현실사, 2005, 87-88쪽.
20) 루즈니 지음, 김연재 옮김, 『명리학의 이해 1』, 사회평론, 2018, 100-114쪽.
21) 동중서(董仲舒, 기원전 176년? ~ 기원전 104년)는 중국 전한 중기의 대표적 유학자로, 신도국(信都國) 광천현(廣川縣) 출신이다. 한나라 초기의 사상계가 제자백가의 설로 혼란하고 유교가 쇠퇴하였을 때, 도가의 설을 물리치고 유교 독립의 터전을 굳혔다. 무제(武帝)를 섬겨 총애를 받아 유교를 채용하고 교육 행정으로 공헌하였다. 이로써 뒷날 중국의 정신적 발전에 중요한 영향을 미쳤다.
22) 현재 유일하게 전해지고 있는 책인 『춘추번로』(春秋繁露)는 동중서의 저작한 것이라고 전해진다. 그런데 현존 『춘추번로』는 한나라 시대와 동시에 흩어졌던 동중서의 저술서를 남북조 시대에 누군가가 재편집했다는 설이 있다.
23) 董仲舒, 春秋繁露 「同類相動」, "天有陰陽, 人亦有陰陽, 天地之陰氣起, 而人之陰氣, 應之而起, 人之陰氣起, 而天地之陰氣, 亦宜應之而起, 其道一也. 明於此者, 欲致雨則動陰以起陰, 欲止雨則動陽以起陽, 故致雨非神也, 而疑於神者, 其理微妙也, 非獨陰陽之氣, 可以類進退也. 雖不祥禍福所從生, 亦由是也, 無非己先起之, 而物以類應之而動者也."

24) 안승석, 「董仲舒의 政治思想에 關한 硏究」, 대구한의대학교 박사학위논문, 2015, 71-72쪽.

"董仲舒는 역사를 이끌어가는 動力은 바로 天이며 天意라고 보았다. 따라서 王은 반드시 天으로부터 정당성의 징표인 이른바 天命으로 인정받아야 한다. 董仲舒는 天子가 天으로부터 모든 권한을 부여한다는 사실을 강조하기 위해, "王은 반드시 天命을 받은 뒤에야 王이 된다"195), "生殺의 지위에서 天과 함께 변화의 勢를 主管한다"196)라고 말하였다. 이는 天子가 지닌 권한이 天으로부터 비롯됨을 말한 것이다. 이 때문에 君主는 "天意를 부여받은 자"197) 또는 "하늘이 부여한 자"라고 말해진다. 이런 발언은 황제의 독존적 권력을 합리화시켜 주는 君權神授說이라고 할 수 있다. 董仲舒는 統一帝國이 실현되어 專制君主 체제라는 환경이 조성된 상황에서 정치를 진일보시키기 위해서는 道家, 法家, 儒家의 요소를 수용하여 儒家 思想을 일신시켜야 한다고 보았다. 이것은 곧 유가의 전통적인 德治思想의 목표를 더 이상 內聖에 두지 않고, 가치의 근원을 外王 부분으로 옮겨 현실정치에 대응하고자 했음을 의미한다. 이 때 董仲舒는 특히 王의 역할의 중요성을 강조하였다. 王은 하늘과 땅과 사람의 중앙을 貫通하는 존재로서, 하늘의 뜻을 인간에게 실현할 수 있는 존재라고 여겼다. "人君은 至德의 위치에 서서 殺生의 형세를 가지고 民을 교화한다. 民이 人君을 좇음은 초목이 사계절에 應함과 같다"라는 말은, 君主의 권능이 民에게 자연법칙처럼 받아들여져야 함을 의미한다. 자연 법칙에 따를 때 우리가 해를 입지 않듯이, 백성들도 王의 권위에 순응해야 피해를 입지 않는다고 본다. 董仲舒가 君主의 절대적 힘을 하나의 자연법칙으로 빗댄 것은 강력한 皇權을 강조한 것이라고 할 수 있다."

25) 왕충(王充, 27년~?)은 중국 후한 초기의 사상가로, 자는 중임(仲任)이며, 회계군 상우현 사람이다.

26) 김규성, 「王充 命定論의 연원과 체계」, 동방문화대학원대학교, 박사학위논문, 149 - 152쪽.

27) 송상섭, 「명리학의 육친론 연구」, 원광대학교 박사학위논문, 2022, 1-2쪽. 육친론은 格局論 등과 함께 四柱八字를 해석하는 중요한 개념으로 발전해 왔다. 기본적으로 명리학의 육친이란 日干을 기준으로 나머지 7개의

天干과 地支를 相生相剋 작용을 적용하여 정하고 다시 이를 陰陽으로 구분해서 분류한다. 다만 이런 육친의 개념은 명리학이 형성되기 이전부터 존재했으며 명리학이 성립하면서 명리학의 이론 체계에 흡수된 것으로 보인다. 육친론은 개인의 사주팔자를 분석하는데 있어서 실제로 한 개인이 살아가는 삶의 모습을 구체적으로 드러내주는 역할을 수행한다.

28) 김준호, 「日干 중심의 用神과 『子平眞詮』의 格局用神에 관한 연구」, 대구한의대학교 박사학위논문, 2018, 173쪽.

"사주명리학에서 사용하는 用神의 일반적인 의미는 日干이 사용[用]하는 神을 뜻한다. 사주팔자를 하나의 인격체로 간주했을 때, 用神은 팔자의 주체인 日干이 제 역할을 다할 수 있도록 하는 五行과 十神을 말한다. 즉 用神은 한 개인의 사주팔자가 지니고 있는 '陰陽의 균형'과 '五行의 구비와 조화' 등을 파악한 후, 八字의 주체인 日干에게 필요한 五行과, 그리고 그 五行을 日干을 기준으로 해서 相生하거나, 相剋하는 관계를 나타내는 十神이 그 역할을 한다. 일반적으로 用神은 성격, 직업, 재물, 명예, 권력, 지위, 건강, 질병, 사고, 시험, 승진, 퇴직, 취업, 결혼, 자녀, 애정, 성공, 실패, 이동, 기타 인생사의 여러 가지 吉·凶·成·敗의 해석에서 판단의 기준과 근거로써의 중요한 역할을 하고 있다. 따라서 대부분의 명리학자들이 사주팔자 중에서 日干에게 가장 중요한 역할을 用神이 하고 있다는 평가를 내리는 것이다."

29) 마르셀 그라네, 『중국 사유』, 유병태 옮김, 한길사, 2015, 42쪽.
30) 벤자민 슈워츠 지음, 나성 옮김, 『중국고대 사상의 세계』, 살림, 2004, 534쪽.
31) 임진호, 「음양오행간지의 현대적 활용에 관한 연구」, 원광대학교 박사학위논문, 2023, 136-139쪽.
32) 우주 만물이 존재하는 방식은 하나의 체계 속에서 상호 연관 관계를 가지고 존재하고 있으며, 직관적 연상적 특성을 가진 중국인의 독특한 사유 방식은 분리와 분석을 통해 세계를 이해하는 사유 양식과는 또 다른 차이를 보인다. 相關的 사유는 우주 만물이 서로를 제약하고 영향을 받으며 규칙적인 질서 체계 속에 존재한다는 세계관을 가지고 있다.
33) 이강진, 「명리 이론의 입체적 고찰」, 경기대학교대학원 박사학위논문, 2021, 48-55쪽.
34) 박찬국, 「하이데거의 『존재와 시간』 읽기」, 세창미디어, 2013, 125-143쪽.
35) 이기언, 「폴 리쾨르 해석학과 자기 이해」, 불어불문학연구 79집, 2009,

422쪽.

36) 폴 리쾨르는 다양한 사상들과의 끊임없는 대화를 거쳐 자신의 사고체계를 구축했다는 점에서 특이한 철학자이다. 그는 철학의 울타리 안에만 머무르지 않고, 정신분석학, 언어학, 기호학, 구조주의 등 인문과학뿐만 아니라, 문학(특히 소설)에 대한 깊은 관심에서 비롯된 철학적 성찰들을 통해서 자신의 해석학을 정립할 수 있었다. 그의 철학적 성찰들을 관통하고 아우르는 중심 주제는 "주체 문제"이다. 즉, 주체 철학이 리쾨르 해석학의 중심에 자리잡고 있다는 것이다. 『해석에 대하여』(1965)에서부터, 『해석의 갈등』(1969), 삼부작 『시간과 이야기』(1985), 『텍스트에서 행동으로』(1986)를 거쳐 『타자처럼 자기자신』(1990)에 이르러 리쾨르는 마침내 "자기 해석학"을 정립하기에 이르렀다.

37) 텍스트 안에서 언어의 의미는 구조주의와 해석학에서 성격을 달리한다. 구조주의는 언어를 객관적이고 과학적인 시각으로 보는 언어학의 접근 방식이다. 구조주의 언어학은 랑그(체계)와 파롤(변화)라는 개념을 도입하여 언어의 객관적인 체계와 구체적인 상황에서의 언어 사용을 설명하고 있는데, 이것은 언어 구조에 중점을 두고 있으며 이는 사회적인 약속으로 이루어진 언어 체계를 나타낸다고 할 수 있다. 리쾨르의 해석학에서 언어는 구조주의적인 시각을 받아들이지만, 구조 이상의 차원을 얘기한다. 해석학을 통해 객관적인 구조 뒤에 숨겨진 언어의 상징적 의미를 찾고, 구조가 작가를 밀어내고 존재의 이해를 찾는 것에 집중하고 있다. 구조 이상의 차원에서 시간적인 측면과 개인적 해석이 언어에 미치는 영향을 강조하며, 텍스트를 해석하는 과정에서 주체가 자기이해의 과정에 도달하고자 한다. 여기에서 구조주의의 한계를 돌파하려고자하는 리쾨르의 시도를 볼 수 있으며, 그것은 언어의 상징 해석을 통해서 이루어지고 있다.

38) 김기, 『음양오행설의 이해』, 문사철, 2016, 304쪽.
39) 양명수, 『폴 리쾨르의 해석의 갈등 읽기』, 세창미디어, 2017, 36쪽.
40) 정우진, 『감응의 철학』, 소나무, 2016, 183쪽.
41) Lynn Margulis, 이한음 역, 『공생자 행성』, 사이언스북스, 2007, 100쪽.
42) 프리초프 카프라, 『현대물리학과 동양사상』, 범양사, 1979, 412쪽.
43) 장태진, 「사주명리학에서의 물상에 관한 연구」, 대구한의대학교 박사학위논문, 2014, 33-37쪽.
44) 정경숙, 「간지의 명리학적 활용에 관한 연구」, 대구한의대학교 박사학위논문, 2024, 36-38쪽.

45) 『淵海子平』,「論五行所生之始」, "삼원이 극진하게 되고 나면, 혼돈이 한 번 갈라지고 배운이 나눠지니, 가볍고 맑은 것은 하늘이 되고 무겁고 탁한 것은 땅이 된다.(迨夫三元旣極. 混沌一判, 胚腪乃分, 輕淸爲天, 重濁爲地." 太極解義「太極圖說解」, 그러나 오행이란 質이 땅에 구비되고 氣가 하늘에 유행하는 것이다.(然五行者, 質具於地而氣行於天者也.)"

46) 『淵海子平』,「論天干地支所出」. "十干所順陰陽, 甲乙丙丁戊己庚辛壬癸, 陽陰陽陰陽陰陽陰陽陰, 甲丙戊庚壬屬陽, 乙丁己辛癸屬陰." 太極解義「太極圖解」, "五行一陰陽也, 舍五行無別討陰陽處. 如甲乙屬木, 甲便是陽, 乙便是陰, 丙丁屬火, 丙便是陽, 丁便是陰. 不須更說陰陽, 而陰陽在其中矣."

47) 최상길, 「사주명리에 있어서 천간별 십성의 주요 특성 연구」, 동방문화대학원대학교 박사논문, 2019, 85-86쪽.

48) 소재학, 「五行과 十干十二支 理論成立에 관한 硏究」, 동방대학원 박사논문, 2008, 47쪽.

49) 司馬遷, 『史記』, 宏業書局: "甲者, 言萬物剖符甲而出也. 乙者, 言萬物生軋軋也. 丙者, 言陽道著明, 故曰丙. 丁者, 言萬物之丁壯也, 庚者, 言陰氣庚萬物, 故曰庚. 辛者, 言萬物之辛生, 故曰辛. 壬之爲言任也, 言陽氣任養萬物於下也. 癸之爲言揆也, 言萬物可揆度, 故曰癸."

50) 班固, 『漢書』, 鼎文書局: "出甲於甲, 奮軋於乙, 明炳於丙, 大盛於丁, 豐茂於戊, 理紀於己, 斂更於庚, 悉新於辛, 懷任於壬, 陳揆於癸."

51) 蕭吉, 『五行大義』『時緯推度災』云: 「甲者, 押也. 春則開也, 冬則闔也.」 鄭玄注 『禮記·月令』 云: 「甲者, 抽也.」乙者, 軋也. 春時萬物皆解孚甲, 自抽軋而出也. 丙者, 柄也. 物之生長, 各執其柄. 鄭玄云: 「丙者, 炳也. 夏時萬物强大炳然著見也.」 丁者, 亭也. 亭猶止也. 物之生長將應止也. 戊者,貿也. 生長旣極極, 則應成貿易, 前體也. 己者, 紀也. 物旣始成, 有條紀也. 鄭玄云: 「戊之言茂也. 己之言起也. 謂萬物皆枝葉茂盛, 其含秀者, 抑屈而起也.」庚者, 更也. 辛者, 新也. 謂萬物成代, 改更復新也. 鄭玄云: 「謂萬物肅然改更, 秀實新成也.」壬者, 任也. 癸者, 揆也. 陰任於陽揆, 然萌芽於物也. 鄭玄云: 「時維閉藏, 萬物懷任於下, 揆然萌芽也.」." 世紀出版集團 上海書店出版社,

52) 강성인, 『회남자의 음양오행학설과 사주명리의 연관성 연구』, 동방대학교 박사학위논문, 2016, 46~47쪽.

53) 오행의 상호관계를 다양하게 해석하는 『淮南子』에서는 오행 상생상극에 대해 한대 이전보다 좀 더 세밀하게 기술하고 있다. 『管子』「五行」에서는 1년의 오행 배치를 설명할 때 "甲子 丙子 戊子 庚子 壬子"로 상생에

맞게 오행의 차서를 처음으로 배열함으로써 木 火 土 金 水의 오행 상생 관계를 설명하였다. 오행 상극 이론은 『尚書』「大禹謨」에서 "덕은 정치를 잘하는 데 있고, 정치는 백성을 잘 기르는 데 있으니 水 火 金 木 土 穀을 잘 다스리라"라고 언급한 데서 그 근거를 찾을 수 있다.

54) 『春秋繁露』,「五行之義」第四十二, "天有五行, 一曰木, 二曰火, 三曰土, 四曰金, 五曰水, 木五行之始也,水五行之終也, 土五行之中也, 此其天次之序也. 木生火, 火生土, 土生金, 金生水, 水生木, 此其父子也. 木居左, 金居右, 火居前, 水居後, 土居中央, 此其父子之序. 相受而布, 是故木受水, 而火受木, 土受火, 而金受土, 水受金也. 諸授之者, 皆其父也, 受之者, 皆其子也. 常因其父, 以使其子, 天之道也. 是故木已生, 而火養之, 金已死, 而水藏之. 火樂木, 而養以陽, 水克金, 而喪以陰, 土之事天, 竭其忠. 故五行者, 乃孝子忠臣之行也."

55) 『春秋繁露』,「如天之為」第八十, "是故明陽陰入出實虛之處, 所以觀天之志, 辨五行之本末順逆小大廣狹,所以觀天道也."

56) 張岱年, 『중국의 지혜』, 김용섭 옮김, 대구한의대출판부, 2019, 220~221쪽.

57) 萬民英 지음, 김정안 옮김, 『三命通會適要』, 문원북, 2016, 74쪽.

58) 김일권, 『동양천문사상 하늘의 역사』, 예문서원, 2007, 209-210쪽.

59) 任鐵樵 지음, 김기승·김현덕 옮김, 『適天髓闡微』, 다산글방, 2017, 80쪽.

60) 萬民英 지음, 김정안 옮김, 『三命通會適要』, 문원북, 2016, 76-79쪽.

61) 許愼(30~124) 後漢의 經學者이고, 자는 叔重, 汝南郡召陵: 河南省출생. 고전학자 賈逵에 私事하여 널리 儒家의 고전에 정통하였으며, '五經無雙의 허숙중'으로 세간에 이름이 났다. 학파로는 先秦의 古書體에 의한 原典을 중시하는 古文家에 속한다. 『說文解字』(30권)는 漢字의 形·義·音을 체계적으로 解說한 최초의 字書로서 不朽의 가치를 지니고 있다. 『두산백과』.

62) 金惠經, 「朴瑄壽 『說文解字翼徵』의 干支偷 研究 -許愼의 『說文解字』와 比較를 통해-」, 영남대학교 박사학위논문, 2009, 107쪽.

63) 『說文解字』,「十四卷」下, "十一月易气動, 萬物滋. 人以爲偁. 象形. 凡子之屬皆從子. 古文子. 從巛, 象髮也. 臂脛在几上也."

64) 『三命通會』,「十二支篇」, "子者. 北方之陰. 寒水之位. 而一陽肇生之始. 故陰極則陽生. 壬而爲胎. 子之爲子. 此十一月之長也."

65) "紐也. 十二月萬物動用事. 象手之形. 日加丑, 亦擧手時也. 凡丑之屬皆從丑."

66) "至丑陰尚執而紐之. 又丑陰也. 助也. 謂十二月終始之際. 以結紐爲名焉."

67) 『說文解字』,「十四卷」下, "髕也. 正月易气動. 去黃泉欲上出, 陰尚强也.

象宀不達髕於下也. 凡寅之屬皆從寅."

68) "寅正月也. 陽已在上. 陰已在下. 人始見之時. 故律管飛灰1)以候之. 可以述事之始也. 又寅. 演也. 律也. 謂物之律塗."
69) 『說文解字』, 「十四卷」下, "冒也. 二月萬物冒地而出. …. 凡卯之屬皆從卯."
70) "卯日升之時也. 又卯茂也. 言二月陽氣盛而孳茂."
71) 朴瑄壽, 『說文解字翼徵』, 「十四卷」下, 辰部, "震也. 三月易气動. 電振, 民農時也, 物皆生. 從乙匕. 匕象芒達. 厂聲. 辰, 房星, 天時也. 從二. 二, 古文上字. 凡辰之屬皆從辰."
72) 『三命通會』, 「十二支篇」, "辰者. 陽已過半. 三月之時. 物盡震而長. 又謂辰言震也."
73) 『說文解字』, 「十四卷」下, "已也. 四月易气已出, 陰气已藏, 萬物見, 成彣彰 故巳爲它象形. 凡巳之屬皆從巳."
74) 『三命通會』, "巳者四月. 正陽而無陰也. 自子至巳陽之位. 陽於是盡. 又巳起也. 物畢而起."
75) "牾也. 五月陰氣牾逆易, …. 凡午之屬皆從午."
76) 『三命通會』, "午者. 陽尙未屈. 陰始生而爲主. 又云. 午長也. 大也. 物至午月. 皆豊滿長也."
77) 『說文解字』, 「十四卷」下, "…味也. 六月滋味也. 五行木老於未. 象木重枝葉也. 從也."
78) 『三命通會』, 「十二支篇」, "未六月. 木已種而成矣. 又云. 未味也. 物成而有味. 與辛同意."
79) "神也. 七月陰氣成體自束. 從臼自持也. 吏已舖時聽事, 申旦政也. 凡申之屬皆從申."
80) 『三命通會』, "申者. 七月之辰. 申陽所爲而已. 陰至於申, 則上下通而人始見. 白露葉落. 乃其候也. 可以述陰事以成之. 又云. 申身也. 言物體皆成."
81) 『說文解字』, 「十四卷」下, "就也. 八月黍成, 可爲酎酒. 象古文酉之形也. 凡酉之屬皆從酉. 爲秋門, 萬物已入, 一閉門象也."
82) "酉者. 日入之時. 乃陽正中. 八月也. 又云. 酉縐也. 萬物皆縐縮收斂."
83) 『說文解字』「, 十四卷」下, "搣也. 九月易气微, 灣物畢成, 易下入地也. 五行土生於戌, 成於戌 從戊一. 凡戌之屬皆從戌."
84) "九月戌. 陽未旣也. 然不能事. 潛藏於戌. 戌中乃乾位. 戌爲天門故也. 又云. 戌滅也. 萬物皆衰滅矣."
85) "亥也. 十月微易起接盛陰. 從二. 二古文上字也. 一人男, 一人女也. 從乙, 象裹 子咳咳之也. 春秋傳曰, 亥有二首六身. 凡亥之屬皆從亥. 古文亥. 亥爲豕. 與豕同. 亥而生子, 復從一起."
86) "十月亥. 純陰也. 又亥劾也. 言陰氣劾殺萬物. 此地支道也."
87) 박외숙, 「사주명리학 고전에 나타난 육친의 원리와 관계에 대한 연구」, 경기대학교 박사학위논문, 2023, 140-143쪽.
88) 『三命通會』, "凡看命 專以日干爲主 取提綱所用之物爲命 避月令以金木水火」爲用."
89) 『子平眞詮』, 「論用神」, "八字用神專憑月令, 以日干配月令地支."
90) 심계철, 「명리학의 연원과 이론 체계에 관한 연구」, 한국문화연구원 박사학위논문, 2003, 196쪽.
91) 『滴天髓』, 「體用」, 「精神」, 「月令」, 「生時」, 「中和」, 「原流」, "道有 體容不可以一端論也 要在扶之抑之得其宜. 人有精神 不可以一偏求也 要在損之益之得其中. 月令 提綱之府壁之宅也. 人元 用事之神. 宅之定向也. 不可以不卜. 生時 歸宿之地. 壁之墓也. 人元 用事之神 墓之穴方也. 不可以不辨. 能知衰旺之眞機 其於三命之奧 思過半矣. 能識中和之正理 而於五行之妙 有全能焉. 何處起根源 流到何方佳, 機括此中求 知來赤知去."
92) 『滴天髓闡微』, 「形象」, "旺則宜洩宜傷 衰則喜幫喜助 子平之理也 然旺中有衰者存 不可損也 衰中有旺者存 不可益也 旺之極者不可損 以損在其中矣 衰之極者不可益 以益在其中矣."
93) 『滴天髓闡微』, 「精神」, "顯非金水爲精, 木火爲神, 必得流通生化, 損益適中, 則精氣神三者備矣。細究之, 不特日主用神體象有精神, 卽五行皆有也."
94) 박헌구, 「『적천수천미』의 중화사상 연구」, 원광대학교대학원 박사학위논문, 2012, 49쪽.
95) 『滴天髓』, 「寒暖」, "陰支爲寒, 陽支爲暖, 金水位寒, 木火爲暖, 得氣之寒, 遇暖而發, 得氣之暖, 遇寒而成."
96) 『子平眞詮』, 「論龍神」, "調候, 金水生於冬令, 木火生於夏令, 候太寒太燥, 以調和氣候爲急, 此以調候爲用神也."
97) 『자평진전』의 원래 이름은 자평수록(子平手錄)이다. 1739년 청나라 건륭황제 4년에 진사(進士)에 급제한 심효첨(沈孝瞻)이 원고를 작성하여 남겨둔 것을 1776년 건륭 41년 호공보(胡空甫)가 책으로 간행하여 자평진전(子平眞詮)이라는 제목을 붙였다. 현재 우리들이 보고 있는 판본은 1895년 광서 21년 조전여(趙展如)가 간행한 것이다. 1936년 중화민국의 방중심(方重審)이 원전에 서락오(徐樂吾)의 평주를 붙인 『자평진전평주』가 출간되었고, 1996년 박영창이 『자평진전평주』를 한국번역본으로 발행하였으며, 2018년 박영창, 김미석이 『직역 자평진전』을 출간하였다. 2021

년 가장 원본과 적확하다는 조전여 판본 및 서락오 평주판을 참조하여 김기승, 나혁진이 명리용어를 제외한 서술어는 최대한 쉬운 현대어를 사용하여 『산음(山陰) 자평진전(子平眞詮)』을 번역 출간하였다. 『자평진전』은 자평수록삼십구편의 제목에서 보이듯이 원래 39편으로 되어 있었고 나중에 서락오가 『자평진전평주』에 삽입한 2, 4, 5장의 3편과 이외 추가되어 총 52장으로 이루어지기도 했다. 『자평진전』은 서자평(徐子平) 이후 일간(日干) 위주의 사주명리학의 기준을 지향하면서 『자평진전』만의 독창적인 이론으로 발전시켰다. 그 특징은 첫째, 월령(月令) 속 천간의 변화를 통해 격국(格局)을 취하는 격국용신 이론이다. 둘째, 격국용신을 취용함에 일간(日干)과 월령간의 생극제화(生剋制化)의 변화를 통해서 사길신격(四吉神格)은 순용(順用)하고 사흉신격(四凶神格)은 역용(逆用)한다. 셋째, 격국용신이 정해지면 그를 보필하는 상신(相神)도 정해지게 된다. 상신의 역할은 『자평진전』에서만 사용되는 독창적인 이론이다. 또한, 변격(變格)과 겸격(兼格)에 관한 내용도 있다. 그리고 고전명리서에서 오랫동안 사용되왔던 신살론(神殺論)을 전면 부정하는 것도 『자평진전』의 특징이라 할 수 있다.

98) 『子平眞詮』, 「論支中喜忌逢運透淸」, "故凡一八字到手, 上下統看. 支爲干之生地, 干爲支支發用. 如命中有一甲字, 則統觀四支, 有寅亥卯未等字否. 有一字, 皆甲木之根也. (중략) 取運赤用此術, 將本命八字, 逐干支配之而己."

99) 『三命通會』, "正觀先看月令 然後 方看其餘 以五行之氣 惟月令當時爲最."

100) 『子平眞詮』, 「論用神變化」, "用神旣主月令矣, 然月令所藏不一, 而龍神遂有變化. 如十二支中, 除子午卯酉外, 余皆有藏, 不必四庫也."

101) 『子平眞詮』, 「論用神變化」, "變之而善, 其格愈美 ; 變之不善, 其格遂壞, 何謂變之而善？如辛生寅月, 逢丙而化財爲官 ; 壬生戌月逢辛而化殺爲印. 癸生寅 月, 不專以殺論. 此二者以透出而變化者也. 癸生寅 月, 月令傷官秉令, 藏甲透丙, 會午會戌, 則寅午戌三合, 傷化爲財 ; 加以丙火透出, 完全作爲財論, 即使不透丙而透戊土, 亦作財旺生官論. 蓋寅午戌三合變化在前, 不作傷官見官論也. 乙生寅月, 月劫秉令, 會午會戌, 則劫化爲食傷, 透戊則爲食傷生財, 不作比劫爭財論. 此二者因會合而變化者. 因變化而忌化爲喜, 爲變之善者也."

102) 『子平眞詮』, 「論時說拘泥格局」, "八字用神, 專求月令, 而日干配月令地支, 而生剋不同, 格局分焉."

103) 『子平眞詮』「論相神緊要」, "月令既得用神, 則別位亦必有相, 若君之有相, 輔者是也 傷用神甚於傷身, 傷相甚於傷用 相神無破, 貴格已成 ; 相神相傷, 立敗其格."

104) 沈孝瞻 原著, 徐樂吾 評註, 『子平眞詮註』, "富貴定於命, 窮通係乎運, 命如植物之種子, 而運則開落之時節也. 雖有佳命而不逢時, 則英雄無用武地, 反之八字平常而運能補其缺, 亦可乘時崛起."

105) 任鐵樵 增注, 袁樹珊 選輯, 『滴天隨闡微』, "富貴雖定乎格局, 窮通實係乎運途, 所謂命好不如運好也. 日主如我之身, 局中喜神用神是我所用之人, 運途乃我所臨之地."

106) 萬民英 著, 『三命通會』, "古人以大運, 則一辰十歲.⋯ 大運者, 乃八字之表裏也, 取用當度其淺深.⋯ 凡行運在干, 兼用地支之神, 在支, 則棄天干之物. 蓋大運重地支. 有行東方, 南方, 西方, 北方之辨.損用神者, 欲運制之, 益用神者, 欲運生之."

107) 韋千里 編著, 『精選命理約言』, "一運管十年, 榮枯有準, 五行配四柱, 休戚相連.⋯ 運固重支, 須合干神兼論. 運雖計歲, 亦難上下截看."

108) 韋千里 編著, 『命理約言』, "大運司十載之休咎, 流年管一歲之窮通, 歲干如君, 固應從重, 歲支為輔, 實則同功. 先觀歲與日干, 或為利, 或為害, 次詳歲與大運, 或相順, 或相功, 問其有無會合, 考其宜否刑沖."

109) 沈孝瞻 原著, 徐樂吾 評註, 『子平眞詮註』, "命中喜忌, 雖支干俱有, 而干主天, 動而有為, 支主地, 靜以待用, 且干主一而支藏多, 為福為禍, 安得不殊."

110) 沈孝瞻 原著, 徐樂吾 評註, 『子平眞詮評註』, "支中喜忌, 固與干有別矣, 而運逢透淸, 則靜而待用者, 正得其用, 而喜忌之驗, 於此乃見.⋯ 故凡一八字到手, 必須逐干逐支, 上下統看. 支為干之生地, 干為支之發用. 如命中有一甲字, 則統觀四支, 有寅亥卯未等字否, 有一字皆甲木之根也."

111) 萬民英 著, 『三命通會』, "大凡看命, 先看月支有無財官, 方看其他. 月令爲命也, 月取支神, 年取天干, 日取天干, 流歲取天干, 大運取支神."

112) 任鐵樵 增注, 袁樹珊 選輯, 『滴天隨闡微』, "月令乃提綱之府, 譬之宅也, 人元為用事之神, 宅之定也, 不可以不卜."

113) 沈孝瞻 著, 徐樂吾 評註, 『子平眞詮評註』「論用神配氣候得失」. "用神須得時乘氣, 譬如夏葛冬裘, 得時則貴, 然亦有用神雖乘旺氣而不貴者, 則受氣候之影響, 故取用神,於扶抑之外, 必須參合氣候, 即調候之法也."

114) 『窮通寶鑑』의 작자는 미상이고, 저작 시기가 명대와 청대로 의견이 분분하다. 궁통보감의 원서명 『欄江網』은 지은이의 시대와 성명이 기록되

어 있지 않다. 清末의 余春台에 의하여 궁통보감이 간행되었고 徐樂吾가 원문에 주석을 달아 窮通寶鑑評註가 널리 보급되었다. 난강망의 저작 시기가 明代 초기든 淸代 초기든 간에 여름에는 가물고 겨울에는 추운 旱災가 심한 시기여서 조후를 중요하게 인식하던 시기로 판단된다. 난강망 저작 시기에 기후가 어느 정도 열악했는지가 나타나 있다. 명대의 기후는 원대를 이어 계속 한랭하였는데 원대에 비해 훨씬 건조한 기후였고 청대 전기는 중국 역사상 제5차 소빙하기가 지속되던 시기로서 중국 역사상 가장 한랭하면서도 이 한랭 상태가 가장 오랫동안 지속될 정도로 추웠다는 기록이 상당히 남아 있다. 이러한 한랭한 기후는 여름에 심한 가뭄을 조성하였는데, 현대의 과학자들은 지구 표면의 평균기온이 3℃ 내려가면 대기 중의 수분이 20% 감소해 심한 한재가 발생, 한재로 인한 심한 가뭄은 식량 생산이 급감하여 기아사가 속출하고, 사방에서 도적 떼가 출현하여 민중봉기로 인한 새로운 왕조가 들어서는 배경이 되었다. 그러므로 난강망이 저작된 시기의 기후를 살펴보면 억부나 격국보다 조후에 더 민감하게 반응할 수밖에 없어서 조후론이 중시되는 계기가 되었을 것으로 판단된다.

115) 윤상흠, 『명리 용신론의 비판적 연구』, 원광대학교 박사학위논문, 2021, 90-94쪽.
116) 徐樂吾 評註, 窮通寶鑑評註 「論木」, "正月甲木, 初春尙有餘寒, 得丙癸透, 富貴雙全."
117) 徐樂吾 評註, 窮通寶鑑評註 「論木」. "五月乙木, 上半月屬陽, 仍用癸水. 下半月屬陰, 三伏生寒, 丙癸齊用. 柱多金水, 丙火爲先, 餘皆用癸水爲先."
118) 沈孝瞻 著, 徐樂吾 評註, 『子平眞詮評註』, 「論用神配氣候得失」. "論命惟以月令用神爲主, 然亦須配氣候而互參之. 譬如英雄豪傑, 生得其時, 自然事半功倍, 遭時不順, 雖有奇才, 成功不易."
119) 沈孝瞻 著, 子平眞詮, 「論傷官」. "冬金見火… 其中格局此他格多, 變化尤多, 在査其氣候."
120) 경금이 자달에 태어나고 일지에 자를 가지고 시간에 정화가 투출하게 되면 금수상관격인데 이러한 명식이 화를 보는 것이 좋은 것으로 설명되지만 실제 간명에서는 화 정관은 육친의 기능을 할 수 없다.
121) 야먀다 게이지 지음, 김석근 옮김, 『주자의 자연학』, 통나무, 1991, 304쪽.
122) 김순나, 「『궁통보감』의 배합과 중화논리에 관한 연구- 천간지지의 태

과불급을 중심으로」, 공주대학교 박사학위논문, 2022, 124-125쪽.
123) 장태진, 「사주명리학에서의 물상에 관한 연구」, 대구한의대학교 박사학위논문, 2014, 67-69쪽.
124) 프리초프 카프카 지음, 김용정 이성범 옮김, 『현대물리학과 동양사상』, 범양사, 195쪽.
125) 『淵海子平評註』, 「五行發用定例」, "剋我者爲正官偏官, 生我者爲正印偏印, 我剋者爲正財偏財, 我生者爲傷官食神, 比肩者爲劫財敗財."
126) 『淵海子平評註』, 「六親總論」, "夫六親者, 父母兄弟妻財子孫是也, 用日干爲主, 正印正母, 偏印偏母, 及祖父也, 偏財是父, 乃母之夫星也, 亦爲偏妻, 正財爲妻, 偏財爲妾父是也, 比肩爲兄弟姉妹也, 七殺是男, 正官是女(陽爲男陰爲女), 食神是男孫, 傷官是女孫, 及祖母也."
127) 『淵海子平評註』 「論劫財」, "如乙見甲爲劫財, ……, 五陽見五陰爲敗財, 主剋妻害子, 五陰見五陽爲劫財, 主破耗防小人, 不剋妻." 예를 들어서 乙이 甲을 보면 겁재가 된다. ……, 五陽이 五陰을 보면 敗財가 되니 妻를 剋하고 자식을 해친다고 본다. 五陰이 五陽을 보면 劫財가 되니 주인은 파산하여 재물이 흩어지므로 小人을 방비해야 하지만 妻를 剋하지는 않는다.
128) 『淵海子平評註 』, 「論食神」, "食神者, 生我財神之謂也. ……, 恒不喜見官星, 忌倒食, 恐傷其食神." 食神이란 나의 財神을 生하는 것을 말한다. ……, 항상 官星을 보는 것을 기뻐하지 않으며 倒食을 꺼리니 아마도 食神을 손상시키는 두려움 때문일 것이다.
129) 『淵海子平評註』, 「論傷官」, "傷官者, 其驗如神, 傷官務要傷盡, 傷之不盡, 官來乘旺, 其禍不可勝言." 傷官이란 그 징험함이 神과 같다. 傷官은 힘써서 손상시키는 기운을 다함이 중요하다. 손상시키는 기운을 다 하지 못하고 正官이 왕성한 기운을 타고 오면, 그 재앙은 말로 할 수 없을 정도이다.
130) 『淵海子平評註』, 「論偏財」, "何謂之偏財, 蓋陽見陽財, 陰見陰財也. 然而偏財者, 乃衆人之財也. 只恐兄弟姉妹." 무엇을 偏財라고 하는가? 대개 陽이 陽의 財를 보거나 陰이 陰의 財를 보는 것이다. 그리고 偏財란 뭇사람들의 財이니 오직 형제자매를 두려워한다.
131) 『淵海子平評註 』, 「論正財」, "何謂之正財, 猶如正官之意, 是陰見陽財, 陽見陰財, 大抵正官, 吾妻之財也, 人之女竇財以事我, 必精神康强, 然後可以享用之." 무엇을 正財라고 말하는가? 정관의 뜻과 비슷하다. 정재는 陰이 陽인 財를 보거나 陽이 陰인 財를 보는 것이다. 대저 정재는 내 처의

재물이므로 다른 사람의 딸이 가져온 재물로 나를 섬기는 것이다. 반드시 정신이 강건해야만 정재를 누리고 사용할 수 있다

132) 『淵海子平評註』, 「論偏官」, "夫偏官者, 蓋甲木見庚金之類, 陽見陽, 陰見陰, 乃謂之偏官."
133) 『淵海子平評註』, 「論正官」, "夫正官者, 甲見辛之類, 乃陰見陽爲官, 陽見陰爲鬼, 陰陽配合成其道也." 偏官이란 甲木이 庚金을 보는 경우로 陽이 陽을 보고 陰이 陰을 보는 것이므로 偏官이라고 부른다.
134) 『淵海子平評註』, 「論倒食」, "夫倒食者, 沖財神之謂也, 一名吞啗殺, 用財神大忌見之, 用食神亦忌見之, 倒食者, 如甲見壬之類, 如甲見丙謂食神, 能生土財, 然壬剋丙火, 丙火不能生甲木之土財, 所謂甲用食神, 大忌見之." 대저 도식이란 재신을 충하는 것을 말한다. 일명 吞啗殺이라고 불린다. 재신을 사용할 때는 도식과 만나는 것을 크게 꺼린다. 식신을 사용할 때도 도식을 만나는 것을 역시 꺼린다. 도식이란 예를 들어서 甲이 壬을 보는 부류와 같다. 예로 甲은 丙을 보면 식신을 삼는데, 식신은 土인 재성을 생할 수 있다. 그러나 壬이 丙火를 극하면 丙火가 甲木의 土인 재성을 생할 수 없다. 이 때문에 甲이 식신을 사용하면 도식을 보는 것을 가장 꺼리게 된다
135) 『淵海子平評註』, 「論印綬」, "所謂印, 生我者, 則印綬也, 經曰, 有官無印, 卽非眞官, 有印無官, 反成其福, 何以言之, 大抵人生得物以相助相生相養, 使我得萬物之見成, 豈不妙乎." 이른바 印이란 나를 생한 것이다. 즉 인수에 해당한다. 경전에서 "官을 갖고 印을 갖지 못하면 진실된 官이 아니다. 印를 갖고 官을 갖지 못하면 도리어 자신의 복을 이룰 수 있다."라고 말했다. 왜 이렇게 말한 것일까? 대저 사람이 태어날 때 만물을 얻어서 서로 돕고 서로 낳아주며 서로 길러주어야 한다. 인수는 나로 하여금 만물의 지금 있는 그대로의 사실을 얻게 하니 어찌 오묘하지 않겠는가?
136) 이승재, 『사주명리학의 과학적 탐구』, 미래터, 2020, 188-192쪽.
137) 강성인, 「천지인 삼재사상(三才思想)에서 인원(人元)에 관한 고찰: 지장간(支藏干)의 구성 원리를 중심으로」, 『정신문화연구』 제39권 제4호, 한국학중앙연구원, 2016, 273쪽.
138) 마르셀 그라네 지음, 유병태 옮김, 『중국사유』, 한길사, 2015, 99~124쪽.
139) 『淮南子』, 「天文訓」, "木生於亥, 壯於卯, 死於未, 三辰皆木也. 火生於寅, 壯於午, 死於戌, 三辰皆火也. 土生於午, 壯於戌, 死於寅, 三辰皆土也. 金生於巳, 壯於酉, 死於丑, 三辰皆金也. 水生於申, 壯於子, 死於辰, 三辰皆水也."
140) 김기, 『음양오행설의 이해』, 문사철, 2016, 147쪽.
141) 蕭吉, 『五行大義』「第四論相生」, "二者論生死所, 五行體別, 生死之處不同. 遍有十二月, 十二辰, 而出沒. 木 受氣於申, 胎於酉, 養於戌, 生於亥, 沐浴於子, 冠帶於醜, 臨官於寅, 王於卯, 衰於辰, 病於巳, 死於午, 葬於未. 火受氣於亥, 胎於子, 養於醜, 生於寅, 沐浴於卯, 冠帶於辰, 臨官於巳, 王於午, 衰於未, 病於申, 死於酉, 葬於戌. 金受氣於寅, 胎於卯, 養於辰, 生於巳, 沐浴於午, 冠帶於未, 臨官於申, 王於酉, 衰於戌, 病於亥, 死於子, 葬於醜. 水受氣於巳, 胎於午, 養於未, 生於申, 沐浴於酉, 冠帶於戌, 臨官於亥, 王於子, 衰於醜, 病於寅, 死於卯, 葬於辰. 土受氣於亥, 胎於子, 養於醜, 寄行於寅, 生於卯, 沐浴於辰, 冠帶於巳, 臨官於午, 王於未, 衰病於申, 死於酉, 葬於戌. 戌是火墓, 火是其母. 母子不同葬, 進行於醜. 醜是金墓, 金是其子, 義又不合, 欲還於未, 未是木墓, 木為土鬼, 畏不敢入, 進休就辰. 辰是水墓水為其妻, 於義為合, 遂葬於辰."
142) 袁天鋼, 『袁天鋼五星三命指南』, "五行發用 火生寅 木浴卯 冠帶辰 臨官巳 帝旺午 衰未 病申死酉 葬戌 胞亥 胎子 養丑. 木生亥 沐浴子 冠帶丑 臨官寅 帝旺卯 衰辰 病巳 死午 葬未胞申 胎酉 養戌."
143) 袁天綱, 『袁天鋼五星三命指南』, "五行旺相例 旺相囚休死春木 金水土.... 冬水土火."
144) 李虛中, 『李虛中命書』, "陰生陽死 逆順相因 甲氣申方 乙絶酉位."
145) 張垈年 지음, 김용섭 옮김, 『중국의 지혜』, 대구한의대 출판부, 2019, 312쪽.
146) 프리초프 카프라 지음, 김용정 이성범 옮김 『현대물리학과 동양사상』, 범양사, 1999, 145쪽.
147) 송지성, 「명리정종 연구」, 공주대학교 박사학위논문, 2014, 95쪽.
148) 萬民英, 『三命通會』, "五行寄生十二宮 一日受氣 又日絶 日胞 以萬物在地中 未有其象 如母腹空 未有物也 二日受胎 天地氣交 氤氳造物 其物在地中萌芽 始有其氣 如人受父母之氣也 三日成形 萬物在地中成形 如人在母腹成形也 四日長生 萬物發生向榮 如人始生而向長也 五日 沐浴 又日敗 以萬物始生 形體柔脆 易爲所損 如人生後三日 以沐浴之 幾至困絶也 六日冠帶 萬物漸榮秀 如人具衣冠也 七日臨官 萬物旣秀實 如人之臨官也 八日帝旺 萬物成熟 如人之興旺也 九日衰 萬物形衰 如人之氣衰也 十日病 萬物病 如人之病也 十一日死 萬物死 如人之死也 十二日墓 又日庫 以萬物成功而藏之庫 如人之終而歸墓也 歸墓則又受氣包胎而生."

149) 沈孝瞻, 『子平眞詮評註』, "支有十二月 故每干長生至胎養 亦分十二位. 氣之由盛而衰 衰而複盛 逐節細分 遂成十二. 而長生沐浴等名 則假借形容之詞也."
150) 지문국, 「12운성의 명리학적 의의에 관한 연구」, 공주대학교 석사학위논문, 2012, 5쪽.
151) 이정환, 『사주입문』, 김영사, 2008, 66쪽.
152) 『淵海子平』, 「論天干生旺死絶」, "甲木生亥, 沐浴在子, 冠帶在丑, 建祿在寅, 帝旺在卯, 衰在辰, 病在巳, 死在午, 墓在未, 絶在申, 胎在酉, 養在戌. 乙木生午, 沐浴在巳, 冠帶在辰, 建祿在卯, 帝旺在寅, 衰在丑, 病在子, 死在亥, 墓在戌, 絶在酉, 胎在申, 養在未. 丙火戊土生寅, 沐浴在卯, 冠帶在辰, 建祿在巳, 帝旺在午, 衰在未, 病在申, 死在酉, 墓在戌, 絶在亥, 胎在子, 養在丑. 丁火己土生酉, 沐浴在申, 冠帶在未, 建祿在午 帝旺在巳, 衰在辰, 病在卯, 死在寅, 墓在丑, 絶在子, 胎在亥, 養在戌. 庚金生巳, 沐浴在午, 冠帶在未, 建祿在申, 帝旺在酉, 衰在戌, 病在亥, 死在子, 墓在丑, 絶在寅, 胎在卯, 養在辰. 辛金生子, 沐浴在亥, 冠帶在戌, 建祿在酉, 帝旺在申, 衰在未, 病在午, 死在巳, 墓在辰, 絶在卯, 胎在寅, 養在丑. 壬水生申, 沐浴在酉, 冠帶在戌, 建祿在亥, 帝旺在子,衰在丑, 病在寅, 死在卯, 墓在辰, 絶在巳,胎在午, 養在未. 癸水生卯, 沐浴在寅, 冠帶在丑, 建祿在子, 帝旺在亥, 衰在戌, 病在酉, 死在申, 墓在未, 絶在午, 胎在巳, 養在辰."
153) 마르셀 그라네 지음, 유병태 옮김, 『중국 사유』, 한길사, 338~339쪽.
154) 김기, 『음양오행설의 이해』, 문사철, 2016, 313~314쪽.
155) 沈孝瞻 原著, 徐樂吾 評註, 『子平眞詮註』, "地支六合, 三合以及六冲, 關係極重, 八字變化, 胥出於此.…三合以三支全爲成局. 倘僅寅午或午戌爲半火局, 申子或子辰爲半爲水局. 若單是寅戌或申辰, 則不成局, 蓋三合以四正爲主也."
156) 최산태, 「지장간의 천간구성과 일수배속 연구」, 동방문화대학원대학교 박사학위논문, 2021, 60-63쪽.
157) 송상섭, 「명리학의 육친론 연구」, 원광대학교 박사학위논문, 2022. 148-154쪽.
158) 沈孝瞻 原著, 徐樂吾 評註, 『子平眞詮評註』, "十二支中以寅申巳亥之冲爲最劇, 以其爲五行生地也.子午卯酉之冲, 有成有敗, 則以四皆敗地, 亦是旺地.忌者冲而去之爲成, 喜者逢冲爲敗, 至於墓之冲, 最少關礙. 然有須注意者, 人元用事是也."
159) 申六泉, 『사주명리학대사전』, 갑을당, 2013, 869쪽.

160) 김준호, 「日干 중심의 用神과 『子平眞詮』의 格局用神에 관한 연구」, 대구한의대학교 박사학위논문, 2018, 173쪽.
161) 한동석, 『우주 변화의 원리』, 대원출판, 1966, 54-58쪽.
162) 김휘택, 「폴 뤼쾨르의 설명과 이해관계의 이중검증」, 프랑스문화예술연구 제30집, 2009, 159쪽.
163) 폴 리쾨르 지음, 박병수·남기영 옮김, 『텍스트에서 행동으로』, 아카넷, 2002, 182쪽. "하나의 텍스트를 해석하는 과정은 한 주체의 자기 해석에서 절정에 도달한다. 그 주체는 그때부터 비로소 자기를 더 잘 이해하고, 자기를 달리 이해하고, 또는 자기를 이해하기 시작한다."
164) 롤랑 바르트 지음, 김웅권 옮김. 『S/Z』. 연암서가, 2015,   86-91쪽.
165) 박찬국, 「하이데거의 철학사적 위치와 의의에 대한 고찰」, 한국하이데거학회, 2008, 88-90쪽.
166) 박현정, 「하이데거 사유에서 존재의 유한성」, 『현대유럽철학연구』, 제42집, 2016, 201-208쪽.

사주팔자는 살아있다

발행일 2025년 9월 4일 초판 1쇄
지은이 양소용 soyongpiano12@naver.com

펴낸이 이금희
펴낸곳 도서출판 화서나무
       대구시 수성구 청호로 88안길 33-7
       053-753-3906
       hwaseonamoo@naver.com

ISBN   979-11-980620-4-8

저작권법에 의해 보호를 받는 저작물이므로 무단전재와 복제를 금합니다.
이 책의 전체 또는 일부를 재사용하려면 저작권자와 화서나무의 동의를 받아야 합니다.